全国电力高职高专“十二五”系列教材

公共基础课系列教材

中国电力教育协会审定

应用文写作

全国电力职业教育教材编审委员会　组　编

何建民　何应文　主　编

朱星梅　张亚军　向　阳　蔡菲菲　曹　瑛　副主编

马敬卫　主　审

中国电力出版社

CHINA ELECTRIC POWER PRESS

内 容 提 要

本书为全国电力高职高专“十二五”系列教材（公共基础课系列教材）。

本书基于电力高职高专院校各专业的相关职业能力分析，围绕培养高等技术应用型专门人才的根本目标，按照“项目导向、任务驱动、理实一体、突出特色”的原则，将应用文写作的基本理论与各专业典型应用文种的写作技能有机地融合，指导学生完成必用、应知的 30 个典型应用文种的写作训练，培养学生具有写作今后求职、就业时必需的各种应用文的能力以及分析问题、解决问题的能力。作为“行动导向规划教材”，本书的内容、体例及与之相应的教学模式均较为新颖，具有较强的可操作性，适于教师根据学生专业的不同进行选择性教学，也方便学生的自学自练，可望为高职高专学生将来的谋职与发展打下较为坚实的应用文写作基础。

本书可作为各类高职高专院校应用文写作教材，也可作为其他各类院校学生的自学用书与应用文写作工具书。由于 30 个典型应用文种的写作训练中大都链接有采自电力企业生产、工作实际的相关例文，加上应用文写作知识的通用性，本书还可作为电力行业员工技能培训的应用文写作教材。为便利教学，本书配有课件，授课教师可与中国电力出版社教材中心联系。

图书在版编目（CIP）数据

应用文写作/何建民，何应文主编；全国电力职业教育教材编审委员会组编. —北京：中国电力出版社，2012.8（2022.8 重印）

全国电力高职高专“十二五”规划教材. 公共基础课系列教材

ISBN 978-7-5123-3319-2

Ⅰ. ①应…　Ⅱ. ①何…②何…③全…　Ⅲ. ①汉语-应用文-写作-高等职业教育-教材　Ⅳ. ①H152.3

中国版本图书馆 CIP 数据核字（2012）第 164568 号

中国电力出版社出版、发行

（北京市东城区北京站西街 19 号　100005　http：//www.cepp.sgcc.com.cn）

北京雁林吉兆印刷有限公司印刷

各地新华书店经售

*

2012 年 8 月第一版　2022 年 8 月北京第五次印刷

787 毫米×1092 毫米　16 开本　16.25 印张　394 千字

定价 29.00 元

参与院校

山东电力高等专科学校
山西电力职业技术学院
四川电力职业技术学院
三峡电力职业学院
武汉电力职业技术学院
江西电力职业技术学院
重庆电力高等专科学校
西安电力高等专科学校
保定电力职业技术学院
哈尔滨电力职业技术学院
安徽电气工程职业技术学院
福建电力职业技术学院
郑州电力高等专科学校
长沙电力职业技术学院

公共基础课专家组

组　长　王宏伟

副组长　文海荣

成　员（按姓名笔划排序）

马敬卫　孔　洁　兰向春　任　剑　刘家玲
吴金龙　宋云希　郑晓峰　倪志良　郭连英
霍小江　廖　虎　樊新军

本书编写组

组　长　何建民

副组长　何应文

组　员　朱星梅　张亚军　向　阳　蔡菲菲　曹　瑛　黄　晶　石亚红
李毅鹏　漆宜农　谢文欣　黄　春

序

为深入贯彻《国家中长期教育改革和发展规划纲要》（2010—2020）精神，落实鼓励企业参与职业教育的要求，总结、推广电力类高职高专院校人才培养模式的创新成果，进一步深化“工学结合”的专业建设，推进“行动导向”教学模式改革，不断提高人才培养质量，满足电力发展对高素质技能型人才的需求，促进电力发展方式的转变，在中国电力企业联合会和国家电网公司的倡导下，由中国电力教育协会和中国电力出版社组织全国14所电力高职高专院校，通过统筹规划、分类指导、专题研讨、合作开发的方式，经过两年时间的艰苦工作，编写完成本套系列教材。

全国电力高职高专“十二五”规划教材分为电力工程、动力工程、实习实训、公共基础课、工科基础课、学生素质教育六大系列。其中，公共基础课系列汇集了电力行业高等职业院校专家的力量进行编写，各分册主编为该课程的教学带头人，有丰富的教学经验。教材以行动导向形式编写而成，既体现了高等职业教育的教学规律，又融入电力行业特色，适合高职高专的公共基础课教学，是难得的行动导向式精品教材。

本套教材的设计思路及特点主要体现在以下几方面。

（1）按照“项目导向、任务驱动、理实一体、突出特色”的原则，以岗位分析为基础，以课程标准为依据，充分体现高等职业教育教学规律，在内容设计上突出能力培养为核心的教学理念，引入国家标准、行业标准和职业规范，科学合理设计任务或项目。

（2）在内容编排上充分考虑学生认知规律，充分体现“理实一体”的特征，有利于调动学生学习积极性。是实现“教、学、做”一体化教学的适应性教材。

（3）在编写方式上主要采用任务驱动、项目导向等方式，包括学习情境描述、教学目标、学习任务描述、任务准备、相关知识等环节，目标任务明确，有利于提高学生学习的专业针对性和实用性。

（4）在编写人员组成上，融合了各电力高职高专院校骨干教师和企业技术人员，充分体现院校合作优势互补，校企合作共同育人的特征，为打造中国电力职业教育精品教材奠定了基础。

本套教材的出版是贯彻落实国家人才队伍建设总体战略，实现高端技能型人才培养的重要举措，是加快高职高专教育教学改革、全面提高高等职业教育教学质量的具体实践，必将对课程教学模式的改革与创新起到积极的推动作用。

本套教材的编写是一项创新性的、探索性的工作，由于编者的时间和经验有限，书中难免有疏漏和不当之处，恳切希望专家、学者和广大读者不吝赐教。

全国电力职业教育教材编审委员会

目录

绪　论

21 世纪，随着知识经济全球化、管理工作科学化、书写工具计算机化、信息传递网络化的来临，社会对写作提出了更高、更新的要求，各行业都需要从业人员具有较高的写作能力。然而，当今我国许多大学生仍存在语言表达、写作能力的缺陷。据 2011 年 5 月 12 日教育部、国家语委发布的《2010 年中国语言生活状况报告》，一项对首都部分大学生汉语应用能力的测试显示：不及格的学生占 30%，得分在 70 分以下的占 68%。《中国青年报》的一项民意调查也显示：受调查者确认当前社会存在汉语应用能力危机的占 80.8%，相反的仅占 19.2%。现在许多企事业单位在挑选大学毕业生时，不满意主要还不在专业知识方面，而较多集中在写作能力和水平上，例如：师范院校毕业生写不好教案，不会写教研论文；想到机关工作的毕业生不能熟练掌握公文和事务文书的写作要领，写不出像样的通知、简报、计划和工作总结；经济学专业的毕业生写不好市场调查报告和经济活动分析报告；法律专业的毕业生写不好规范的法律文书；报考公务员的应届大学毕业生则普遍做不好申论作文。更令人遗憾的是，相当一部分大学毕业生到找工作求职时，还写不出一份像样的求职信。2005 年 11 月 29 日，西南某重点大学的毕业生招聘会上，不少英语过了四、六级甚至专业八级的毕业生被外资企业拒之门外，其根本原因就是求职信写得不得体、不规范。外企招聘人员说：“一个连母语都表达不清的人，又如何能很好地用英语与客户沟通呢?”《应用写作》杂志 2006 年 10 期一篇文章也提到：著名外企 UT 斯达康公司在杭州某重点高校组织了一次专场招聘，应聘者几乎人人都有英语六级证书，有的还能讲一口流利的英语；但当企业要求应聘者在规定时间里，用汉语写一篇千字左右的企业认识和构想时，30 余名入围者中仅有一人的答卷没有错别字，勉强过关，其余都有错别字和语法、逻辑等错误，有的还交了白卷。

为什么我国大学生的写作能力尤其是应用文写作能力低下？原因既有历史的，也有现实的。古往今来，科举取士几乎都以文采为重，不光作文内容要求有文采，有华丽的辞藻，连作文题目也显得有诗意、哲理化，不是那么易懂。这种取向到现在仍然影响着我国的中小学作文教学。另一方面，出于应试教育的需要，几十年来我国的中小学作文教学普遍忽视写作的工具性与实用性，把作文主要理解成表情述志、描述生活的形式，而忽略写作为社会生活和社会交际服务这一更为重要的目的，要求学生写的大部分是记叙和抒情性的散文。由于生活面太狭窄，久而久之，学生就感到无东西可写，只能无病呻吟，“为赋新词强说愁”式的虚假抒情现象也就出现。同时，我们作文教学强调的表达手法也一贯侧重于叙述、描写和抒情，间或有议论和说明，也大多用于写主观性、文艺性的小品文。因此，学生较擅长的是散文化、感悟性、内省式的描绘与抒情，对实证性、调查考察型的记录、说明和阐释、议论十分生疏，以致不少学生到了大学和走上工作岗位后，还写不来社会生活最需要的以说明为主的应用文和以议论为主的研究论文。

我们现在所处的时代是一个信息时代，也是一个“读图时代”，学生们“读”与“写”的兴趣都发生了变化，不少青少年学生不愿意抱着文字书籍阅读，爱看的是有插图的文本和影像片、卡通画，沉迷的是网络、游戏机。大量的读图文看影像，冲击了传统的文字纸质图书的阅读。写作工具也发生了变化，许多学生“写”文章已经改用计算机键盘“敲”，这又为整段文章资料的原样复制与剪贴提供了便利。然而，人们的“读”“写”能力不仅没有因为科技进步与读写快捷而提高，反而在不断下降，拼盘式的文章多了起来，独见性的文章在减少。2010 年 7 月 19 日《广州日报》刊载的《电脑时代八成人提笔忘字　专家建议特定课强制手写》一文报道：据大洋网的一份调查表明，高达 80%的受访者有过“提笔忘字”的尴尬，更有 50%的人承认，“有些字怎么也想不起来”；民意中国网的调查也表明，83%的人曾经提笔忘字。可以说，这也是我国大学生写作能力低下的一个现实原因。

发达国家都将写作视为当代学生必须掌握的技能之一。美国流行的口号是：“学习通过写作。”日本则提出：“读以扩展世界，写以创造世界。”它们认为，“工业的语言是蓝图，科学的语言是文章”，无论什么科学都要讲道理，讲道理就需要有文章把它表达出来，所以科技越发达的国家，对写作就越重视。美国的哈佛大学、哥伦比亚大学、纽约州立大学等著名高校，早就将“写作与分析性推理（主要是应用文写作）”列入通识教育（必修）课程，近年更是提升为“本科生核心课程”。在我国，应用文写作课程在各高等院校也日益受到重视——因为大学毕业生将来要竞得一个工作职位，从写作求职信、个人简历，到填报表格、参加笔试，乃至面试的自我介绍讲稿等，都是应用文写作。同样，就业之后要做好工作、提升业绩、保住职位乃至晋升更高的职位，同样需要过硬的应用文写作本领。在互联网高度发达的今天，许多客户对公司的第一印象多半来自电子环境，而这正建立在公司员工的商务写作水平的基础上。对于绝大多数员工来说，良好的应用文写作能力是职场获胜不可缺少的利器。美国某大公司的首席执行官就说过：“在工作上能够不断精进的，是那些拥有绝佳表达技巧的人。”可见，应用文写作能力切切实实地关系到每一位大学生的求职、就业、谋生、发展，绝不可掉以轻心。

以上是从现实层面讲。更深入思考，我们还会发现学习写作应用文的过程对提高人的综合素质有着不可替代的重要作用，是一种特殊而有效的自我“充电”方式。经常从事应用文写作活动，能够使人养成一丝不苟、严肃认真的工作态度，培养富有条理、精密敏捷的思维能力，掌握观察、分析、研究、解决问题的科学方法，发展想象力、创造力，提升文化层次和人生观、价值观。余秋雨教授曾指出：写作是文化素质中最重要的素质，是素质中的素质。原因就是：它具有塑造人、培养人的重要价值。

总之，应用文写作有它自身的科学价值，有它明显的社会效果，有它无所不在的普遍性，是现代化人才必须具备的四大核心技能（思路清晰的写作能力、熟练运用数字的能力、驾驭计算机信息科技的能力和应变能力）之一，是现代信息社会竞争、谋生的重要手段。当今社会汉语应用水平、大学生应用文写作水平越是下降，我们高职高专学生学好应用文写作的作用就越大，因为“人无我有、人差我优”就是特长，就有更多机会。因此，同学们一定要重视应用文写作课程的学习。

电力高职高专院校应用文写作课程基于各专业的相关职业能力分析，以应用文写作为载体，通过完成各专业通用的典型应用文种的写作训练，将应用文写作的基本理论与本专业典型应用文种的写作技能有机地融合，配合专业课中与应用文写作有关的课程，培养学生具有写作今后求职、就业时必需的各种应用文的能力以及分析问题、解决问题的能力，为将来的谋职与发展打下较为坚实的应用文写作基础。为方便教学，本教材在首先简介应用文写作的特点之后，将编入教材的应用文分为日常事务应用文，求职文书，宣传报道文稿，机关公文与规章制度，经济活动应用文，科技、生产应用文六大类，一共七个学习项目，逐一训练。

学习项目一

应 用 文 写 作 的 特 点

【学习项目描述】

通过学习与实践，了解应用文写作的作用与特点，掌握应用文写作基础知识。

【教学目标】

了解应用文写作的作用与特点，掌握应用文写作的主旨、选材、结构、语言、运思等基础知识；具有查找并利用资料的基本能力、一定的分析与综合能力以及独立学习、写作应用文的基本能力，同时培养严谨细致、一丝不苟的职业素质与富有条理、精密敏捷的思维能力。

【教学环境】

多媒体教室，黑板，投影仪，PPT 课件，相关案例，时新资料等。

任务一　应用文写作的主旨

【教学目标】

掌握应用文写作确立主旨的要求与主旨的表达方法，了解应用文写作与文学写作在表达主旨上的不同，能够在应用文写作中准确、得体地表达主旨。

【任务导入】

广西经济管理干部学院的李小林老师在开学典礼上代表教师向新生（成人教育学员）致迎新词，全文如下。

迎　新　词

同学们：

不久前。才依依不舍送走××级已完成学业的老同学，今天，又满含喜悦迎来你们这些××级的新同学，面对眼前一双双充满新奇和憧憬的眼睛，我作为教师代表，很想对大家讲些心里话。

首先，对大家到我院就读，表示由衷祝贺和热烈欢迎！我们全院教师，早就盼望着你们的到来！

同学们，大家能拿到××学院的录取通知书，相聚在风景秀丽的相思湖畔，很不容易啊！有人把高考期描述为“黑色的六月”、“黑色的十月”（指普通高考和成人高考的时间）。虽然这种幽默带有夸张的色彩，但却很能道出在座各位手中这张录取通知书那沉甸甸的分量，也道出它里面渗透着的汗水和艰辛。为了这张录取通知书，大家熬过了多少不眠之夜，我想，在座各位比谁都清楚。

这里，我想给大家提几个问题：你们手中这张来之不易的入学通知书究竟意味着什么？是大功告成的狂欢？是船到码头车到站的轻松？还是轻歌曼舞在相思湖畔的潇洒？我相信，在座各位没有谁会这么想。

我觉得，你们手中这张来之不易的录取通知书，首先意味着又一段艰辛求学之路的开始。高考奋力一搏已经过去，从我们跨入大学校门那一瞬间起，过去的荣耀就已成为历史，我们又将在知识的海洋里扬起新的求知风帆。大家可知道，成人求学会碰到许多难以想象的困难：远离家乡、亲人，未成家的，难免思念家中白发的父母，已成家的，更时时牵挂远方的妻儿；工作尚未有着落的，会为今后的职业担忧，已参加工作的，少了奖金福利，得忍痛割舍不少眼前利益，放弃一些到手的机会；年纪轻些的，或许会觉得大学的生活太清苦，年岁大点的，或许会感叹精力衰退，记忆力大不如前；众多的学科、抽象的理论、紧张的考试，一下要适应过来可不是件容易的事。对此，在座各位应有足够的思想准备。怎样尽可能快地适应大学生活，排除来自各方面的种种干扰，专注于学业，这将是大家所面临的问题。但有利条件也不少：大家都是凭真本事迈进我们学院这个门槛的，智力不错，基础也不错；年轻的有年龄优势，精力充沛，思想活跃，求知欲正旺；年纪大点的，在社会上闯荡多年，见多识广，有较丰富的生活阅历和实践经验；加之我院有幽雅的求学环境，良好的教学设施，教师的倾心相助，我相信大家定能克服困难，排除干扰，顺利完成学业。

同学们，我觉得你们手中那张来之不易的录取通知书，还意味着一种催人奋进的责任。我们的祖国，我们的民族，挫折太多，磨难太多，坎坷太多。尽管改革开放使沉睡的民族获得了新生，平民百姓得到了实惠，我国社会经济的发展已将我们带入了快车道，但毕竟我们荒废得太多，耽误得太久，起步得太晚。蓝眼珠、高鼻子们依然走在我们前面。最近，有消息称，美国数字电影系统公司向美国当地法院提出申请，要求法院向中国的创维数码旗下两家子公司发出禁令，禁止这两家公司使用其有关技术。正是由于核心技术掌握在人家手里，使得国产DVD在美国市场遭遇打压，使得我国的网络安全令人担忧。痛心啊！切肤之痛！中华要振兴，民族要腾飞，这不是一句挂在嘴边的好听的空话，要靠全体国人，当然也包括你们和我们的勤勉努力。在座各位是学经济、学管理的，是不是在入学之初就考虑一下，怎样振兴我们民族的经济，怎样增强我国经济的竞争实力？希望你们珍视自己来之不易的深造机会，潜心苦学，学有所成，来日一显身手，创一流的技术，创一流的企业，创响当当的名牌，给中国人争气，给炎黄子孙长脸！

同学们，不知你们是否还意识到，你们手中那张来之不易的录取通知书还意味着向你们频频招手的成才机遇。记得我院校庆时，自治区领导曾这样致贺：××学院是“培养企业精英的摇篮”。这并非言过其实。建院××年来，我院为我区经济建设输送了一批又一批经济管理人才，他们中不乏“拍得板”的总经理，“话得事”的厅局长，在全区经济部门、企业中，独当一面的业务骨干更是到处都有他们活跃的身影。前有楷模，后有来者。同学们，你们是幸运的，改革的时势为你们提供了纵横驰骋的机遇，成才之路就在你的脚下！

“桐花万里丹山路，雏凤清于老凤声。”谨以此奉送给在座各位，借以表达我们全院教师对大家似锦前程的良好祝愿！

（选自《应用写作》2011 年 3 期）

【任务要求】

分析以上迎新词，回答三个问题。

(1) 这篇迎新词的主旨是什么？(用三句话概括)

(2) 作者是怎样把主旨准确、得体地表达出来？(要具体分析)

(3) 联想阅读过的一些文学作品，说说应用文写作与文学写作在表达主旨上有什么不同。(至少谈一点)

【任务实施】

首先要了解这篇迎新词的听众——成人学员的情况。他们来源成分较为复杂，年龄偏大，有一定的社会阅历，有的已有工作，有的已经成家或正准备成家；他们为了拿到大学的录取通知书曾作过奋力的拼搏，知道手上这张录取通知书来之不易。这一切使他们在跨进大学校门之初，呈现出各种较为复杂的心态。对新学员这些特点的了解，有助于理解文章内容与作者立意，准确把握主旨。

其次要逐层分析分旨。大多数应用文均可分为开头、主体、结语三层。通过分析，可以将全文 8 段同样分为三层，而后用精练的语言概括出这三层祝贺、勉励、祝愿的具体内容(分旨)。

再次是综合以上各层分旨并进一步提炼，用三句话将全文主旨揭示清楚。至此完成第一个学习任务。

完成第二个任务必须逐层分析作者是怎样把主旨准确、得体地表达出来的。例如：开头语打破先致贺欢迎的套式，先从台下新生“一双双充满新奇和憧憬的眼睛”说起，表明自己作为教师代表，希望与新学员交心“讲心里话”的意愿，增强了致词的现场感，形成台上台下的情感交流，缩短了与新学员的心理距离。主体部分由一个发问作为贯穿其中的线索，由三个“意味着”构成基本框架。先描述“黑色六月”“黑色十月”高考的艰辛，唤起新生的内心体验，让他们去感受手中的“录取通知书那沉甸甸的分量”。然后，以那张来之不易的录取通知书为切入点，针对新学员的思想实际和种种复杂心态发问，意在促发其思考。接着紧扣“你们手中这张来之不易的录取通知书究竟意味着什么？”从三个方面勉励新学员：第一个“意味着”重在提醒新学员，对大学求学的艰辛要有足够的心理准备，勉励他们排除干扰，完成学业；第二个“意味着”重在用民族的忧患意识、危机意识激发新学员的责任感，勉励他们以振兴民族经济为己任；第三个“意味着”以成才老学员为楷模，勉励新学员把握成才机遇，立志成才。结语则引用李商隐名句，以良好的祝愿收束。

最后完成第三个学习任务：联想中学或最近阅读过的一些文学作品（或者到阅览室去阅读几篇小说、散文），与这篇迎新词表达主旨的方法作一比较（可参阅本节下文【相关知识】），应该就能够看出应用文写作与文学写作在表达主旨上有什么不同。

【相关知识】

应用文就是“应”付生活、“用”于实务的“文”章。个人、团体、机关相互之间，公私往来，用约定俗成的体裁和术语写作，以资交际和信守的文字，都叫应用文。实用性是应用文的本质属性，如果一篇应用文不能满足实用的需求，不能直接作用于人的行为实践，即使写得条理清晰、富于文采，也算不得好应用文，甚至是一纸空文。此外，应用文还具有语言的简明性，文本形式的规范性，作者与读者的特定性，内容的真实性、行业性、单一性，以及较强的时效性，思维方式的逻辑性等特点。

一、应用文主旨的概念及作用

主旨是对文章中心的一种称谓。应用文的主旨是指通过整篇应用文所表达出来的基本观点或要说明的主要问题，是作者对客观事物的评价和态度。应用文的主旨要求非常明确，它一般采用对客观事物直接表明态度和提出意见的方法来直陈观点，行文主旨必须集中鲜明。这是由应用文要适应工作、社会生活的需要，带有十分具体的业务性质和事务性质所决定的。

主旨决定着应用文的价值、质量和影响。应用文的主旨一经确立，就成为文章的中心，材料取舍、布局谋篇、技巧运用，乃至拟写标题、遣词造句等，都受到主旨制约，并服从表现主旨的需要。

二、应用文确立主旨的要求

应用文的主旨与文学作品的主题相似；但文学作品的主题不宜直接展现，是通过艺术形象来表现的，正如恩格斯所说："作者的观点愈隐蔽，对于艺术作品就愈加好些"。而应用文必须有明白显露的主旨，这是其在确立、展示主旨方面与文学作品的最大区别。

1. 鲜明突出

鲜明就是把观点或事实表现得十分明确、显豁，而不是模模糊糊、模棱两可。应用文的主旨不能像文学作品的主题那样含蓄隐晦，隐含在作品的人物、情节和事件中。如果应用文要表达的观点吞吞吐吐、闪烁其辞，那就什么问题也不能解决。

文学作品也要求具有鲜明性，但指的是艺术形象的鲜明性。一部文学作品的思想观点包含在形象之中，决不能明白、显著地表达出来，在语言文字表述中最好不露痕迹。应用文写作则要求所阐述的立场、观点和主张要明确坚定，赞成什么、反对什么，提倡什么、批判什么，哪些可为、哪些不可为，必须旗帜鲜明，不能隐讳、含糊、遮遮掩掩，令人难以琢磨。解决问题的意见、办法和措施要明确具体，不能似是而非，使受文者无所适从。叙事论理、表述见解，语言要简洁明快，行文要干净、利落，不拖泥带水，不冗长累赘。始终要用最直截了当的方式，决不拐弯抹角。

2. 单一集中

应用文要求内容单一、主旨集中，不可多中心，"意多必乱文"。特别是公文，一篇只能表达一个主旨，提出和解决一个问题，交流和沟通一种情况，传递一个方面的信息。即使是内容较多、结构较复杂的公文，也应做到"依旨行文"，围绕一个中心叙事论理，说明和解决问题。其他分旨都必须围绕这一个中心来展开，为其服务，使其更加突出。只有主旨集中，文章才能写得深刻明白，才容易被对方理解把握，有关事项才便于处理，有关规定才便于执行。

一篇应用文之所以主旨不集中，主要有三方面原因。

(1) 对所写问题了解得还不清楚、不深刻，把握不住问题的实质和重点。写起来总怕说不清楚，于是东拉西扯，始终理不出一个头绪。

(2) 对与基本观点无关的材料十分爱惜，总觉得它来之不易，怎么也不忍抛弃，于是不加选择地塞进应用文中，结果弄得旁生枝节，喧宾夺主。

(3) 为了照顾各方面的要求，生怕不全面，于是“面面俱到”。例如总结经验教训，不管轻重大小，把成绩、缺点堆积如山，使人眼花缭乱，良莠不分。

只有克服和避免上述问题，抓住事物的特点和本质，根据这篇应用文的写作目的确立一个主旨，将这篇应用文的内容集中在一个方面，才能把它讲透写好。

3. 正确准确

应用文要确立正确的主旨。一篇应用文，必须符合国家的法律、法规，符合党和国家的路线、方针、政策，准确传达客观实际情况，才能发挥其沟通信息、处理事务、指导工作、加强管理等效用。正确的观点是正确思想的集中表现，因此只有提高思想政治水平，深入实践，反复分析研究，才能获得正确的观点和主张。

应用文的主旨必须做到三方面的准确：一是概念准确；二是判断准确；三是结论准确。从根本上来说，观点的准确取决于人的思想认识水平。思想认识不到位，不管写作技巧有多高，观点也准确不了。此外，实际情况掌握得是否全面、深入，也直接影响到观点的准确。

三、应用文主旨的表达方法

1. 标题点旨

即用标题概括事由或点明主旨。机关公文要求在标题中概括全文主旨，如《××集团公司关于实行“产品三包”责任制的通知》；多数事务性文书在标题中也要点明主旨，如《××行政学院××××年工作计划》；许多日常应用文书也在标题中点旨，如《入党申请》等。

标题点旨，要求概括事由或概括主旨的文字精练、严密、准确。

2. 开宗托旨，开门见山

在应用文中，明白、准确地表达主旨的句子叫主旨句。主旨句常以介词结构“为了……”为特征。在正文开头用主旨句托出写作主旨，是一种开宗托旨、开门见山的方法。如“为了认真贯彻落实《国务院关于金融体制改革的决定》，切实转换中国人民银行的职能，进一步加强对金融机构的监管，保持金融秩序的稳定，现就加强金融机构监管工作提出如下意见：……”(《中国人民银行关于加强金融机构监管工作的意见》)。

有的应用文首句并不出现主旨句，而是直接阐述意义、主张或基本观点，这是另一种开宗托旨、开门见山的方法。如一份通知的开头：“棉花是关系国计民生的战略物资，是产棉区农民收入的基本来源，是纺织工业的主要原料。做好棉花购销工作，对于稳定农业大局，保证纺织行业正常生产，安排好人民生活，增加出口创汇，具有重要意义。现将做好××××年度的棉花购销工作的有关事宜通知如下：……”(《国务院关于做好棉花购销工作的通知》)

开宗托旨，可引起阅读者注意，使阅读者脑海中构建起一个总的轮廓，先有一个较明确的方向，有助于对全文内容做整体把握。

3. 小标题显旨

小标题显旨的形式，是将文章主旨分解成几个部分，每个部分用一个小标题来显示。值得注意的是，各个小标题的排序，必须体现合理的逻辑关系。

例如××省人民政府给国务院的一份关于“清理整顿公司工作”的报告，其正文的主体部分包括：

一、撤并了一批流通领域的公司，解决了公司过多过滥的问题。（略）

二、查处了公司违法违纪案件，整顿了公司的经营秩序。（略）

三、认真做好撤并公司的各项善后工作。（略）

四、加强了公司管理和法规、制度建设。（略）

四个小标题围绕清理整顿公司这一主旨，表述了富有内在逻辑关系的四个思路和做法。各个小标题均是其下文字内容的概括。

4. 片言居要

即在文章的内容转换之处揭示主旨，同时起到承上启下的过渡作用。如在分析问题—解决问题的过渡之处揭示主旨等。《××人民政府关于严厉打击加工销售注水猪肉非法行为的通知》一文，在提出问题，说明“我市加工销售注水猪肉的不法行为十分猖獗”之后，通过分析指出其“危害极大，侵害群众利益，破坏肉猪声誉，扰乱市场正常秩序”，然后转而提出“各级人民政府及其有关职能部门，要采取有力措施，坚决打击加工销售注水猪肉的不法行为”，之后便引出7条对策措施。而提出解决问题的对策和措施才是该文的主旨。

5. 呼应显旨

采用这种显旨方法的应用文，多是一些内容比较复杂、文字较长的文章，如某些决定、意见、报告等行政公文及一些事务文书。由于文字较长，谈及问题较多，既要有总的阐述，又要有细致的说明，既涉及大政方针，又牵扯到具体的方法步骤，所以其显旨方法便采用首尾呼应的做法。通常是在开头提出一个令人关注的问题，而后在尾部对之作出明确的回答；或在开头对某一情况作出多种解释，而将正确的结论置于文尾。

6. 篇末点旨

篇末点旨即在应用文正文的结尾点明写作主旨。例如请示的写作，一般先阐明背景或原因，最后写明请示事项，揭示全文主旨。

值得说明的是，在应用文写作中，为使主旨更加明白、显露和突出，常常是几种显示主旨的方法综合使用。

任务二　应用文写作的材料

【教学目标】

掌握应用文写作采集材料的方法，了解应用文写作与文学写作在选择材料上的不同，懂得查找并利用资料，能够在应用文写作中准确地选择、使用材料。

【任务导入】

2010年6月23日，在华中科技大学2010年本科生毕业典礼上，年过花甲的校长李培根院士16分钟的典礼致辞，被热烈的掌声打断了30余次，众多学子泪雨纷飞。演讲刚结束，全场7780余名学子自动起立，伴着经久不息的掌声，齐声高喊："根叔！根叔！"其情其景直撼人心。这则消息经武汉媒体报道，引起全国多家媒体关注并转播，一时间该篇毕业致辞受到全国媒体网络的热捧。为什么这篇致辞会受到如此广泛的欢迎？请大家阅读致辞全文。

在2010届毕业典礼上的致辞

亲爱的2010届毕业生同学们：

你们好！

首先，为你们完成学业并即将踏上新的征途送上最美好的祝愿。

同学们，在华中科技大学的这几年里，你们一定有很多珍贵的记忆！

你们真幸运，国家的盛事如此集中相伴在你们大学的记忆中。2008奥运留下的记忆，不但是金牌数的第一，不仅是开幕式的华丽，更是中华文化的魅力和民族向心力的显示；六十年大庆留下的记忆，不仅是领袖的挥手，不仅是自主研制的先进武器，不仅是女兵的微笑，不仅是队伍的威武整齐，更是改革开放的历史和旗帜的威力；世博会留下的记忆，不但是世博之夜水火相容的神奇，不仅是中国馆的宏伟，不仅是异国场馆的浪漫，更是中华的崛起，世界的惊异；你们一定记得某国总统的傲慢与无礼，你们也让他记忆了你们的不屑与蔑视；同学们，伴随着你们大学记忆的一定还有"什锦八宝饭"等新词，它将永远成为世界新的记忆。

近几年，国家频发的灾难一定给你们留下深刻的记忆。汶川的颤抖，没能抖落中国人民的坚强与刚毅；玉树的摇动，没能撼动汉藏人民的齐心与合力。留给你们记忆的不仅是大悲的哭泣，更是大爱的洗礼；西南的干旱或许使你们一样感受渴与饥，留给你们记忆的，不仅是大地的喘息，更是自然需要和谐、发展需要科学的道理。

在华中大的这几年，你们会留下一生中特殊的记忆。你一定记得刚进大学的那几分稚气，父母亲人送你报到时的历历情景；你或许记得"考前突击而带着忐忑不安的心情走向考场时的悲壮"，你也会记得取得好成绩时的欣喜；你或许记得这所并无悠久历史的学校不断追求卓越的故事；你或许记得裘法祖院士所代表的同济传奇以及大师离去时同济校园中弥漫的悲痛与凝重气息；你或许记得人文素质讲堂的拥挤，也记得在社团中的奔放与随意；你一定记得骑车登上"绝望坡"的喘息与快意；你也许记得青年园中令你陶醉的发香和桂香，眼睛湖畔令你流连忘返的圣洁或妖娆；你或许记得"向喜欢的女孩表白被拒时内心的煎熬"，也一定记得那初吻时的如醉如痴。可是，你是否还记得强磁场和光电国家实验室的建立？是否记得创新研究院和启明学院的耸起？是否记得为你们领航的party旗？是否记得人文讲坛上精神矍铄的先生叔子？是否记得倾听你们诉说的在线的"张妈妈"？是否记得告诉你们捡起路上树枝的刘玉老师？是否记得应立新老师为你们修改过的简历，但愿它能成为你们进入职场的最初记忆。同学们，华中大校园里，太多的人和事需要你们记忆。

请相信我，日后你们或许会改变今天的某些记忆。瑜园的梧桐，年年飞絮成"雨"，今天或许让你觉得如淫雨霏霏，使你心情烦躁、郁闷。日后，你会觉得如果没有梧桐之"雨"，瑜园将缺少滋润，若没有梧桐的遮盖，华中大似乎缺少前辈的庇荫，更少了历史的沉积。你们一定还记得，学校的排名下降使你们生气，未来或许你会觉得"不为排名所累"更体现华中大的自信与定力。

我知道，你们还有一些特别的记忆。你们一定记住了“俯卧撑”、“躲猫猫”、“喝开水”，从热闹和愚蠢中，你们记忆了正义；你们记住了“打酱油”和“妈妈喊你回家吃饭”，从麻木和好笑中，你们记忆了责任和良知；你们一定记住了姐的狂放，哥的犀利。未来有一天，或许当年的记忆会让你们问自己，曾经是姐的娱乐，还是哥的寂寞？

亲爱的同学们，你们在华中科技大学的几年给我留下了永恒的记忆。我记得你们为烈士寻亲千里，记得你们在公德长征路上的经历；我记得你们在各种社团的骄人成绩；我记得你们时而感到“无语”时而表现的焦虑，记得你们为中国的“常青藤”学校中无华中大一席而灰心丧气；我记得某些同学为“学位门”、为光谷同济医院的选址而愤激；我记得你们刚刚对我的呼喊“根叔，你为我们做了什么？”——是啊，我也得时时拷问自己的良心，到底为你们做了什么？还能为华中大学生做什么？

我记得，你们都是小青年。我记得“吉丫头”，那么平凡，却格外美丽；我记得你们中间的胡政在国际权威期刊上发表多篇高水平论文，创造了本科生参与研究的奇迹；我记得“校歌男”，记得“选修课王子”，同样是可爱的孩子。我记得沉迷于网络游戏甚至濒临退学的学生与我聊天时目光中透出的茫然与无助，他们还是华中大的孩子，他们更成为我心中抹不去的记忆。

我记得你们的自行车和热水瓶常常被偷，记得你们为抢占座位而付出的艰辛；记得你们在寒冷的冬天手脚冰凉，记得你们在炎热的夏季彻夜难眠；记得食堂常常让你们生气，我当然更记得自己说过的话：“我们绝不赚学生一分钱”，也记得你们对此言并不满意；但愿华中大尤其要有关于校园丑陋的记忆。只要我们共同记忆那些丑陋，总有一天，我们能将丑陋转化成美丽。

同学们，你们中的大多数人，即将背上你们的行李，甚至远离。请记住，最好不要再让你们的父母为你们送行。“面对岁月的侵蚀，你们的烦恼可能会越来越多，考虑的问题也可能会越来越现实，角色的转换可能会让你们感觉到有些措手不及。”也许你会选择“胶囊公寓”，或者不得不蜗居，成为蚁族之一员。没关系，成功更容易光顾磨难和艰辛，正如只有经过泥泞的道路才会留下脚印。请记住，未来你们大概不再有批评上级的随意，同事之间大概也不会有如同学之间简单的关系；请记住，别太多地抱怨，成功永远不属于整天抱怨的人，抱怨也无济于事；请记住，别沉迷于世界的虚拟，还得回到社会的现实；请记住，“敢于竞争，善于转化”，这是华中大的精神风貌，也许是你们未来成功的真谛；请记住，华中大，你的母校。“什么是母校？就是那个你一天骂她八遍却不许别人骂的地方”。

亲爱的同学们，也许你们难以有那么多的记忆。如果问你们关于一个字的记忆，那一定是“被”。我知道，你们不喜欢“被就业”、“被坚强”，那就挺直你们的脊梁，挺起你们的胸膛，自己去就业，坚强而勇敢地到社会中去闯荡。

亲爱的同学们，也许你们难以有那么多的记忆，也许你们很快就会忘记根叔的唠叨与琐细。尽管你们不喜欢“被”，根叔还是想强加给你们一个“被”：你们的未来“被”华中大记忆！

（选自《应用写作》2010 年 9 期）

【任务要求】

这篇致辞以“记忆”为主线，与即将毕业的学子们共同回顾了在华中科技大学四年间所见所闻所做之事，材料极为丰富、生动、精彩。请详细阅读、分析，回答以下问题。

(1) 作者在致辞中都选用了哪些材料？(可大致分类后概括说明)

(2) 作者为什么选用这些材料？(至少谈三点)

(3) 作者写作时为什么有这么多材料？(可上网搜索有关背景资料再回答)

(4) 联想阅读过的一些文学作品，说说应用文写作与文学写作在材料的要求上最大的不同是什么。(只谈一点)

【任务实施】

第一个学习任务：作者沿着“记忆”的线索，好像电影特写镜头似的记录下了一组组精彩壮观、生动感人而又细致入微的画面和场景。同学们在详细阅读、分析后，可以从多个角度分类说明作者所选用的材料。例如：由大到小，从宏观到微观，选用了世界的、国家的、学校的、学子的等各方面材料。谈国事的时候，既有盛事，也有不幸之事；为“中华的崛起，世界的惊异”而自豪的时候，也没忘记“某国总统的傲慢与无礼”；言及“大悲的哭泣”之后，更生发出“大爱的洗礼”。讲到校园之事，既有大事，亦有小事，大到众人皆知的裘法祖“大师离去时同济校园中弥漫的悲痛与凝重的气息”，小到“学子们为抢占座位而付出的艰辛”。介绍学子们的表现，既有“吉丫头”、“校歌男”、“选修课王子”这样的优等生，也有沉迷于网络游戏甚至濒临退学的落伍生；既充分展示校园的美丽，也绝不回避“校园丑陋的记忆”，并坚信“总有一天，我们能将丑陋转化成美丽。”哪怕是串联的网络热词，也会从热闹和愚蠢中，引出正义与犀利；从麻木和好笑中，记忆责任和良知。有幸与不幸，正面与反面，肯定与否定，表层与深层，大事与小事，先进与落后，豪放与细腻，美丽与丑陋，直白与含蓄……这些材料相反、相对而相成。这样的选材与安排，给学子们的教益与启示是多层面、呈辐射状的。

第二个学习任务：首先仿照“应用文写作的主旨”一课学习的方法，分析、概括这篇致辞的主旨，而后认真学习本节下文【相关知识】，再结合相关理论知识分析作者选用的这些材料，进而找到作者选用材料的原则或原因。

第三个学习任务：上网搜索有关背景资料就可以知道，这篇致辞走红之后，曾有记者采访过李培根校长并提出一个疑问：致辞文笔优美，情真意切，这是您自己写的吗？李校长坦然回答道：“不仅是我想的、我写的，而且是自己一个字一个字在电脑上敲出来的。”李校长长期“潜水”本校白云黄鹤BBS，“在上网时看到一些有趣的句子、需要关注的问题等，都会留心摘录下来。”这位被学子们亲切地称为“根叔”的“宛如邻家大叔”的校长，在食堂中和同学们同桌而坐，在篮球场上和学子们投上几球，和网瘾学子面对面交谈，在毕业典礼上与毕业生热情拥抱……如此零距离接触交流，他的毕业致辞中才拥有了那么多关于学子们学习与生活的真切细节。除此之外，致辞中选用的其他大量材料，也显示了这位学者校长广博的知识积淀与深厚的人文底蕴。

第四个学习任务：联想中学或最近阅读过的一些文学作品（或者到阅览室去阅读几篇小说、散文），将文学作品选用的材料与这篇致辞选用的材料作一比较（可参阅本节下文【相关知识】），应该就能够看出应用文写作与文学写作在材料要求上最大的不同。

【相关知识】

材料是作者为了特定的写作目的而搜集或积累的能够表现文章主旨的事实或证据。它或者是从写作者的亲身体验和调查研究中直接得出，或者是从他人的感受和经验中间接得到。一般把尚未写入文章之内，但已被作者搜集到的事实或证据称为“素材”，把写入文章里、为表现主旨服务的事实或证据称为“材料”。材料是文章的血肉，决定着应用文的形式和内容，关系到写作活动的成败。“巧妇难为无米之炊”，材料如果贫乏，写出来的内容必然空洞。因此，要想写好应用文，必须在采集材料上多下功夫，并在此基础上把握好“选择”“使用”这两个环节。

一、应用文材料的采集

有了广博充足的材料，不仅有利于全面地分析问题，正确地判断情况，而且在撰稿时也会有较大的回旋余地。因此，材料采集对于快速成功地写作应用文无疑非常重要。从采集渠道上看，材料可分为直接材料和间接材料两种，采集的方法也各有侧重。

（1）直接材料——重在深入调研。直接材料是作者通过自身的观察、体验、感受、调查而直接得到的材料。人们的直接经验、丰富阅历，都是材料的活的积累。要获得这类材料必须深入实际，参加社会实践。一方面要在工作和生活中养成观察、积累的习惯，关心国家大事，也留心身边的各种情况，注意有关部门和有关业务的最新信息。另一方面也是更重要的方面，要学会调查研究。对问题“没有调查研究，就没有发言权”，因此撰写应用文尤其是公务文书，更应该注重调查研究。要弄清事实，摸清规律，心中有数再下笔。很多预先计划研究的问题，会因调查而发现新情况，从而将研究引向深入，分析出事物的特点和规律性，找到解决问题的方法。因此，要通过个别专访、问卷调查与开座谈会等各种方式，围绕撰写目的与主旨，调查相关的各方面情况，了解典型事例，并认真分析鉴别，找出规律性的东西，得到经验、教训或解决问题的方法、途径，并把调查研究得到的这些东西最终形成文字材料。

（2）间接材料——重在学习积累。间接材料是通过查阅现成的文字资料而获取的材料，包括读书看报、翻阅档案、查阅各种文件资料等而从中获取的同类问题或相关问题的历史资料及现实资料。这些材料对撰写应用文有重要的借鉴作用和参考价值，撰写者可以从中总结他人研究这类问题的得失，从而促进对问题的深入探讨和研究，并有利于主旨的确定与深化。搜集间接材料不要仅在有了写作任务后才去搜集，而应该重视平时的学习积累。在平时的工作、学习中，只要你觉得有用，有点收集价值，就应该抄录、复制、保存。一时派不上用场没有关系，要紧是把有用的信息储存起来。保存时分类要严，以便翻阅、查找。材料是写作的本钱，“勤笔”可以“免思”，所以平时就要做到眼勤手勤。此外，学习、积累相关各方面的理论知识、业务知识也非常重要；因为学习和研究是不可分的，通过学习，积累了必要的知识，这些知识就是写作的材料之一，遇到问题也可以有针对性地运用这些知识去研究问题，继而解决问题。

二、应用文材料的选择

写作应用文的时候，只有那些能够证明或说明主旨的材料才是撰写者所需要的，其他的都应该舍弃。具体要求如下。

（1）围绕主旨选择材料。初学写作应用文者常犯的毛病之一是疏于选材，不忍割爱，衡量材料的尺度不是根据主旨的需要，而是自己的偏好。采集的材料越多，这个毛病就越突出。因此，首先要紧紧围绕主旨来选材，选择与主旨有关并能有力地说明、烘托、突出主旨的材料；反之则坚决舍弃。

（2）选择典型的材料。典型材料具有广泛代表性和强大的说服力，能深刻揭示事物的本质，起到“以一当十”的作用，是确立应用文主旨的基石。因此，写作应用文要选择典型材料，避免出现因为认识水平低而不辨典型，或者因为占有材料不够而以非典型来代替典型。

(3) 选择真实、准确的材料。所谓“真实”，首先是指“确有其事”，它确曾活生生地在这个世界上存在过；其次是指不是偶然的表象，它应该能够反映事物的本质。所谓“准确”，就是可靠无误。应用文写作与文学写作不同，它虽然也要对材料进行加工，但只能是作者根据表现主旨的要求，对材料进行形式上的整理、语言上的选择，而不是进行艺术创作性的加工，更不允许“合理想象”乃至虚构。因此，选择材料时须对所选材料的真伪加以甄别，只有真实的、经得起核查的材料才能使用。尤其是材料中的时间、地点、人物、事件（及其过程、因果）、引文、出处及具体的数据，都要做到确凿无疑、准确无误。最好不用道听途说、间接引用的东西。

(4) 选择新颖的材料。“吃别人嚼过的馍不香”，新颖的材料最能吸引人、打动人。事物在变化，生活在发展，时代在前进，写作应用文时要尽量选择反映新事物、新情况、新思想，符合时代特点的鲜活材料，以引起读者的阅读兴趣和情感共鸣，给他们以思想上的启示。写作者在筛选材料时，要善于发现并使用具有时代感的、能够体现时代特征和气息、能够代表最先进文化和发展方向的人物、事件或数据。

材料的鉴别选择是应用文写作中举足轻重的环节，也最见人的才学胆识。伯乐能从马群里鉴别出千里马；而常人却只知道它“日食或尽粟一石”，嫌它吃得多，就虐待它，终使它“骈死于槽枥之间”。伯乐相马之“相”，正是我们所说的鉴别力。要想学到伯乐的本事，平时就需要有意识地提高认识水平，以增强自己的判断能力与鉴赏水平。

三、应用文材料的使用

选择好材料之后，还有个如何使用的问题。要根据应用文的不同特征，决定材料的使用方式：或者是做撰写应用文的依据，具体材料并不写入文章（如法规性和指令性文件）；或者是做文章的论据或写作的主体，这时材料就必须写入文章（如报告、总结、演讲稿及宣传报道稿等大多数应用文）。

使用材料还要注意次序与详略问题。要根据文章的撰写目的和主旨，把选好的材料分分类、排排队，合理安排主次先后，再有条不紊地一一写来。重要的、最能表现主旨的、人们较不熟悉的材料需要详写，有时还要细致展开；反之则略写，粗笔勾勒。如果平均用力，不分详略疏密，就不可能取得好的效果。

使用材料时要特别注意材料与主旨的统一，所用的材料必须能够证明主旨，与主旨保持一致。如果事先没想清楚就下笔，很容易造成主旨与材料不一致。例如某单位的一份请示，是请求上级批准引进一台大型生产设备，在陈述购买理由时，详细地叙说了该设备如何先进，价格又如何便宜。这个材料与主旨显然是不一致的，因为请示的目的是要上级批准购买该设备，但陈述的却不是购买设备的理由，而是商品介绍。应当改写为：生产上急需这一设备，它可给企业带来什么效益，如此等等。这才是购买理由，材料与主旨才能一致。

任务三　应用文写作的结构

【教学目标】

掌握应用文写作的结构要求、结构类型与层次展开方式，了解应用文写作常用的结构模式，能够在应用文写作中合理、有序地安排结构。

【任务导入】

2009年1月5日，国务院新闻办、工业和信息化部、公安部、文化部、工商总局、广电总局、新闻出版总署等7部门在北京召开电视电话会议，部署在全国开展为期1个月的整治互联网低俗之风专项行动。在会议上，互联网违法和不良信息举报中心曝光了第一批19家存在问题（归纳起来主要是“网页搜索存在色情网站链接”“博客、贴吧、论坛里存在大量低俗图片”）的网站，百度、谷歌、新浪、搜狐等国内知名网站榜上有名。其后，各网站大多及时整改并发布了致歉信。同样进入第一批“黑名单”的腾讯网，其致歉信全文如下。

给广大网友的致歉信

（*2009*年*1*月*6*日*23*：*35*　腾讯网）

尊敬的网友：

2009年1月5日，国务院新闻办等七部门发起了整治互联网低俗之风专项行动。腾讯网因搜搜图片、相册栏目及个人空间对新增低俗内容删除不及时而被曝光批评，我们虚心接受此批评并高度重视，对于我们存在的问题和由此给广大网民带来的不便，腾讯公司表示最诚挚的歉意。

接到通知后，我们已迅速采取措施，进一步强化监管队伍、优化监管流程，加强对网络信息的监督和清理工作。我们郑重承诺：将尽一切努力，严格信息审查机制，对各种低俗有害信息做到防患于未然，为广大网友创造一个健康、和谐的网络空间。

为了更好地响应党和政府的号召，我们将进一步净化网络文化环境，保护未成年人健康成长，推动互联网健康有序发展，我们也真诚希望广大腾讯网友对我们的工作进行监督。广大网友可随时拨打0755－83765566或通过电子邮件alarm@tencent.com举报低俗信息，腾讯将第一时间核查处理。

腾讯公司

2009年1月6日

（选自 *http*：*//news. QQ. com*）

【任务要求】

分析以上致歉信的结构，回答三个问题。

（1）这封致歉信的三个段落分别表达了什么意思？（各用一句话概括）

（2）这封致歉信属于哪一种结构类型、结构模式？（两个问题都要回答）

（3）这封致歉信按照哪一种方式来展开层次？（要具体分析）

【任务实施】

网络是一把“双刃剑”，既能把人们带上信息高速公路，也能成为毁坏社会文明和腐蚀青少年心灵的鸦片。人类历史上，从来没有一项发明像网络这样对社会和心智同时产生巨大影响，产生难以抗拒的吸引力。当前，我国网民数量世界第一，相当一部分青少年沉浸痴迷于网络游戏之中，不读书，不劳动，奇发异服，低俗不堪，不听劝导，不能自拔，昼夜混迹于空气污浊的网吧中，其病态、变态令人吃惊！学校万般无奈，家长万般痛心。因此，净化互联网环境尤为重要，也十分必要。对腾讯网的这封致歉信，从学习应用文写作的角度入手，我们主要分析其结构方法。

第一个学习任务：仿照“应用文写作的主旨”一课学习的逐层分析分旨的方法，并参阅本节下文【相关知识】，用精练的语言概括出这封致歉信三个段落的具体内容。

第二个学习任务：细心学习本节下文【相关知识】的二、三部分，理论联系实际地分析致歉信，从形式要素和内容要素两个方面回答问题。

第三个学习任务：只要细心学习本节下文【相关知识】的第四部分，理论联系实际地进行分析，应该就能完成这一学习任务。

【相关知识】

主旨正确，可使应用文言之有理，论述有力；材料充分，可使应用文言之有物，论之有据；而结构合理，可使应用文言之有序，文脉清晰。

一、应用文结构的要求

1. 要反映客观事物的本质联系和规律

客观事物本身有它的存在形式、特点和运动规律。文章表现的对象是客观事物，其结构形式应取决于内容，体现客观事物的内在本质联系。应用文写作更是如此，要依据事件发展的过程、事物的特征来安排正文结构，以反映对象的内在本质及规律。

2. 要适应不同文种的体式特点

应用文一般都具有一定的体式规范。一篇应用文的结构安排，需适应该文种体式的规范要求（例如写规章制度，一般要用条款式来写）。因此，要注意研究、把握各种应用文的体式规范。

3. 具有严密性

一篇应用文的各部分要成为一个统一的整体，共同表达一个主旨。文章从内容到结构都要周全，避免因遗漏而表达不全。要使文章的部分与部分之间，或呈现因果关系，或呈现主次关系，或呈现并列关系，或呈现表里关系，各部分互相弥补、互相协助，而不互相矛盾、互相拆台，共同使文章的结构及内容严谨而完整。要达到这样的要求，关键还是取决于作者清晰、缜密的思路。

二、应用文的结构类型

多数应用文的结构形式属于“三部式”：从全文来看，可分为标题、正文、落款三部分；从正文部分的结构来看，可分为开头、主体、结尾三部分。此外，公文、简报等应用文的外部格式，也同样分为版头、主体（包括标题、正文、落款）、版记三部分。

应用文的正文部分在外部形态（段落层次等）上所表现出来的形式，大体有以下几种类型。

1. 篇段合一式

全文内容包容在一个完整的自然段内，即一个段落就是一篇完整的文章。这种形式常用于内容单一的应用文。

2. 两段式

这是内容简单、篇幅简短的应用文常用的形式。例如，把篇段合一式的结语部分单独列为一段，便成为两段式；或者把三段式的结语部分省略，写作目的或缘由、行文事项各为一段，也可以成为两段式。

3. 三段式

这是短篇应用文比较常见的外部结构形式，即正文分为写作目的或缘由、事项、文章结语三个层次。

4. 多段式

用于内容较多、篇幅较长的应用文。一般是开头概述情况或说明缘由、目的、依据，结尾单独成段，主体部分分别写为若干段。如果是内容更多、篇幅更长的应用文，则适宜采用分部式。

5. 分部式

把文章分成几个大部分，每个部分就是一个层次，多采用序号加小标题的形式标示。小标题或者作为层旨句概括该部分中心，或者提示该部分内容范围。这种结构形式眉目清楚，头绪分明，适用于内容较多、篇幅较长的应用文，如工作总结、调查报告等。写作时一定要注意前后各部分间的逻辑联系。

6. 条款（项）式

这种结构以章为序划分层次，章下可分条；极少数还在章下分节，节下再分条。章、节、条均用汉字小写数字标示，如第一章、第一节、第一条。（各章下的“条”不依章断开另起编号，而是连续编号，以便于执行时援引有关条文。）条下有的分款，不带序数，一个自然段就是一款；有的列项，以带圆括号的汉字数码“（一）”“（二）”等标示。项下还可分目，冠以阿拉伯数字“1.”“2.”等。法规、规章、标准和职能部门的一些文书，采用这种形式显得眉目清楚，排列有序，简洁明了。

7. 表格式

这是应用文不同于其他文体所特有的一种结构形态。不少经济管理职能部门（如工商行政管理部门、税务部门、专利管理部门等）和不少企业（如银行、保险、厂矿、公司等）制发的各种业务性文书，大都采用表格式。

8. 不成文式

不像一般文章那样有完整的结构内容，从其外部形态来看不像传统的文章样式，语言表述方式也有其特殊性，有的还图文相映，很具吸引力，常用于广告、海报等告启文书。它同表格式文书一样，看似不成文，但表达效果常常比成文好。运用这种形式撰写告启文书时，一要注意告启事项的周全，二要注意突出重点，不能让图画冲淡、掩盖了主要内容。

三、应用文常用的结构模式

任何应用文都是内容要素和形式要素分别通过不同的组合而形成的。上文谈应用文的结构类型主要着眼于形式要素，现在从内容要素着手，介绍应用文正文常用的结构模式。

应用文的内容要素有以下几方面：“事”，即事实或问题，行文时主要回答“什么事情”“什么问题”等；“凭”，即根据、事由，主要回答“依据什么”“由于什么”等；“释”，即解释、说明，主要回答“是什么”；“析”，即分析、推理，主要回答“为什么”等；“断”即判断、综合，主要回答“有何决定、打算（包括建议、希望、要求等）”；“法”，即方法、做法，主要回答“怎么办”“如何做”等。

当然，这种归纳是对各种应用文的内容要素进行综合的结果，并非任何一篇应用文都涵盖这六个方面。同时，六要素在不同文章中的功能和作用也有主有次，并非对等相同。

模式，是某种事物的标准形式或使人可以照着做的标准样式。应用文写作目标单一而明确，长期的写作实践形成了人们普遍认同的结构模式。形成的原因主要有二：一是“约定俗成”，在长期的写作过程中，部分格式、用语等互相仿效，代代相传，就形成了习惯样式，如书信、条据等；二是“法定使成”，由权威机构严格规定文本格式，如机关公文、司法文书等。应用文作者在结构文章时，一般不能随心所欲，自行一套，而要根据某个文种的规范模式来选择结构，安排材料。

按内容性质分，我们可将应用文大致分为“祈使性应用文”和“告知性应用文”两大类。祈使性应用文是希望、请求或要求受文者做些什么，告知性应用文仅仅想让受文者知晓文书内容，并不要求对方做什么。这两大类应用文，一般情况下有其不同的结构模式。

祈使性应用文的常用结构模式是“凭—事—断”式。“凭”为“事”提供依据，以使“事”增强不可动摇的严肃性和权威性。“事”一般以并列的顺序展开，围绕着中心内容，分成若干问题、若干事项加以叙述。“断”，则是在述“事”的基础上提出“希望”或“要求”。绝大多数公文与计划、总结等文种，一般都用这种结构模式。例如一份请示，首先要写清为什么要请示（凭），其次是请示什么问题（事），最后是希望和请求（断）。

此外，法律文书中的诉状这种祈使性应用文，使用的文本结构模式则是“断—事—析”式。“断”是根据有关事实和法律而得出的诉讼请求和结论；“事”是引起法律纠纷的事实，是典型的、有说服力的材料，是“断”的充足的论据；“析”是以某种法律条文为依据对所述事实作透彻的分析，从而论证“断”的正确性。

告知性应用文的常用结构模式是“事—析—断（法）”式。这是一种叙述和论证相结合的模式，以“事”为中心，把“事”的原委、过程叙述出来，作为“析”的对象和“断”的依据。这一模式中，“事”一般不写具体的事项，而是概括性地对情况进行叙述；“析”则是针对“事”作原因分析，不一定有完整的论证过程，也不作理论延伸；“断”也不是在“事”的基础上做出的结论，而是针对“事”和分析的结果，提出某些建议；“法”则是根据“事”和“析”，提出具体的做法和对策。报告、周知性通知、情况通报以及调查报告、讲话稿等，一般采用此种结构模式。

告知性应用文的另一结构模式是“断—释—法”式。“断”是中心要素，是被说明的中心；“释”主要起介绍说明的作用，不对解释对象作纯理论的分析；“法”则是一些具体的方法和要求。说明书、解说词、广告词等，常常采用这种模式。

四、应用文层次的展开方式

（一）层次与段落的一般关系

层次是文章结构环节中的重要一环，又称“逻辑段”“部分”“意义段”等。段落则是自然段。

层次和段落既有区别又有联系。层次是文章中表现思想内容的基本单位，而段落是文章中表达完整意思的最小单位；层次着眼于整篇文章内容先后次序的划分，而段落着眼于在表现某个相对完整的意思时的间歇、停顿、强调或转折。多数情况下，段落小于层次，几个段落表达思想内容上的一个层次。有时段落正好与层次的划分相一致，段落便等于层次。段落大于层次是极个别情况，如篇段合一式应用文的段落。

提行空格是段落的标志，但并不是凡提行空格的就是段落。例如法规、规章中的有些条文，各项或各目都分别提行标示，有时甚至一项、一目还不是一句话。在这种情况下，一条或一项内的所有条文才是一个段落。

段落表达的思想叫段旨，表示段旨的句子叫“段旨句”。与其他文体相比，应用文特别注重使用段旨句。无论是自然构段，还是分条列项的分段，应用文常常把体现全段中心意思的句子置于段首，使段落的中心意思明确醒目。

在概括层次的内容时，应用文常在文中使用小标题，或在层次之首单列一个揭示层次主旨的独立段落，这便是“层旨段”。

(二) 层次的展开方式

1. 递进式

按纵向展开，反映事物或事理本身的自然联系，结构层次之间是延续、承接、深入的关系。具体的方式有：①按照时间先后顺序展开层次；②按照事物或矛盾发展的各个阶段展开层次；③按照作者认识的发展深化展开层次；④按照论证推理的各个步骤展开层次。

2. 并列式

根据事物的逻辑联系进行分类归纳，按事物构成部分、特性、性质的不同侧面来安排层次，将材料横向排列，结构层次间是平行、平等的关系。具体的方式有：①按照观察者立足点的转移或空间位置的变换展开层次；②按照事物各个构成部分展开层次；③按照材料的类属展开层次；④按照论述、说明的问题或各分论点展开层次。

3. 总提分承式

这是一种按辐射形式展开层次的方式，能鲜明地体现领属关系或整体与部分的关系，具有中心突出、层次分明、条理清楚的特点。这种层次展开方式在应用文中，用得较多的是先总后分，其次是由总到分再到总，很少是先分后总的。公文中的通告、通知、会议纪要等的正文结构常呈现这种层次。

4. 纵横交叉式

这是将递进式和并列式综合起来交叉展开层次的方式。采用这种形式要注意有主有从：或是以纵向为主，以横向为辅；或是以横向为主，以纵向为辅；不能平均用力。一些内容复杂、时空变换较大、篇幅较长的报告、总结、调查报告常采用这种模式，以一种结构为主来安排大的层次，而以另一种结构来安排小的层次。

层次的展开次序，应根据应用文的具体内容和文种的特定需求作相应安排。我们可以在写作之前通过拟写提纲，使流动、模糊、粗疏的思路变得固定、清晰、细密，保证层次之间的关系既紧密而又不至于纠缠不清。

任务四　应用文写作的语言

【教学目标】

掌握应用文的语言特征与主要表达方式，了解应用文写作与文学写作在语言表达与修辞方面的不同，能够在应用文写作中使用准确、简明、平实、得体的语言。

【任务导入】

《应用写作》杂志 2008 年 11 期刊登的《公文写作应准确、恰当、讲究逻辑性——评改一篇报告》（作者为渤海大学中文系的韩雪松）一文，对一份病误公文作了详细评改。该公文原文如下。

关于××县××乡××屯发生石山崩塌造成严重损失情况的报告

××副省长：

今年七月十日下午两点多，我市××县××乡××屯后面的石山发生崩塌，塌下山石九千九百立方米，造成的损失无法估量。受灾的有十多户、近百人；死亡十余人，受伤九人；倒塌房屋七十多间；压死生猪二十多头；损失粮食六千多公斤。

灾情出现后，我市委、市政府和××县委、县人民政府高度重视，坚决贯彻以人为本的理念，马上组织抢险救灾工作组赴现场抢险救灾，当即发给受灾群众每人大米七点五公斤，面条一点五公斤，食油零点五公斤，洗衣粉两包（一公斤），以及日常生活用品等十九种。并组织民兵应急小分队三百多人投入抢险救灾。灾民的吃、穿、住、行已得到初步安排。并计划每人安排两个月的口粮。灾民情绪稳定，××县广大干部、职工发扬“一方有难、八方支援”的精神，共捐献衣物××多件，帐篷××顶，人民币××多元。这些款物均已及时发到灾民手中。目前，救灾各项工作正在有组织、有秩序地进行中。

××市政府

二〇〇×年×月×日

韩雪松先生评析，该公文存在的问题主要有如下几点。

(1) 主送机关不当。《国家行政机关公文处理办法》明确规定：“除上级机关负责人直接交办的事项外，不得以机关名义向上级机关负责人报送‘请示’‘意见’‘报告’。”本文的内容显然不属于“上级机关负责人直接交办的事项”，却主送该省副省长，不符合行文规则。

(2) 概念不准确。“无法估量”“十多户”“十余人”等，这些概念都有失准确，没有将能够说清楚的内容说出来。损失可能很大，但也并非“无法估量”，这样写有夸大之嫌。即使暂时无法准确统计出具体损失情况，可以用“造成重大损失”这样的模糊语言概括。受灾户及因灾死亡者的数量应该不难统计，却没有写出准确数字，用“受灾十余户”“死亡十余人”这样的表述会使上级机关、领导对发文机关的工作作风产生不良印象。另外，“死亡”这一概念也欠准确，应改为“因灾死亡”。

(3) 判断欠妥当。“塌下山石九千九百立方米”这判断貌似精确，其实并不准确，不如改为“近万立方米”更稳妥。另外，“灾民的吃、穿、住、行已得到初步安排”之说也欠考虑，文中多处语言确能体现出“吃、穿、住”得到了初步安排，但说“行”的问题也得到了初步安排却显牵强。大难刚过，人民群众迫切需要解决的无疑是事关生存的生活必需品问题，对于“行”的需要弱于“吃、穿、住”。而且，文中并未涉及道路毁坏情况的内容，此处突然冒出“行”得到初步安排，这一结果就缺乏必要的前因。

(4) 逻辑顺序不尽合理。对这类救灾事件的报告，一般的逻辑思路可以这样展开：灾情交代—行动措施—较好结果—现状描述（有时也可将结果提前概括一下，然后再分述）。该文也大致按照这一逻辑顺序展开，但个别地方不尽通畅。如“并组织民兵应急小分队三百多人投入抢险救灾”似放在“马上组织抢险救灾工作组赴现场抢险救灾”之后更合情理；“灾民情绪稳定”一句放在最后一句“救灾各项工作正在有组织、有秩序地进行中”之前更加合乎逻辑。另外，“灾民的吃、穿、住……”一句宜提前叙述，使收文单位能够尽快了解灾后人民群众的生活状况，使心中的石头落地。

(5) 略带八股腔。文中“高度重视，坚决贯彻以人为本的理念”一句，固然没有什么语病，也能反映出发文单位的态度，但用在此处，在这样的语境中，总有一点画蛇添足之感。灾情紧急，公文不应再“穿靴戴帽”。不写这句，直接说出自己采取的相应行动和措施，不也能够说明“高度重视，坚决贯彻以人为本的理念”吗？而且效果会更好。

综合上述，韩雪松先生对该公文试作修改，改后全文如下。

关于××县××乡××屯发生石山
崩塌造成严重损失情况的报告

××省政府：

今年7月10日下午2时30分，我市××县××乡××屯后面的石山发生崩塌，塌下山石近万立方，造成重大损失。受灾的有16户、96人；死亡13人、受伤9人；倒塌房屋72间；压死生猪25头；损失粮食6050公斤。

灾情出现后，我市委、市政府和××县委、县人民政府马上组织抢险救灾工作组赴现场抢险救灾，并组织民兵应急小分队300多人投入抢险救灾。灾民的吃、穿、住已得到初步安排，当即发给受灾群众每人大米7.5公斤，面条1.5公斤，食油0.5公斤，洗衣粉2包（1公斤），以及日常生活用品等19种。并计划每人安排2个月的口粮。××县广大干部、职工发扬“一方有难、八方支援”的精神，共捐献衣物××多件，帐篷××顶，人民币××多元。这些款物均已及时发到灾民手中。目前，灾民情绪稳定，救灾各项工作正在有组织、有秩序地进行中。

××市政府

二〇〇×年×月×日

2009年2期的《应用写作》杂志又刊登湖南省娄底市人民政府办公室刘德斌的《文章不厌百回改——对一份报告的再评改》，认为韩雪松先生修改的公文还有继续进行评改的必要性，主要有以下三个方面。

(1) 语言文字的准确性、简洁性。该文的标题欠简洁。“××县××乡××屯”是具体的灾情发生地点，作为向省政府发送的公文，标题中没有必要如此精确（如果是向该县政府报告则有不同）；如果该石山有名称（该原文一直没有提到石山名称，核文人员应当向起草单位核实准确），则可以进一步精炼文字；而“造成严重损失”就是崩塌事故的具体情况，既是发生了事故，领导当然会重视，故而可以省略此六字；此外，根据一般的矿山安全事故应急预案，死亡10人以上的属于特大事故，应予标明，这样在显现事故的灾害程度上比“造成严重损失”要规范得多。综上，标题可以改为《关于××县××石山特大崩塌事故情况的报告》。

其次，“马上组织抢险救灾工作组赴现场抢险救灾，并组织民兵应急小分队300多人投入抢险救灾”这一个句子中，连用三个“抢险救灾”不简洁，可改为“马上组织工作组赶赴现场，并投入民兵应急小分队300多人抢险救灾”。

再次，同一公文中有关名词要统一。如“灾情出现后，我市委、市政府和××县委、县人民政府……”，很显然，“市政府”与“县人民政府”之间不统一；又如原文标题中“造成严重损失”，而在文中又变成了“造成重大损失”。

再如，“灾情出现后”中的“出现”一词似乎改为“发生”更为准确。“出现”一词更多地指原来就存在的事物“显露出来”，如“小谊出现在他父亲面前”；而“发生”一词则指“原来不存在的事情出现了”，如“发生事故”。此外，“发扬‘一方有难、八方支援’的精神”在这个紧急报告中也属于“八股腔”，理当删除。

(2) 逻辑顺序的协调性与严谨性。如“造成重大损失。受灾的有16户、96人；死亡13人，受伤9人；倒塌房屋72间；压死生猪25头；损失粮食6050公斤”，按照影响的重大性，应当把死亡与受伤的人数放在最前面，这也是上级领导最关注的内容。同时，文中没有明确受灾的16户共96人中是否包括了死亡者，这是不严谨之处。又如“洗衣粉2包（1公斤），以及日常生活用品等”也不严谨，因为洗衣粉也属于日常生活用品之列。

(3) 汇报内容的全面性。上一级领导得知发生了灾情以后，不仅想知道已经采取了哪些措施，还想知道下一步准备采取哪些措施，但这些内容在文中没有体现出来。这次事故造成了人员伤亡，对这些伤亡的人员采取了什么样的抢救、处理措施，在文中只字未提，这也是欠妥当的。

评改之后，刘德斌先生将该报告又修改如下。

关于××县××石山特大崩塌事故情况的报告

××省人民政府：

今年7月10日下午2时30分，位于我市××县××乡××屯的××石山发生特大崩塌事故，塌下的近万立方米山石造成13人死亡、9人受伤（其中×人重伤），另有××户共××人受灾，倒塌房屋72间，压死生猪25头，损失粮食6050公斤。

灾情发生后，我市委、市政府和××县委、县政府马上组织工作组赶赴现场，并投入民兵应急小分队300多人抢险救灾。9名受伤者已送××医院集中治疗，13名死亡者遗体已得到妥善处理。发给受灾群众每人大米7.5公斤、面条1.5公斤、食油0.5公斤，洗衣粉2包（1公斤）及其他日常生活用品等共××种。××县广大干部、职工共捐献衣物××多件，帐篷××顶，人民币××多元并已及时送到灾民手中。目前，灾民吃、穿、住已得到初步安排，情绪稳定。下一步，工作组计划给灾民每人安排2个月的口粮，其他各项救灾工作正在有组织、有秩序地进行中。

（××市政府印章）

二〇〇×年×月×日

【任务要求】

认真阅读以上文字并分析、比较原文、修改、再改的三份报告，回答下列问题。

(1) 这份报告的两次修改实践，充分表现了应用文语言的哪些特点？（要结合实例具体

分析）

（2）这份报告及其修改稿，都采用了哪些语言表达方式？（要具体分析）

（3）韩、刘两位先生的评析中都没有提到公文中数字的使用规范问题，但都将修改稿中的中文数码换为阿拉伯数码，为什么这样修改？（可参阅本书附录二节选的国家标准）

（4）联想阅读过的一些文学作品，说说应用文写作与文学写作在语言表达上有什么不同。（包括语言特征、表达方式、修辞特点等）

✿【任务实施】

韩雪松、刘德斌两位先生对这份报告的反复修改，不仅让我们明了“文章不厌百回改”的道理，更使我们真切地体会到要写好一份公文，写作者应具备多方面的良好素质，包括公文写作基础知识、较强的分析与综合能力以及严谨细致、一丝不苟的敬业精神与富有条理、精密敏捷的思维能力等。两位先生的修改涉及应用文写作的材料、结构、主旨等诸多方面，但更多的是语言表达上存在的问题。通过对三份报告的反复阅读、分析、比较，结合相关理论知识的学习，我们可以较好地解答学习任务的四个问题，掌握应用文的语言特征与主要表达方式。

第一个学习任务：结合本节下文【相关知识】的第一部分，理论联系实际地分析报告的反复修改实践，可以具体指出哪些词语的修改体现了应用文语言准确、简明、平实、得体的基本特点。

第二个学习任务：结合本节下文【相关知识】的第二部分，理论联系实际地分析报告正文的两个段落，可以清楚地判断出叙述与说明是主要表达方式。根据题目要求，必须具体指出哪一段落或那些词句是叙述或说明。

第三个学习任务：认真学习附录二节选的《出版物上数字用法的规定》国家标准，就会知道公文中的数字一般要用阿拉伯数码。

第四个学习任务：联想中学或最近阅读过的一些文学作品（或者到阅览室去阅读几篇小说、散文），将应用文写作与文学写作的语言特征、表达方式、修辞特点等作一番比较，参阅本节下文【相关知识】，应该就能够看出应用文写作与文学写作在语言表达上的不同。

【相关知识】

不同的文体、不同的使用场合、不同的社会功能，形成了不同的语言特色亦即语体。语体可分为口语与书面语两大类。书面语体又可分为四类：一是文艺语体，以形象、生动为基本特征；二是科技语体，以准确、严密为基本特征；三是政论语体，以严谨、庄重为基本特征；四是事务语体，以简明、平实为基本特征。应用文的实用性极强，除了演讲稿、广告词、通讯报道及专业技术论文等少数文种兼用其他语体外，一般使用事务语体。

一、应用文语言的基本特征

1. 实用性

人类的语言分为两大基本类型：实用语言和文学语言。实用语言和文学语言虽然在词汇、语法上没有太大区别，表面看起来是同一种语言，但实际上功能完全不同。实用语言只传达“实用”的内容，而且为了能够最大限度地达到行文的实际效果，利于人们准确理解，有效运用，在表述上也应是清楚、实在和准确的。而文学语言并不限于传达词语的词典意义，它讲究审美，追求意在言外，是经过了作家“扭曲”或“施加暴力”后的语言。

应用文语言的实用性特征是由应用文体的本质所决定的。

2. 无歧义性

应用文的语言可以说是一种直白而循规蹈矩的语言：在词汇上，严格遵照其词典意义；在造句上，严格遵循语法规则；在修辞上，只适当运用比喻、对偶、排比等常规修辞格，而对夸张、通感、双关等可使事物有较大变形的或曲折达意的修辞格一般不用。

应用文的叙述多用直叙，证明多是直接证明，以免文章的内容、观点曲折隐晦、含糊其辞、模棱两可，以保证不同的读者在理解上能够最大程度地趋向一致。

3. 模式性

在应用文写作中，沿用一些固定的模式化语句和语词的现象比较常见。模式化语言对文学作品来说可能是失败的语言，而对于应用文来说却是必需的、正常的。如“特此函复”这一说法，如果换用别的语言来表达，不可能如此简练明白。应用文的语言有相当一部分是沿用旧语、套语，如“来函收悉”“敬请批复”等惯用语。在公文中，类似这样的文言词语已经自然地与现代汉语融为一体。

4. 概说性

应用文不追求文学语言的细密，不追求纤毫毕现的细节展示。应用文运用的任何一种表述方法，其目的都是为了向忙于事务的读者介绍情况、说明原委、陈述事实、总结规律、指示办法，通常只求抓住关键、要点，实行概括述说。因此，叙述多是概叙，说明多是概说。议论，一般也是直接、明白地提出观点与主张，是“说理”，而不是“论理”。应用文这种表述方式的概说性，不但使信息更精要，而且是对读者需求的尊重，更能达到行文的目的。

5. 得体性

得体性，即根据行文目的、内容、对象，恰当地使用语言，做到文实相符，内容和形式相统一，这是由应用文特有的语体风格所决定的。

应用文文种丰富，各类文种的风格也有明显的区别。例如指挥性公文的命令、决议、决定注重庄重严肃；法规、规章和管理类文书讲求严谨、确切、利落；计划性文书必须实在、周密、可行；会议报告应富于鼓动性等。不同文种的语言，都应有与文体风格相协调的基调。而各类文种的语言，从总的方面看，又大都是比较庄重、通俗的大众化书面语言，而较少用口头语言和方言。这是从文体特点上把握文章语言的得体性。

应用文的语言还应随社会的变化发展而有所变化，能与时俱进。陈旧、过时的词语不宜使用；新名词术语则要谨慎使用，不要以词语的艰深掩饰内容的浅薄。如果忽略了语言的这种变化，也会不得体。

应用文的语言应注意受文对象的接受心理，根据不同的对象掌握语言的分寸。上行文的语言，应尊重而不阿谀讨好；下行文的语言，应谦和但又不失度；与平行机关往来函件的语言，则应以诚以礼相待，多商量，互相尊重。惩戒坏人坏事的通报，语言应言之凿凿，义正辞严；表彰好人好事的决定，语言则应热情、稳实。而有选择地使用模糊词语和委婉用语，有时也会使应用文的语言更为得体。

二、应用文的主要表达方式

文章的表达方式通常有五种，即叙述、议论、说明、描写、抒情。由于受文体特点和写作目的的制约，应用文的表达方式主要为说明、叙述和议论。

1. 说明

说明是用简明扼要的文字，对客观事物或事理的状态、性质、特点、功能、成因、关系、功用等属性，加以客观的解释和介绍的表达方式。在应用文的表达方式中，说明占的比重最大，使用率最高，几乎每一篇文章都有完整的说明文字。

应用文的说明常与叙述、议论结合使用。以说明的方式来介绍背景材料和环境，可以为叙述起好铺垫作用，为议论提供必要的依据。总结、简报、调查报告、工作报告对某些基本情况的介绍，表彰、处分决定或通报对有关人员或单位的介绍等，常用说明这种表达方式。条例、规定、制度、公约等法规、规章文书，介绍信、证明信等专用书信以及启事、经济合同、广告等，也常用说明的表达方式。

应用文的说明要实事求是，客观、公正地解说事物，阐明事理，以反映事物的本来面目；同时要抓住说明对象的特征，用语要恰当，归类要正确，能够将说明对象与其他相似事物区别开来。此外，还应该注意说明的科学性，内容要正确，选择的说明方法要得当。

应用文常多种说明方法同时使用。常用的说明方法有比较说明、举例说明、数字说明、分类说明、定义说明、引用说明、图形说明等。

2. 叙述

叙述是有次序地叙说、介绍人物的经历、言行或事物发展变化过程的表达方式。完整的叙述包括时间、地点、人物、事件、原因、结果六要素。

叙述也是应用文的基本表达方式。交代背景，介绍文章涉及的人、单位或事件的基本概况、事物发展变化过程以及相互关系，都离不开叙述；为议论提供事实依据，也要用到叙述。叙述时往往以作者的认识过程或事物的发展过程为线索，讲求平铺直叙，头绪清楚，条理分明。

应用文的叙述与文学作品的叙述有较大的区别。文学作品中的叙述要求具体、详尽，而且往往与描写结合在一起，能给读者具体的感受；为了感染读者，有时还运用了虚构、夸张的手法。应用文写作中的叙述则要求简明扼要、绝对真实，一般采用概括叙述；只注重对事件的整体勾画，只叙述与表达主旨、说明问题有直接关联的部分，或者只是综合地、概括地叙述若干人或事的共同点，不要求细节的具体、内容的详尽。应用文的叙述常与其他表达方式结合运用，如夹叙夹议、叙事论理、叙述说明等。

3. 议论

议论是作者对某件事情或某个问题进行分析、推理、评论，表明自己的立场、观点、意见的一种表达方式，也就是讲道理的方式。完整的议论由论点、论据、论证三要素构成。论点提出"被证明的是什么"，论据回答"用什么证明"，论证解决"怎样证明"。

应用文对人或事作出自己的评价、判断，阐明处理某些公务活动或社会事务的立场观点、政策原则、决策主张，都离不开议论。应用文的议论以正面议论为主，旗帜鲜明地表明观点。应用文的议论多与其他表达方式结合使用，如夹叙夹议。

应用文写作中的议论与一般议论文中的议论有明显的区别。在一般议论文中，议论是最主要的表达方式，是贯穿全文始终的。但在应用文写作中，最主要的表达方式是说明和叙述，议论处于从属地位，一般只是在叙述、说明的基础上进行，不能作长篇大论，不需作复杂的逻辑推理，也不一定具备论点、论据、论证这样一个完整的议论过程。在需要分析论证的地方，或者采取夹叙夹议的方法，或者用三言两语议论一下，一般是点到即止，不作深入论证。

正因为基本上采用直接论证的方式，应用文常用的论证方法有：用实践的结果证明论点（事实论证），用真实典型的事例证明论点（举例论证），引用党和国家的有关方针政策、法律法规的条文来证明论点（引用论证），运用对比的方法来证明论点（对比论证）等。此外，有时还用到因果论证、比喻论证、归谬论证等方法。

（附：描写是描绘、摹写人物、事物、景物的形态与特征的一种表达方式，能收到如见其人、如闻其声、如临其境的效果，是文学创作的主要手法。在应用文写作中，描写很少使用，尤其是公文，一定不能用描写。但是在演讲稿、广告词和新闻报道的通讯等文种中，描写同叙述结合在一起，也经常使用。抒情就是抒发感情，对读者有很强的感染力，因此是文学创作中重要的表达方式。应用文写作中抒情也很少使用，尤其是公文。但是在演讲稿、广告词、通讯等文种中，可以直接抒情，也可以间接抒情——在叙述、说明、议论中蕴含感情色彩。其他应用文种即使用到抒情，也一般采用间接抒情，很少直抒胸臆。）

三、应用文的语句修辞与修辞格的运用

无论写文章还是说话，我们都要追求最佳表达效果。这就需要考虑交际过程中的情景、环境等因素，考虑运用怎样的形式才能最准确、生动地表达思想内容，积极调动各种语言因素，以加工后的最完善的语言形式来获取最理想的表达效果。这种语言加工的实践活动就是修辞。

应用文的语言不如文学语言创造性强，很容易给人一种误解，觉得应用文语言掌握起来比较容易。其实，应用文语言和文学语言都需要高度的修养。不同的是：文学语言要求新异活泼，要积极、恰当地利用各种语言手段来增强所要表达内容的具体性、生动性、形象性，常采用积极修辞；而应用文修辞的主旨是突出晓喻性和知照性，即让读者提高认识、明白道理，让受文对象明白应该怎样做，所以应用文的修辞是把注意力用在明白、准确、严密上，而不是用在生动形象、亲切感人上。

应用文写作主要使用消极修辞。尤其是公文，这方面特点非常突出，一般不注重修辞格的运用，而对词语和句式的选择十分讲究，注重语句的准确、严密。不过，其他应用文如广告、宣传报道稿、调查报告、礼仪文书乃至总结、会议讲话稿等文种的写作，也经常采用积极修辞（使用修辞格）。引用、对比、排比、层递、对偶等修辞格在应用文中使用较多，其他修辞格如比喻、借代、设问、反问、顶真等在应用文中也时有用到（但必须注意：除了广告等少数文种，应用文中不得使用夸张、双关、比拟等修辞格）。

任务五 应用文写作的运思

【教学目标】

掌握应用文写作的思维特点与常用思路，了解应用文写作与文学写作在运思上的不同，能够在应用文写作中正确、巧妙地构思。

【任务导入】

2007 年 3 月 12 日，华中农业大学网站发表了副校长高翅在 2006 年研究生表彰奖励大会上的讲话文稿。阅读文稿，作者那独具匠心的写作手法和厚重博大的文化底蕴，让人如饮

清茶，如沐春风，现转载如下（略有删节）。

砺志研读　孜孜探究　生龙活虎

——在 *2006* 年研究生表彰奖励大会上的讲话

感谢在这个寒冷冬夜来到这个教室的所有人，为了学校研究生教育事业的发展，大家一起在相互鼓励和相互搀扶中奋力向前，这就是集体，这就是华农人。在此，我向所有获奖的同学和老师表示祝贺和由衷的敬意。

选择这个寒冷的冬夜来开表彰会，挺有意思：在华农，尽管四季分明，但是每一天，我们的感受就如同寒窗苦读。做学问就是这样。古语云："冰冻三尺，非一日之寒"。今天受到表彰的全国"百篇优秀博士论文"的作者冯雄汉博士，还有其他获奖的同学，你们的成功不是一日之功，不是浮躁中的浅薄收获。在这个相对喧嚣和浮躁的社会，如果我们急功近利，也可能会有某些收获，但那些收获稍微放大一点，就什么都不是了。冬天，大家透过人文楼的"未来之窗"，看到的是沃野田畴，地里看上去好像什么也没有，其实我们已经播种了希望和幸福。这是种子，深深地埋在了田野里，明年定会有丰硕的果实。今天这个表彰会，也预示着我们新的收获，预示着 2007 年乃至更长的时间，我们会有更多的收获。

下面，我想解析"研究生"这三个字，并由此展开去，谈点自己的感想。

"研"，大家都知道怎么写，一个"石"，一个"开"，所谓"金石为开"也。其实最早"研"字右边还不是一个"开"字，而是"开"字撇成两半："幵"，这个"幵"读 jiān，意为"细磨""研磨"。"研"的本意是"研磨"，在古代的技术条件下，研磨可以算是深加工、精加工了。再引申就有"详尽""详细""精细"的意思。因为"研"就意味着钻研、探索，意味着深入的钻研、不懈的探索。与"研"相关的有一个典故，叫"研京练都"，说的是晋代的左思，小时候大家并不看好他，用现代的话说，大概他的 IQ 比较低，口齿比较笨拙。但是他下决心要给魏、蜀、吴三国写一篇绝妙文章，于是整整用了十二年的时间，完成了《三都赋》，轰动天下，人们争相传颂，以致一时间"洛阳纸贵"。这篇赋成为了中国文学史上千古不朽的名篇。没有十二年的"研"和"练"，没有十二年的深入钻研、不懈探索，左思恐怕难以成为晋代首屈一指、建树卓越的大文豪，我们也读不到《三都赋》这样一篇美文。所以，从某种意义上说，我觉得"研"也可通"妍"，说明钻研、探索是美丽的、迷人的。

"究"这个字更有意思，本来是一个形声字，但我想把它作为一个会意字来解读。上面一个"穴"，是指在黑暗的洞穴中摸索前进；下面是一个"九"，在汉语中"九"是极大的一个数字，道路漫长，时间久远，达到极大值，都有一个长久的意思。所以，《说文解字》中说"究"是"穷"也，穷尽之义；《尔雅》说"究"，"谋"也，也就是探究、琢磨、思考、谋划。想一想吧，在漆黑的洞穴中，如果只是一味莽撞往里钻，是行不通的。必须要"谋"，而且，要有足够的心理准备，来应对这个极有可能是十分艰难的探索。道路是漫长的，时间是久远的，因此，我们的探索也将是漫长的。做学问就是要追根溯源。自然现象也好，人类社会也好，要真正认识它，进而改造它，就要长期探索、深入探索，特别是探索那些原理性的东西。

"生"，最早是动词。"生"是一个会意字，在甲骨文中，上面是象形的，是指初生的草木；下面是一横，代表土壤。草木从土壤中生长，谓之“生”。刘巘《易义》中有这样一句话，非常有哲理，即“自无出有曰生”，这不就是创新吗？古人十分重视“生”的人文价值，《易经》的《系辞传》说：“天地之大德曰生”，把创造、创新视为“天地之大德”，可见其多么伟大！因此，古代有学者阐释说：“天地之大德曰生，故生化万物者，盛之光华也。”“盛之光华”，这是多么美丽、灿烂！所以，创造和创新既是大德，也是大美。“生”也用作名词，即学生。“生”代表一种身份，中国古代通常指读书人，也就是知识分子。把“研”、“究”和“生”联起来，启示我们以自己的身份就要不断去学习、追求、创新。

我这样的解析，是人文科学的一种研究方法，叫“附会”。语言学家和文字学家可能不同意我的附会和解析，而我这样附会，目的是要借题发挥，表达我对研究生的期望，最终落脚到三句话：砺志研读、孜孜探究、生龙活虎。

一、砺志研读。作为研究生，应该做到在学习中研究，在研究中学习，以探索、研究为己任。无论硕士也好，博士也好，无论回报家庭也好，贡献社会也好，研究生的定位就在于此。现在我们正在建设自主创新型国家，主要的依靠力量就是我们这些研究生。我们华农的研究生不仅要成为主力军，而且要成为领军人物。无论到什么地方，研究团队也好，管理团队也好，企业家也好，我们要培养的就是领导，就是领军人物、领袖人物。作为研究生，我们不创新，谁创新？我们的创新能力不提高，还能称之为华农人吗？我们做的点点滴滴其实都与整个国家、整个民族密切相关。我们的校训“立己达人”，我们今天的学习、研究是为了“立己”，“立己”是为了“达人”，是为了社会，为了民族。这就是“志”。“志”是需要培养的，所以我提出要“励志”。除了“志”，还要“读”，怎么读？我想倡导“悦读”，也就是说要在快乐中读书、学习，在学习中、读书中要得到快乐，产生愉悦感，这是我们读书人的共同追求。我希望学自然科学的同学除了读专业书以外，也要读一些文史哲艺经法的书籍，要拓展知识面；文科的同学则要学习、了解一些自然科学。经管学院获得全国“百篇优秀博士论文”的选题就是研究中国棉的经济问题、产业问题，如果对自然科学缺乏了解，对棉花的种植、加工缺乏了解，恐怕很难写出这样的作品。人类社会的发展，培育了两大精神，也依靠两大精神，这就是人文精神与科学精神，两者相辅相成，互生共融，缺了其中之一都是不完整的。

二、孜孜探究。关于这个问题，我想强调两点。第一点是好的学风。学风实际上可以理解为学术品格，这非常重要。文如其人，因此，学术品格就是人的品格。我们的导师要教学生做好两篇文章，即道德文章和学术文章，为人和为学，二者不可偏废。学风的首要是实事求是。这是做学问的人最基本的品德要求。在学术上，伪造、剽窃，都是科学研究的大忌，为正直的学人所不齿，为正义的学人所痛恨。我们学校要培养立己达人之英才，首先要培养品格健全之公民，社会主义的主流价值观要在大家的身上得到很好的实践。“人不信于一时，则不信于一世”，我们的学校、我们的导师，都是很看重这一点的；因为你是在做科学研究，是在探求未知，是很神圣的事业，是为人类文明添砖加瓦的事业。因此，学术品格是非常重要的。希望大家牢记：诚信人之本，严谨学之本。

我想强调的第二点是要创新，这是我们今天表彰大会的关键词。创新首先要有创新欲望，要有敢于怀疑、敢于挑战的勇气，也就是要有批判性思维，不唯上，不唯书，不唯洋。当然，我们在具备批判意识的同时，还要敢于自我批判。批判的思维不是钻牛角尖，而是所谓否定之否定。人类历史就是在否定之否定的过程中螺旋式上升的。曾子云“吾日三省吾身”，这种自省就是自我检讨、自我批判；自省的过程就是否定之否定的过程。在这方面，我希望同学们学好自然辩证法。懂得辩证法，心理不健康是不可能的，因为你会运用辩证法的立场、观点和方法去发现、对待、分析、解决各种各样的问题，包括学术上的、思想上的、生活上的问题。这样，你就不会认死理、钻牛角尖。如果辩证思维与专业研究相结合，与为人处事相结合，对专业，对人生，你就会有创新的思维和创新的做法。辩证法是哲学，哲学使人思辨，使你不仅看到表象的东西，还能深入事物的本质，它的作用是不可忽视的。其次，创新要有强烈的好奇心和丰富的想象力。为什么说要读子经史集和其他相关科学的知识，就是因为这样可以丰富你的想象力，使你有更强的好奇心，DNA 双螺旋结构的发现是离不开想象力的。爱因斯坦说过，想象力比知识更重要。这是他的体悟。现成的知识总是有限的，而想象力是无穷的。第三，创新要有科学的方法，即科学的路径。要找到科学的路径，重要的是要对自己的知识能力素质结构有所了解。要熟悉已知的东西，也就是要站在巨人的肩膀上。因此，我们做学问，已知的要掌握，前沿的要熟悉，动态的要把握，在这个基础上，我们才有可能找到正确的路径。第四，创新要靠集体的智慧。同学之间要多交流，有的学术火花，开始只是很小的火种，几个人一碰撞，可能就会成为星星之火；再扩大，就会形成燎原之势。这种学术的碰撞、学术的交流，常常是以学术沙龙的形式来进行的，研究生中的学术讨论例会就是这样的形式，为学术碰撞、学术交流提供了一个“软平台”。所以要倡导，要坚持，要真正有准备地参加这些活动，科学的发现，新思想、新思路，就可能由此产生。我觉得这是激发我们创新思维的非常有效的途径，更何况当代社会，任何一件事情，都很强调团队工作，必须靠团队，而且是很大的团队。刚才冯博士在发言中就很感谢他所在的很好的团队，这个团队有很好的团队文化。最后，孜孜探究也要把握机遇，历史不会总把机遇留给我们，研究生正在求学时期，是活力旺盛时期，要珍惜这样的机会。

三、生龙活虎。这句话有几个含义，包括健康的体魄、活跃的思维和阳光的青春。研究生只有做到体魄健康、思维活跃、心境明亮，才能显得生龙活虎。我希望研究生能为学校营造浓醇的学术氛围做出贡献，能为建设先进的、格调高雅的校园文化做出贡献。现在我们社会的文化极度娱乐化，很容易让人脆弱，让人缺乏意志力，所以，校园文化要有一些严肃的、主旋律的、甚至沉重的东西，让学子们保持崇高、追求崇高，而不仅仅是搞笑的、娱乐的东西。希望我们研究生在这一方面做出贡献。

最后，祝愿在座的各位像冯博士一样，在不久的将来成为一个成功的华农人。新春佳节将至，祝大家合家欢乐，健康、幸福地与华农快乐成长，共同进步！

【任务要求】

认真研读、分析以上讲话稿，思考并解答三个问题。

(1) 这篇讲话稿可以分作几层？(要概括出各层分旨)

(2) 有人认为这篇讲话稿的主体部分属于总分思路，也有人认为这篇讲话稿从全文来看属于递进思路，请谈谈你对此的看法。(要具体分析)

(3) 联想阅读过的一些文学作品，说说应用文写作与文学写作在运思上最大的不同是什么。(要联系实例)

【任务实施】

领导同志在表彰奖励大会上的讲话一般容易模式化：先是对受奖对象表示祝贺；然后对

他们的先进事迹加以概括，提炼出几种精神或者几个特点；接着就如何向先进典型学习提出几点希望；最后以号召人们学习先进、为实现既定目标而努力奋斗结尾。这样的篇章结构，尽管逻辑严谨，尽管也可能言简意赅、很有气势，但人们听得多了，又因为是官样文章，会如同喝了白开水，品不出什么滋味，甚至会不以为然。华中农业大学高翅副校长的这篇讲话稿没有落入传统写作模式的窠臼，而是精心构思，巧用引申和寓意的手法，巧妙引出讲话主线中对“研究生”三个字的诠释，进而表达自己的殷切希望。通篇体现着探求精神和创新思维，自然清新而又充满睿智和哲理。

第一个学习任务：仿照“应用文写作的主旨”一课学习的逐层分析分旨的方法，用精练的语言概括出这篇讲话稿各层的具体内容。

第二个学习任务：结合本节下文【相关知识】的第三部分，理论联系实际地分析这篇讲话稿，说明自己对其写作思路的看法。分析要尽可能具体，例如：“作者将‘研究生’三个字分拆开来，从这三个字的本源意义和引申意义说起，谈到研究生应该如何做人、如何研究学问，应该具有什么样的学术品格和科学精神，最后又概括诠释了这三个字：‘就要不断去学习、追求、创新’，并顺势用‘砺志研读’‘孜孜探究’‘生龙活虎’三句话来教导研究生们应该如何去学习、如何去追求、如何去创新。这样的写法，属于先分后总的总分思路。”

第三个学习任务：联想中学或最近阅读过的一些文学作品（或者到阅览室去阅读几篇小说、散文），参阅本节下文【相关知识】的第二部分，不难看出应用文写作与文学写作在运思上最大的不同。根据题目要求，回答时必须结合这篇讲话稿与文学作品实例，进行比较分析。

【相关知识】

“凡作文之道，构思为先。”文章是客观事物在作者头脑中反映的产物，好的文章在反映客观事物时，是有标准、有预见、有选择、有设想的，是经过深思熟虑的。如果急于成文而疏于构思，就很难顺利进入写作过程。在应用文写作中，当我们明确了某项具体的写作目标并已占有大量材料之后，就要经历一个酝酿文稿写什么、怎样写的过程，就要根据写作意图、围绕写作中心进行一系列的构思活动。这种“谋划于前”的孕育和设计，对于“疾书于后”的写作来说，至关重要。

一、思维与思路的基本含义

心理学对思维的表述为：思维，是具有意识的人脑对于客观现实的本质属性和内部规律做出的自觉、间接和概括的反映。而思路是思维活动的运行轨迹；文章思路，就是作者构思文章时有规律、有条理、有方向、连贯的思维过程的“路线”，是文章结构的内在依据，是作者整体思维、系统思考的结果。

语言学家张志公先生在《怎样锻炼思路》一文中提到：“作者的思路是他对客观事物怎样观察、理解、认识的反映。思路不是凭空产生的，是以客观事物为基础的。客观事物反映在作者头脑里，经过观察、理解、认识的过程，形成了他对这件事物的印象、看法、态度或感情。把这些印象、看法、态度或感情理出个头绪来，就是所谓的思路。按照这个思路写成文章，就是所谓组织结构。文章的结构组织是否严密，表明他对所写的客观事物是否形成了鲜明的印象、看法、态度或感情。”因此，为了完整严谨、条理清楚地组织应用文的结构，准确、明显地表达思想，构思时就要先把思路理清理顺；在具体写作中，要将思路非常清晰、缜密地表现出来。

二、应用文写作的思维特点

一般说来，应用文写作有以下思维特点。

1. 构思行文主要运用逻辑思维

文学写作主要采用以形象组合为主体的形象思维法，应用文写作则主要采用抽象思维即逻辑思维法。所谓逻辑思维，是一种舍弃具体表象，依靠概念、判断、推理而进行的思维活动。具体表现如下。

（1）选题立意的过程主要是对材料的提炼、升华的过程，要凭借逻辑思维来实现。

（2）在围绕主旨选择材料时，要判断材料有无价值，然后筛选出“必然有用”的材料组织进文章，这个过程也主要凭借逻辑思维来完成。

（3）安排结构时，是按照应用文特定的要求和比较稳定的惯用格式，按照一定的逻辑顺序来组织内容。

（4）下笔行文，也主要是靠严谨的、理性的逻辑思维驱动笔端。

强调应用文写作以逻辑思维为主，并不排斥以形象思维为辅；而且，有时还要借助灵感思维。

2. 思维主体注重群体思维

应用文写作客观上须注重群体思维。应用文往往代组织立言，反映集体的意志、领导的意图，其构思、成文、制发的整个过程，已经集中了领导和群众的众多意见、主张，不再只是某人的个人意愿，而是集体劳动的成果、群体思维的结晶。当然，这并不排斥应用文的撰写要充分发挥个体思维的积极性。

3. 思维走势以定向思维为主

应用文写作思维的定向，从宏观看，应服从党和国家大政方针；从微观看，要服从于单位领导的意图、群众的意愿和工作实际。因此，应用文写作的构思行文以定向思维为主；当然以定向思维为主也并不排斥思维的创造性。

4. 思维过程常有一个由被动思维向主动思维的转化过程

应用文撰写者常常是“奉命而作”，思维起点常常是被动思维。但倘若一味被动思维，又会缺乏写作积极性，甚至影响写作质量，贻误工作。因此，在应用文写作中，又必须努力、尽快地实现由被动思维向主动思维的转化，即由“要我写”变为“我要写”。

三、应用文写作的常用思路

应用文写作的运思主要沿逻辑线和时空线展开；而不同的文种、不同的写作意图，会运用不同的逻辑思维方法。

（一）归纳思路

归纳，是从两个以上个别的、特殊的事物或道理的共同属性中，推出同一类事物或道理的普遍性结论的推理方法。应用文写作运用这种思维方法便形成了归纳思路。对某类客观事物共同规律的探讨、对先进经验的提炼总结等，都可运用这种思路。

归纳又可采用以下几种方法。

1. 完全归纳法

即穷究同类事物中所有个别事物的共同属性，推出普遍性结论的方法。这种方法不允许漏掉任何一个性质相同的个别事物。一般说来，运用归纳法来认识客观事物时，完全归纳法最可靠。但在应用文写作实际中，只有少数情况才能做到完全归纳。

2. 简单枚举法

即根据对某类事物部分对象的概括，推出一般性结论的方法，属于不完全归纳法。不少总结、调查报告、表彰或处分的文稿，都运用这种方法或思路。简单枚举法运用起来较为方便，但容易轻率归纳、以偏概全，使结论片面性、绝对化。因此要注意：第一，不要轻易下绝对性的结论。如果要下结论，也不必因个别事物未能归纳而迟疑不决，可选择诸如“一般情况下”“大体上”“在一定条件下”等类限制词语，以表明其相对性，留有余地。第二，不要仅仅注意同类事物的数量或表面相似处，而忽略了同类事物的本质属性，使结论偏离事物本质。要注意对重要归纳对象或结论作进一步深入分析，充分考虑到时空变化后的情况，使归纳的结论更正确、更深刻。

3. 科学归纳法

即由某类事物部分对象与某种属性有必然联系，推出这类事物都具有这种属性。它是以科学实验和科学分析的结果为主要依据，从研究同类事物的少数对象与某一属性之间必然的内在联系中，从探求现象之间的因果关系中，概括出普遍性结论。它比简单枚举法可靠，但其结论仍要受实践的检验。科学归纳法考察的对象要有典型的代表性，才能使结论正确。说理性较强的应用文常用此法展开思路。

（二）演绎思路

演绎是从普遍性的前提推出特殊、个别性结论的思维方法。它与归纳的思维方向正好相反，是从全体到个别、一般到特殊。根据一般原理（公理、真理、常识或人们认同的共识等），可认识到包含在这一原理中的个别事物或道理，由此形成演绎思路。在说理性较强的应用文中，较多运用演绎法。运用演绎法时，作为根据、前提的一般性结论必须正确无误，才能进行直接演绎。如果作为前提的一般性结论只是相对正确，那么在推理过程中，在肯定其大多数事物或道理的同时，也要考虑到个别事物的特殊性，才能避免结论的片面性。

归纳和演绎既是两种方向完全不同的对立的思维方法，又是互相依存的辩证统一体。归纳是演绎的基础，演绎的前提常常是依靠归纳而获得的。可以说，归纳的结论就是演绎的前提，离开归纳，演绎不可能进行。同样，归纳也离不开演绎。归纳时对个别事物的选择要达到准确、典型，得依赖演绎对这些个别事物进行检验，决定弃取，即根据尚未确定的、假设的一般去寻找、考察个别，才能正确地进行归纳。而归纳得出的一般结论，也要靠演绎去验证，去推广扩大。应用文写作中分别运用归纳思路或演绎思路时，一定要注意到这种联系，防止出现片面性。

（三）总分思路

总分思路是运用综合和分析两种思维方法所形成的文章思路，在应用文写作中也是常见的思路。分析就是把事物分成若干部分，分别加以研究（对实体事物进行分解，对抽象事物进行分类、剥离），是由总到分，化整为零。综合则是把事物的各个部分联合起来，从整体上加以考察（对实体事物进行组合，对抽象事物进行概括），是由分到总，集零为整。

分析和综合也是互相依存、互相联系、互相转化的。分析是综合的基础，没有分析，认识不可能具体深入，也就无从综合。综合是分析的前导，没有综合，不能统观全局，就可能只见树木不见森林，分析就缺乏方向和目标。分析重在发现事物的本质。分析之后要把事物的各个部分放到事物的整体中，放到各个部分的相互联系、作用和矛盾中，放到事物的运动、变化中去考察它们的地位、作用，从而去把握其本质。综合也不是现象的罗列，不是事物各个部分机械地相加，而是要按照事物各个部分间的有机联系，对事物各个方面作全面的、本质的反映，从而从整体上把握事物的特征。

在应用文写作中，文章要点面结合、铺陈得开，关键在于构思时善于分析客观对象，且善于在分析的基础上进行综合。

（四）因果思路

因果思路是运用探因和寻果的思维方法形成的文章思路。在应用文写作中，根据写作意图和民众接受心理，一般采用由果溯因的思路。

应用文写作采用因果思路时，首先要全面分析导致结果或现状的原因。在诸多原因中应首先抓住主要的、根本的原因，同时也不忽视次要原因。要实事求是地、全面地分析事物的内因和外因，不能只抓一点不及其余，防止片面性和绝对化。

其次要深刻地分析产生结果的原因。要深入分析，从原因中去探究产生原因的原因，也就是所谓的“因因分析”。因为有时表面的原因也只不过是个现象，如果我们的分析浅尝辄止，只根据这个表层的原因得出结论，这个结论就可能是十分肤浅的。因此，要“打破沙锅问到底”，揭示出最深层、最根本、最起作用的原因，这样才有助于抓住事物的本质。

（五）比较思路

比较思路是运用比较和鉴别的思维方法形成的一种文章思路。

比较大体可分时间、空间两类比较。时间比较是在历史形态上的比较，通过比较能发现同一事物或不同事物在不同时期呈现出的差异，也叫纵向比较（纵比）、历史比较。空间比较是在现实既定形态上的比较，通过比较能鉴别出不同事物在同一时期不同空间中呈现出的异同，也叫横向比较（横比）、现实比较。纵比能追本溯源，使思路清晰，易于看到事物的发展变化，但思路又显狭窄，拓展不开。横比思路宽阔，易于看到事物与相关事物的差距，但又可能浮于事物表面，看不到事物的发展和实质。两者各有长短，可取其长处综合运用，采用方案比较法（又称为综合比较法或优选法）。在同等条件下，综合考虑到时空等多方面因素，将几种方案、几种情况进行全面比较，鉴别出最佳方案、最正确情况来。在撰写规划、方案、可行性报告、经济预测报告、决策意见等文种的构思中，常采用这种综合比较法。

任何比较都要注意事物的可比性，即比较的标准要一致。要注意抓住事物的本质特征进行比较，以便更深刻地认识和把握事物的异同和性质。要注意比较的灵活性，根据实际情况和写作需要，从多角度、多方面对事物作比较，以便更全面、更准确地认识事物。

（六）递进思路

递进思路是运用递进思维方法形成的一种文章思路。递进思维是认识事物或事理由浅入深、由表到里、由低到高、由小到大、由轻到重、层层递进、循序渐进的一种思维方法。运用这种方法，可以深入地、清晰地阐释某些比较复杂的事理，说明某些比较复杂的关系，有助于深刻认识事物的本质属性，使文章有一定深度。一些说理性较强的应用文常循此法形成文章思路：或者是认识问题由浅入深层层推进，或者是提出问题分析问题解决问题。运用递进思路时，各层次间要环环扣紧，先写哪一层次，后写哪一层次，顺序不能随意调换、中断。

以上是应用文写作中的常见思路。在实际写作中，常常综合运用几种思路成文。

【学习项目总结】

通过本项目的学习与实践，可以体会应用文写作在社会生活各个方面的重要作用，了解应用文写作基础知识，掌握应用文写作在主旨、材料、结构、语言、运思等方面的特点。

应用文确立主旨的要求是：鲜明突出，单一集中，正确准确。应用文主旨的表达方法有：标题点旨；开宗托旨，开门见山；小标题显旨；片言居要；呼应显旨；篇末点旨。应用文在确立、展示主旨方面与文学作品的最大区别是：应用文必须有明白显露的主旨；而文学作品的主题不宜直接展现，是通过艺术形象来表现的，“作者的观点愈隐蔽，对于艺术作品就愈加好些”（恩格斯语）。

从采集渠道上看，应用文的材料可分为直接材料和间接材料两种，直接材料重在深入调研，间接材料重在学习积累。写作应用文时选择材料的具体要求是：围绕主旨选择材料，选择典型的材料，选择真实、准确的材料，选择新颖的材料。要根据应用文的不同特征，决定材料的使用方式。使用材料要注意次序与详略，特别是材料与主旨要统一。应用文写作与文学写作对材料要求的最大不同是：应用文写作对材料的加工，只能根据表现主旨的要求进行形式上的整理、语言上的选择，而不是进行艺术创作性的加工，更不允许“合理想象”乃至虚构。因此，只有真实、准确、经得起核查的材料才能使用。

应用文结构的要求是：要反映客观事物的本质联系和规律，要适应不同文种的体式特点，具有严密性。多数应用文的结构形式属于“三部式”。应用文的正文部分在外部形态上所表现出来的形式，大体有几种类型：篇段合一式，两段式，三段式，多段式，分部式，条款（项）式，表格式，不成文式。祈使性应用文的常用结构模式是“凭—事—断”式，告知性应用文的常用结构模式是“事—析—断（法）”式。应用文层次的展开方式有：递进式，并列式，总提分承式，纵横交叉式。

应用文语言的基本特征是：实用性，无歧义性，模式性，概说性，得体性（也可概括为：准确、简明、平实、得体）。应用文的主要表达方式是说明、叙述和议论，一般不用描写和抒情。应用文写作主要使用消极修辞，对词语和句式的选择十分讲究，注重语句的准确、严密。在应用文中使用较多的修辞格有引用、对比、排比、层递、对偶等。除了广告等少数文种，应用文中不得使用夸张、双关、比拟等修辞格。应用文写作与文学写作在语言特征上的主要不同是：应用文一般使用事务语体，以简明、平实为基本特征；文学写作使用文艺语体，以形象、生动为基本特征。应用文写作与文学写作在表达方式上的主要不同是：应用文一般采用概括叙述，不要求细节的具体、内容的详尽；文学写作的叙述要求具体、详尽，而且往往与描写结合在一起，有时还运用了虚构、夸张的手法。应用文写作与文学写作在修辞上的主要不同是：应用文写作主要使用消极修辞，文学写作经常采用积极修辞。

应用文写作的思维特点有：构思行文主要运用逻辑思维，思维主体注重群体思维，思维走势以定向思维为主，思维过程常有一个由被动思维向主动思维的转化过程。应用文写作的运思主要沿逻辑线和时空线展开，常用的写作思路有：归纳思路，演绎思路，总分思路，因果思路，比较思路，递进思路。应用文写作与文学写作在运思上最大的不同是：应用文写作主要采用逻辑思维，文学写作主要采用形象思维。

通过本项目的学习与实践，除了掌握上述应用文写作基础知识，还应该初步具备查找并利用资料的基本能力、一定的分析与综合能力以及独立学习、写作应用文的基本能力，同时要注意培养严谨细致、一丝不苟的职业素质与富有条理、精密敏捷的思维能力。

【复习思考】

1. 请指出以下公文存在的主要毛病，并做出修改。

关于请求增加培训经费的请示

××园林局：

遵照上级精神，我园技工考核前的培训工作已经全面展开。经统计，全园职工 465 人，技工 278 人，占总人数的 61%。其中技术工人共有 35 个工种，主体工种 7 个，包括：绿化花卉工 56 人，电工 36 人，营业员 31 人，餐厅客户服务员 27 人，厨师 19 人，司机 8 人，电话员 7 人。按等级划分，全园高级工 8 人，中级工 247 人，初级工 23 人。

截至本月中旬，技工考前培训已培训 198 人，待培训 80 人。但是，由于目前培训经费已逾 3 万元，突破了预算，使培训工作无法进行。特此要求增加 1.5 万元培训经费，以使考前培训工作顺利完成。

妥否，请研究批复。

××市东北郊苗圃花卉园（章）

二〇〇×年三月二十五日

2. 下面前后两段例文都是为了说明“我县教育事业蓬勃发展”这个观点，试比较初稿和修改稿在使用材料方面的优劣。

[初稿]

新中国成立以来，我县教育事业发展很快。不但办起了中小学，还办起了中专、技校，甚至大学；在校学生人数已占全县人口的四分之一，专职教师已逾两千。还聘请了不少有实践经验的兼职教师。全县乡级以上领导干部和科技人员中，百分之八十是新中国成立以后的学校培养出来的。

[修改稿]

新中国成立以来，我县教育事业蓬勃发展。新中国成立以前，全县仅 1 所中学、十几所小学，现在已有小学 635 所、普通中学 40 所、职业中学 4 所、中专技校 10 所、高等学校 4 所；各级各类在校学生已达 23 万人，专职教师共 2300 多人；适龄儿童入学率达 99.6%，全县 1986 年已普及初等教育；幼儿教育、特殊教育、成人教育也都有较大发展。

3. 段落中的句子排列要合乎逻辑，意思要连贯而有序，段中句子的文意（包括概念）不能矛盾。请阅读下面的段落，分析讨论其表达文意上存在什么问题？应如何修改？

怎样对待工作和学习呢？“工作忙，没时间学。”有部分同志这样说，摆出了学习和业务的矛盾。可是雷锋是怎样处理“红”与“专”这对矛盾的呢？他说：“我们在学习问题上也是提倡这种钉子精神，善于‘挤’和善于‘钻’。”我们应该学习雷锋同志这种“钉子”

精神。

4. 请给下面两段文字加上过渡句或过渡段，使之连贯。

工会的干部非常热心也非常辛苦，每年组织单位职工外出旅游。今年去了北戴河和承德，大家玩得很开心，可工会干部忙前忙后，为大家购买火车票，联系住宿地方，还要安排大家的饮食。看他们满头大汗的样子，大家心里不住地称赞他们。工会还每年组织文娱比赛，有围棋比赛，有桥牌比赛和歌舞比赛，大伙都踊跃参加，既丰富了职工的业余生活，又使精神文明得到了提高。遇到职工生病，工会干部都会去探望，送上鲜花和补品。大伙都说："这样的工会干部我们选对了。"

工会干部还没有真正成为职工与领导之间沟通的桥梁，对职工的意见不能及时反映给领导。当有些职工的利益受到侵害时，工会也没有及时站出来为职工说话，捍卫职工的权益。对下岗职工，工会关心得还不够。在如何帮助下岗职工再就业方面，工会还有许多工作要做。

5. 下面是发掘杭州雷锋塔地宫的一段报道。请将关于地宫打开过程的文字改为概括叙述，不超过 40 个字。（不必交代具体时间）

上午 9 点整，考古队进入现场开始发掘。打开地宫并不容易，直到 9 时 45 分，考古人员才将压在地宫洞口的 750 公斤的巨石移开，露出 93 厘米长宽、13 厘米厚的大理石盖板。盖板上没有任何文字，但考古人员在紫红色的泥土中发现了 10 枚唐开元通宝铜钱。10 时 5 分盖板基本清理完毕。10 时 30 分盖板绘图完毕。11 时整盖板还没有打开，发掘现场发现越来越多的钱币。11 时 11 分，最激动人心的时刻到了，考古人员开始用撬杠撬开盖板。11 时 18 分，考古人员翻开大理石盖板，地宫口终于打开了！

6. 请指出以下公文语言上存在的问题，并做出修改。

××厂：

贵厂女工孙××与鄙厂干事金××是一对恩爱伴侣，可惜长期棒打鸳鸯分隔两地。双方感情备受煎熬不说，还加重了家庭负担。年迈双亲随女方，缺人照料苦不堪言；幼弱女儿随男方，缺少母爱惨不忍睹。这实在是现代生活的一幕大悲剧呀！望贵厂领导成人之美，同意把孙××调入我厂工作，不胜感激！

××厂（章）

××××年×月×日

7. 下文是一篇调查报告的开头，思路不清，请予修改。

调查研究是我们工作中最常用的方法，它以事实为依据，能正确反映客观事物的规律。这次房屋装修情况的调查，给我们提出了许多问题，使我们知道该怎么去做。我们在本市进行了一次有关房屋装修的市场调查，有600位居民参与了随机抽样调查和典型重点采访。随着市场经济的不断发展，人们的消费观念有了新的变化，花些精力和费用营造一个舒适、温馨的居住环境，也是现代人的愿望和追求。不同类别的居民是怎样设计自己的新居的？他们信赖谁来装修施工？装修需要多少费用？他们喜欢哪类装饰材料？由房屋装修带来的一系列的消费心态是什么？房屋装修的质量问题也是不得不管的时候了，只有抓好了装修的质量，才能赢得市场。房屋装修的市场情况到底怎样呢？

8. 某单位去年试行聘任制后取得了显著的效果，形成了良好的用人机制，有效提高了工作效率。其后他们以“实行聘任制度一点体会”为题，总结了经验。下面就是这篇经验总结的四个小标题，已经被打乱了顺序。请按你的理解排序，并说明排序的理由。

(1) 形成了良好的用人机制

(2) 统一思想认识

(3) 采取积极稳妥逐步推行的实施步骤

(4) 注意掌握政策界限

9. 下面文字是某县食品公司呈送上级单位（县商业局）的一份公文的正文，请为其加上标点。

我公司城关镇××路肉食禽蛋商店原系砖木旧房因年久失修已破损不堪易使商品残损变质每逢雨天营业员只得身披雨衣坚持营业门市部的值班保卫工作亦难正常进行为了搞好经营管理方便顾客特迫切要求改建该店三间平屋面积为×××平方米所需资金××万元建筑预算见附表拟在我公司代管的联合公积金中解决当否请批示

10. 请结合自己的学习和工作实际，谈谈学习应用文写作的重要性。

学习项目二

日常事务应用文的写作

【学习项目描述】

通过学习与实践，掌握日常事务应用文的写作方法。

【教学目标】

掌握条据、启事、专用书信、祝词、欢迎词、欢送词、计划、总结等日常事务应用文的写作方法；具有制订学习计划和工作计划的能力、较强的人际交往能力、一定的分析与综合能力以及初步的解决问题能力，培养严谨细致、一丝不苟的职业素质。

【教学环境】

多媒体教室，黑板，投影仪，PPT 课件，相关案例，时新资料等。

任务一 条据与启事

【教学目标】

了解条据在日常生活中的应用范围，了解启事的特点、类别，掌握条据和启事的格式、内容及写作要求，学会写作常见的条据和启事，能够正确运用条据、启事办理相关事务。

【任务描述】

一、条据

条据看似简单，但在日常生活和工作中应用广泛，有着提供凭证、说明请求、处理问题等诸多作用，写作时一点也不能掉以轻心。请根据以下情境材料，分别为王小刚拟写借条、请假条、留言条、欠条各一张。要求：

（1）按照规范格式写作，符合各类条据的写作要求。

（2）内容表述清楚，文从字顺，标点正确。

（3）书写工整，文面整洁。

2012 年 4 月 16 日早晨，某公司财务部助理王小刚于早上 8 点准时到单位上班。刚到财务部接收完下属营业部的年度财务报表，他就接到妈妈的电话：爸爸突然中风入院了，妈妈正在医院等他拿钱去办入院手续。于是，王小刚把去××审计师事务所取审计报告的事委托给同事王英，然后经领导同意向公司出纳借了6000元钱，并写了请假条给财务部刘经理后，到银行取出了自己仅有的11 000元存款就直奔医院。到了医院才知道要交20 000元钱，于是他想到了住在医院附近的表哥。等他赶到表哥家时已经是上午11点了，不巧的是表哥外出，打表哥的手机又关机。他匆匆地写下一张请表哥帮忙筹钱的纸条后又回到医院。王小刚在这座城市没有什么亲戚，表哥又一时联系不上，他急出了一身汗。这时他突然想起该医院主管财务的张雄副院长曾经和他参加过一次研讨会，而且与他是同乡。在张副院长的帮助下，王小刚终于为父亲办好了入院手续，不足的那3000元钱则由张副院长担保，王小刚向医院签下字据。

二、启事

陈述的事情无论大小轻重，告白的对象无论是个人、团体还是社会公众，只要采用公开告白的形式，便可称作发表启事。启事的公开告白作用体现在两个方面：一是在告白对象无法确定具体人，或已确定具体人但不知此人在什么地方的情况下，可以通过公开告白的形式使告白对象闻讯而主动出现；二是通过面向社会公众公开告白，使陈述的事情获得帮助或理想的结果。

请尝试写作一则寻人启事，要求：

(1) 准确地描述走失人的个人情况。

(2) 将联系方式具体详细地列出来。

(3) 语言精练，篇幅短小精悍。

(4) 符合启事的格式和写作要求。

【任务准备】

问题一：

条据主要有哪些类型？

参考答案：

常用的条据分为两大类。

(1) 凭证式条据（单据）：借条、欠条、收据、领条等。

(2) 说明性条据（便条）：请假条、留言条、托事条等。

问题二：

凭据式条据有何作用？

参考答案：

凭证式条据的作用是作为证据、凭证，具有法律效力。

问题三：

说明性条据有何作用？

参考答案：

说明性条据的作用主要是告知对方某个信息，向对方说明某件事情，不具有法律效力。

问题四：

寻人启事正文要写清楚哪些内容？

参考答案：

寻人启事正文务必准确地描述走失人的姓名、性别、特征（身高、体型、口音、衣着装束、携带什么物品）、出走的原因等，一般要附上照片，以便找寻辨认，最后还要写明联系人的姓名和具体联络方式。

【任务实施】

首先，认真学习【相关知识】介绍的各类条据、启事的用法和规范格式，居中写明条据、启事标题。

其次，围绕不同条据和启事正文各部分的内容要求与写作注意事项，逐一写清楚正文内容。

再次，在正文右下方署上姓名，在署名之下写上日期。

最后，逐一对照【任务描述】提出的要求，对写作的 4 张条据和一则启事反复检查修改，直至符合标准。

【参考例文 1】

借　　条

今借到××电业局财务处人民币伍仟元整。从即日起一周内归还。此据

借款人：×××

××××年×月×日

【参考例文 2】

欠　　条

原向杜小强同志借人民币叁仟元整，已还壹仟元整，尚欠贰仟元整，两月内还清。此据

×××

××××年×月×日

【参考例文 3】

请　假　条

王老师：

您好！

昨天，我在放学回家的途中被雨水淋了，患了感冒，发烧并咳嗽，医生建议在家休息，因此需请假两天（5 月 16 日至 5 月 17 日），请予批准。

附：××医院病情证明单壹张

此致

敬礼

学生：江明

2012年5月16日

【参考例文4】

留　言　条

小江：

出差长沙，特来叙旧。未遇，甚为遗憾。我拟于明日下午六时再来会你。如你没空，请提前打电话告知。手机号：158××××××××。

×××

××××年×月×日

【参考例文5】

寻　人　启　事

3月31日上午10点，我带女儿去××商场购物，不慎女儿走失。我女儿叫王×，3岁，身高60公分，圆脸，单眼皮，眼睛不大，眉毛很重，头上带有大红色蝴蝶结发卡，穿粉红色毛连衣裙，红线裤，脚穿红色皮鞋。北京人，说普通话，但吐字不太清。请好心人帮忙查找，定有重谢。如有线索请速与我联系，联系电话：××××××××。手机：×××××××××××。

王××

2011年3月31日

【相关知识】

一、条据

“条”指便条，“据”指单据，都是人们在日常工作、学习、生活中为处理财物或事务往来，写给对方的作为某种凭证或有所说明的字条。它是日常生活中最常见而又最简便的应用文。条据的特点在于一个“便”字：写起来简便，看起来方便。

（一）条据的类型

常用的条据分为两大类。

1. 凭证式条据（单据）

是单位之间、个人之间或个人与单位之间发生财物往来时作为凭证的字据。常用的单据有借条、收条、领条、欠条等。

2. 说明性条据（便条）

是一方向另一方说明事实、陈述请求或交代事情所写的简单书信。主要有请假条、留言条、托事条等。

各类条据应用广泛，文字简洁，但千万不能大意，特别是涉及钱款财物及人名、地点、时间、数字（包括电话号码）等，一旦错漏，于人于己都会增添很大麻烦。因此，写好各类条据意义重大。

（二）条据的格式与内容

1. 凭证式条据（单据）

（1）标题。在第一行居中用较大字号写“借条”“收条”“领条”“欠条”等，或者写“今借到”“今收到”“今领到”等字样，表明单据的性质。如果是代收或代领等，则在“收到”或“领到”等的前面加上一个“代”字。

（2）正文。另起一行空两格写明对方（单位或个人）的名称以及借（收、领、欠）物件的名称、数量或钱款的金额等。借条和欠条还应写明归还的期限及损失的赔偿等事宜。数字要大写，钱的数额前不留空白且必须与币种紧紧相连，数额末尾加“整”字，以防添加或涂改。正文之后可写“此据”，以防他人增添作弊。文字不得涂改，如果确实需要改动，要在涂改处加盖印章，以示负责。

（3）署名和日期。在正文的右下方署名。个人出具的单据，应是经手人亲笔签署的真实姓名。比较正规的单据，姓名前要写单位或地址，签名之后还应盖章或按手印，以示负责。单位出具的单据要盖公章，一般还要有经手人签名盖章。日期要具体完整，包括年月日，独占一行，位于署名之下。单据如果是打印稿，落款处仍然要亲笔签名，并且盖章或按手印。

2. 说明性条据（便条）

一份完整的说明性条据，结构一般包括标题、称谓、正文、祝颂语、署名和日期。

（1）标题。用较大字号于第一行居中写明“请假条”（留言条、托事条可不写标题，直接写正文）。

（2）称谓。另起一行顶格写，后加冒号。请假条一般写给单位有关领导，前面大多加“尊敬的”。留言条、托事条的称谓则跟平时见面称呼一样。

（3）正文。另起一行空两格，须写得明白、具体，字迹不要潦草。请假条要用最简单的文字陈述请假的理由和请假起止日期等有关情况，病假最好附上医院证明，结尾处常用“请批准”“请予批准”等习惯用语。留言条正文要交待清楚自己的意图和要求，或留下再次联络的方式；应当多用礼貌用语，不可因未见到对方而有所抱怨。托事条正文要写清托办的事情及要求，因为是有求于人，撰写时用语务必委婉、礼貌。

（4）祝颂语。请假条一般使用“此致　敬礼”，“此致”要另起一行空两格写，“敬礼”再另起一行顶格写。留言条、托事条一般用“谢谢”“祝好”等表示祝愿或谢意的词结尾。

（5）署名和日期。正文下一行右空 2 至 4 字写明自己姓名，在署名的下一行同一位置写上日期。

（三）写作条据（单据）的十大忌讳

一忌空白留得太大。条据的正文与署名之间的空白留得太大，容易被持据人增添补写其他内容，或将原内容裁去，在空白处重新添加内容。

二忌大写、小写分不清楚。写条据时，如果只有小写，没有大写；或者小数点位置不准确，数字前头有空格；或大写、小写不相符，都容易被持据人添加数字或修改。

三忌用褪色墨水书写。写条据要用黑色钢笔、签字笔或毛笔，字迹要端正清楚。用圆珠笔或其他易褪色的墨水书写条据，倘遇保存不当、受潮或水浸时，字迹会变得模糊不清，并为他人用化学制剂涂抹留下可乘之机。

四忌不写条据日期。不写明日期的条据，一旦发生了纠纷，事实真相常常难以查清，对诉讼时效的确定也容易造成困难。

五忌条据内容表述不清。有的条据将“买”写成“卖”，“收”写成“付”，“借给”写成“借”等，都极易颠倒是非。

六忌名字不写齐全。条据上有姓无名或有名无姓，都会给对方留下行骗的口实和赖账的把柄。

七忌不认真核对。请别人或由对方写的字据，应字字斟酌，认真审核，不能稀里糊涂地签字盖章。

八忌使用同音同义字。姓名不要用同音同义字、多义字代替，否则也容易发生责任不清的纠纷。应以身份证上面的名字为准，这样就具有法定效力（如果再写上身份证号码，就更保险了）。

九忌没有亲笔签署。由他人代笔书写或者代笔签名，而本人只在上面按一个手印，这样一旦发生纠纷时，也很难认定责任。

十忌归还款物时不索回条据。还款还物时，对方若称一时找不到借条，应该让其写一张收据留存，这样才不至于给日后留下隐患。

总之，条据（单据）一经签署，对签约的各方就有了约束力。因此，条据写得是否准确，权利与义务规定得是否严密、完备，关系到当事人的切身利益，影响到发生纠纷时是非曲直的判断和鉴别。所以，写条据时必须认真慎重，熟悉各类条据的格式及写法，决不可掉以轻心。

二、启事

“启”是“公开陈述”的意思，“启事”就是公开陈述事情，是单位、组织或个人有需要公众了解的事项、协助解决的问题，公开向公众说明，以提请公众知晓、关注，希望公众参与、配合或支持而写的一种文书。

启事可以张贴在允许张贴的公共场所，也可刊登在报纸杂志上，或由电台、电视台播出。

（一）启事的特点

1. 具有广泛性、公开性、自愿性的特点

启事的发布对象是社会公众，发布方式是公开的，内容没有强制性和约束性，公众可以自主决定是否参与。

2. 有些征招类启事和祈请性启事还具有要约功能

这些启事一经发布，即为发布要约。如果对方接受了要约，则双方已经具备了合同所规定的权利和义务，需要依约履行。

（二）启事的类型

根据内容和目的，启事可分为三大类。

1. 征招类启事

是用于征求和招用的启事，如招生、招聘、招标、招工、征文（征稿）、征订、征婚、换房等启事。

2. 祈请性（寻找类）启事

是向公众请求协助或支持的启事，如寻物、寻人、招领、求租等启事。

3. 知照性（声明类）启事

主要目的在于让公众周知，并提请大家注意，如变更（更名、更期）、开业、停业、鸣谢、挂失（遗失）、迁址（迁移）、婚庆（丧祭）、竞赛、讲座、作废、辨伪、解聘、道歉等启事。

（三）启事的格式与内容

通常由标题、正文、落款三部分组成。

1. 标题

首行居中书写，字体稍大。

（1）以文种名为题，如“启事”“紧急启事”。

（2）以事由为题，如“失物招领”“诚聘英才”等。

（3）以启事单位和文种为题，如“××公司启事”等。

（4）以“事由＋文种名”为题，如“征文启事”“招聘启事”“开业启事”等。

（5）以“启事单位＋事由”为题，如“××宾馆招聘服务员”“校报征稿”等。

（6）以“启事单位＋事由＋文种名”为题，如“学生会文艺部招聘干事启事”“××商城开业启事”等。

（7）采用文章式标题，如“创中国名校　招优秀教师”等。

2. 正文

告启事项不同，正文写法亦有区别；但一般都包括告启事由和告启事项两部分。

（1）告启事由。说明发布启事的主要目的、原因，必要时需简介告启者自身的情况。要写得简要明确，使人迅速明白启事的主要意图。

（2）告启事项。承接事由，进一步讲清所提请公众注意或参与的具体内容、方式和要求等。应依据不同启事的内容和要求，注意突出相关事项。例如“招聘启事”一般应写明下列事项：①招聘方的基本情况。包括招聘方的业务性质、工作范围及地理位置等。②招聘对象的应聘条件。包括招聘目的，拟招募人员的工作性质、业务类型，以及招募人员的年龄、性别、文化程度、工作经历、技术特长、科技成果、户籍关系等。③招聘待遇。一般要写明月薪或年薪数额，是否执行标准工休，是否解决住房，是否安排家属等。④招聘方法。包括应聘人员须交验的相关证件、应办理的手续，以及应聘的具体时间、联系的地点、联系人、电话号码、电子邮箱、通讯地址、邮编等。

正文如果内容较多，可分条列项，逐一交代明白。正文末常另起一行，用“特此启事”“此启”等作为结束语（亦可省略不写）。

3. 落款

一般在正文右下方署上发布者（单位或个人）名称和发布启事的日期。如果标题或正文中已写明发布者名称，此处可以省略。有的启事还需要写明发布者地址、时间、电话、电子邮箱、联系人等。凡以机关、团体、单位的名义张贴的启事，应加盖公章，以示负责。

（四）启事的写作要求

1. 标题要简短、醒目

启事的标题要力求高度概括，主旨鲜明突出，能够吸引公众的视线。要正确标示文种名称，不能将“启事”写成“启示”，也不能用“公告”“通告”“通知”“公示”之类的标题。

2. 内容要严密、完整

启事的事项表述要清楚明确，切忌含糊不清，更不能遗漏应启之事。内容较多的，可分条列项，并对字体、字号等文本格式作些处理，使其清晰、醒目。切忌叙事枝蔓繁多、文字冗赘。

3. 用语要恳切、文明

启事的文字要通俗、浅显、简洁，用语恳切，措词礼貌，不要使用命令式或带有要挟性的语言。因为启事没有强制性和约束力，所以要特别注意运用礼貌语言，以诚恳的态度打动公众，方能达到预期的效果。

【相关链接 1】

领　　条

今领到后勤处发给本班的清洁卫生工具铁桶贰只，竹扫把柒把，棕扫把伍把，畚斗三个。此据

检修部电气班　张小山

2012 年 4 月 2 日

【相关链接 2】

“我与企业共发展”征文启事

今年是我局建局 45 周年和××有电 95 周年。回顾××电力发展 95 周年的风雨历程，缅怀电力系统先辈们的丰功伟绩，对于继承和发扬××电力的优良传统，弘扬先进文化，在新的历史起点上全面落实科学发展观，建设坚强电网，把××电力事业不断推向前进，更好地服务于社会主义和谐社会和全面建设小康社会，具有重大的现实意义和深远的历史意义。

为了更好地纪念建局 45 周年和××有电 95 周年，弘扬企业精神，本报和政工处、局工会、办公室共同举办“我与企业共发展”征文。

一、征文内容：一是反映××有电 95 周年的光辉历程；二是结合电力事业快速发展的实际，反映职工和企业共同发展的感想；三是回忆建局 45 周年来个人所亲历的具有纪念意义的企业重大事件。

二、征文范围：××电力局系统范围全体职工，包括离退休职工。

三、征文体裁：散文、杂谈、随笔、小故事等。

四、评选办法：由《××电力报》统一组织相关的专家和领导对来稿进行评审，评选出一、二、三等奖，同时设组织奖若干名，并给予获奖作者和单位颁发荣誉证书和一定的物质奖励。

五、征文方式：来稿请寄《××电力报》编辑部，邮编：××××××。Email：×××××××@jxep. com. cn，注明“我与企业共发展征文”字样。来稿请注明单位、姓名、邮编和联系电话。

六、截止时间 2007 年 10 月 30 日。

××电力局新闻中心

2007 年 4 月 3 日

（选自何建民、洪薇编著的《电业应用文写作 *120* 例》，中国电力出版社 *2008* 年 *2* 月版。）

任务二 专 用 书 信

【教学目标】

了解专用书信的用途和特点，掌握专用书信的格式、内容及写作要求，能够根据需要撰写正确、规范的五种常用专用书信——感谢信、表扬信、慰问信、倡议书、申请书，使工作、生活得心应手。

【任务描述】

专用书信是为某种特定需要而写、具有某种专门用途的书信。与一般书信相比，其特点如下。

(1) 专用书信常有标明性质的标题，有的还在标题前加上标明内容的修饰语。一般书信没有标题。

(2) 专用书信除了贺信、感谢信、慰问信等常有问候语外，大多不用问候语。一般书信在称谓之后有问候语。

(3) 专用书信内容单一。一般书信内容没有限制，比较宽泛。

(4) 不少以单位名义写作的专用书信，为表示慎重，要在具名处加盖公章。一般书信基本不盖章。

请你根据以下材料，分别写作一封感谢信和一封表扬信。要求：

(1) 让事实说话，少讲空道理。

(2) 语气要真挚、诚恳，文字要朴素、精练。

(3) 表示谢意的话要得体，文从字顺，标点正确。

(4) 格式规范，书写工整，文面整洁。

(5) 篇幅要短小精悍，正文字数 300～500。

大卫是南京某大学的一名美国留学生，于 2012 年 5 月 2 日和女朋友一起打的去江苏国际展览馆看国际服装展，匆忙间不小心将钱包丢在中北出租车公司王明的车上。他们在看完了展览以后才发现此事，心里非常着急。钱包里有两千元人民币，重要的是还有大卫的护照和居留证。他们下车时并没有要发票，只记得好像是中北的出租车，所以赶紧打电话给中北出租车公司的查询台，结果得知，王师傅早就将钱包交给了查询台。在大卫的再三追问下，查询台才将司机的姓名和电话号码告诉他们。他们很感激王明，想请他吃饭，但王师傅谢绝了，说这是他应该做的。大卫十分钦佩王明这种拾金不昧的精神，想表示他们的深深谢意。

【任务准备】

问题一：

感谢信和表扬信的作者有区别吗？

参考答案：

感谢信一般由当事者、当事者亲属或当事者所在单位来写；而表扬信知情者都能写，一般是以单位名义写，也可以个人名义写。

问题二：

同一件事既可写感谢信，又可写表扬信，两者正文的侧重点有何不同？

参考答案：

感谢信正文侧重表达感激，表扬信正文侧重体现表彰。

问题三：

感谢信和表扬信的正文在表达方式上有何特点？

参考答案：

让事实说话，以叙述和说明为主，少讲空道理。

【任务实施】

首先，认真学习【相关知识】介绍的感谢信和表扬信的规范格式，居中写明标题，另起一行顶格写称谓。

其次，围绕感谢（表扬）的缘由和行为意义写正文。写作时要注意参照【相关知识】中关于感谢信（表扬信）正文各部分的写作要求，逐一写清正文内容。

再次，在正文右下方署上姓名，在署名之下写上日期。

最后，逐一对照【任务描述】提出的5点要求，对初稿反复检查修改，直至满意为止。

【参考例文1】

感　谢　信

××公安派出所：

我母亲60多岁，今年×月××日从××老家送我的小儿子到××××，在××倒车时，她去厕所迷了路，找不到孙子了。贵所所长刘××同志了解这一情况后，立即发动所有同志去找。据我母亲说，你们找了一个来小时，在离火车开车前几分钟终于找到了我的小儿子，并将他们祖孙二人送上火车。我母亲要给大家买汽水，也被你们谢绝了。你们这种精神真值得我学习。在此，我代表我全家向贵所及全体同志表示衷心的感谢！

我是一名售货员，我一定要像你们那样兢兢业业，热情周到地做好我的服务工作。

此致

敬礼

××市如意商店售货员×××

××××年×月××日

（选自百度知道网）

【参考例文 2】

给××××大学的表扬信

××××大学：

在“绿化海拉尔，美化家乡”的义务劳动中，你校师生不仅能提前、保质保量地完成分配给你们的任务，而且能主动协助邻近单位，主动承担额外任务，这种积极主动、助人为乐的精神受到了各单位的一致赞扬，对推动我市绿化工作起到了积极作用。为此，特授予你校为“绿化标兵”的光荣称号。

望你校全体师生发扬优良作风，再接再厉，为搞好我市的绿化工作而继续努力！

××市人民政府绿化办公室

××××年××月××日

【相关知识】

一、感谢信

感谢信是为感谢单位或个人的关心、支持、帮助而书写的一种表示感激、敬意的专用书信。

（一）格式与内容

通常由标题、称谓、正文、结尾、落款五部分组成。

1. 标题

在第一行正中用较大的字体写上“感谢信”三个字。有的还在“感谢信”的前边加上一个定语，说明是因为何事、写给谁的感谢信，如《致×××的感谢信》《××街道致××剧院的感谢信》。

2. 称谓

第二行顶格写被感谢单位名称或个人姓名，姓名后面可以加适当的称呼，如“同志”“师傅”“先生”等，称呼后用冒号。如果感谢对象比较多，可以把感谢对象放在正文中间提出。

3. 正文

第三行空两格起写正文。主要写感谢的内容和感谢的心情。应分段写出以下三个方面。

（1）感谢的事由。精练地叙述事情的前因后果，交代清楚对方在什么时间、什么地点由于什么原因做了什么好事，对自己或单位有什么支持和帮助，有什么积极意义和影响。还要写清楚从中表现了对方哪些好思想、好品德、好风格。尤其要重点叙述关键时刻对方的关心和支持。

(2) 感谢的心情。写上表示敬意、感激的肺腑之言。

(3) 揭示意义。在叙事的基础上指出对方的关心、支持和帮助对整个事情成功的重要性以及体现出的可贵精神，最后表示自己或所在单位向对方学习的态度和决心。

4. 结尾

另起一行空两格写上“此致”，换一行顶格写上“敬礼”或“致以最诚挚的敬礼”等。

5. 落款

在正文右下方署上写信单位名称或个人姓名，在署名下边写上发信日期。

(二) 写作要求

(1) 一定要把人物、时间、地点、原因、结果以及事情经过准确精当地叙述清楚，便于组织了解和群众学习。

(2) 除了要突出对方的好思想和表示谢意外，行文要始终饱含着感情。这感情要真挚、热烈，使所有看到信的人都受到感染。

(3) 评价要恰当，表示谢意的话要得体，既要符合被感谢者的身份，也要符合感谢者的身份，使自己的感谢符合实际，能够说到做到。

(4) 以说明事实为主，切勿不着边际地大发议论。遣词造句不可过分雕饰，篇幅切记不可太长。

二、表扬信

表扬信是用来表彰、颂扬单位或个人的先进思想、模范事迹和高尚风格的专用书信。通过表扬好人好事，能够使受表扬者得到鼓舞，又能够教育群众。

(一) 格式与内容

通常由标题、称谓、正文、结尾、落款五部分组成。

1. 标题

在第一行正中用较大的字体写上“表扬信”三个字。有的还在“表扬信”的前边加上一个定语，说明写给谁的表扬信，如《致×××的表扬信》。

2. 称谓

第二行顶格写被表扬单位名称或个人姓名，姓名后面可以加适当的称呼，如“同志”“先生”等，称呼后用冒号。若直接张贴到被表扬单位，开头可不写称谓。

3. 正文

另起一行，空两格写。一般要求写出下列内容。

(1) 交代表扬的理由。用概括叙述的语言，重点叙述人物事迹的发生、发展、结果及其意义。叙述要清楚，要突出最本质的方面。要让事实说话，少讲空道理。

(2) 指出行为的意义。在叙事的基础上进行适当的评价、议论，赞颂该行为的道德意义（如体现了哪种好思想、好风尚、好品德等），给以热情的赞扬，并表示要向被表扬者学习。

4. 结尾

如果是写给本人的表扬信，应适当写些“值得我们学习”“深受感动”等方面的内容；如果是写给受表扬者所在单位或领导的，可以写上“×××同志的优秀品德值得大家学习，建议予以表扬”等话语。然后写上“此致　敬礼”等结束用语。

5. 落款

与感谢信写法相同。

（二）写作要求

（1）正文要突出受表扬者事迹中最有教育意义的方面，充分反映出对方的可贵品质。写事迹要做到见人、见事、见精神，不要以空泛的说理代替了动人的事迹。

（2）叙述受表扬者的模范事迹一定要实事求是，既不夸大，也不缩小。赞扬要掌握分寸，评价要恰如其分。切忌堆砌溢美之辞，这样会使人感到不可信，受表扬者也会感到不快。

（3）语气要真挚诚恳，文字要朴素精练，篇幅要短小精悍。

三、慰问信

慰问信是机关、团体、单位向有关单位或个人表示慰藉、问候、鼓励和关怀的一种专用书信。它或是对取得重大成绩的集体或个人表示慰勉，或是对由于某种原因（自然灾害、战争、事故伤亡等）而遭到暂时困难和严重损失的集体或个人表示同情、安慰，或是在节日之际对有贡献的集体或个人表示慰问。

（一）格式与内容

通常由标题、称谓、正文、结尾、落款五部分组成。

1. 标题

通常由以下四种方式构成。

（1）单独由文种名称组成，如《慰问信》。

（2）由节日名和文种名共同组成，如《春节慰问信》《教师节慰问信》。

（3）由慰问对象和文种名共同组成，如《给抗洪部队的慰问信》。

（4）由慰问双方和文种名共同组成，如《湖南省人民政府给电力职工的慰问信》。

2. 称谓

写上受文单位的名称或个人姓名，后加冒号。如果是写给个人的，应在姓名之后加上"同志""先生"等字样。

3. 正文

一般由慰问缘由、慰问事项两部分构成。

（1）慰问缘由。一般用简要文字陈述写慰问信的背景和原因，以提起下文。这部分要开宗明义，写清楚发此信的目的是代表何人向何集体表示慰问。如《中共长沙市委等慰问驻长部队及亲属的慰问信》的开头："值此 2012 年新春佳节即将到来之际，中共长沙市委、市人大常委会、市人民政府、市政协代表全市人民，真诚地向你们及亲属表示亲切的慰问，并致以崇高的敬意。"

（2）慰问事项。要比较全面、具体地叙述对方的模范事迹或遇到的困难，实事求是地肯定其功绩，然后向对方表示慰问和学习。要表现出发信方对此的关切以及钦佩或同情之情。

4. 结尾

先结合形势与任务提出殷切的希望，接着表示共同的愿望和决心，最后用慰勉与祝愿的话作结，如"让我们携手并进，为……而共同奋斗！""……困难是暂时的，最后的胜利一定属于我们！""祝你们取得更大的成绩！""祝节日愉快！"等。

5. 落款

与感谢信写法相同。

(二) 写作要求

(1) 要明确慰问的对象。只有对象明了，慰问信的内容才好安排。

(2) 语言要亲切、生动，感情要充沛、真挚，语气要诚恳、富有感染力。

四、倡议书

倡议书是集体或个人首先公开发起和倡导某种建议，以引起人们响应进而推动任务或活动广泛开展的一种专用书信。倡议书是把重要的、有创造性的建议或有关组织、部门的号召，变为群众的自觉行动的重要途径。

(一) 格式与内容

通常由标题、称谓、正文、结尾、落款五部分组成。

1. 标题

一般由文种名单独组成，即在第一行正中用较大的字体写“倡议书”三个字。另外，还可以由倡议内容和文种名共同组成，如《无烟校园倡议书》《创建文明班级倡议书》等。

2. 称谓

可依据倡议的对象而选用适当的称呼，如“广大的青少年朋友们”“广大的妇女同胞们”等。有的倡议书开头没有称谓，而在正文中提出。

3. 正文

一般包括两部分内容。

(1) 写倡议书的背景、原因和目的。发出倡议书贵在引起广泛的响应。只有交代清楚倡议活动的原因以及各种背景事实，并申明发布倡议的目的，人们才会理解和信服，才会自觉地行动。

(2) 倡议的具体内容、要求和意义。这是正文的重点部分，一般是分条列项，从几个方面提出具体要求。开展怎样的活动，都做哪些事情，具体要求是什么，它的价值和意义都有哪些等，均需一一写明。所提的倡议必须是对国家、对人民有利的好事，这样才会有广泛的群众基础；所提的倡议又必须是简便易行的，这样才能吸引更多的人响应。

4. 结尾

表示倡议者的决心和希望，也可不要结尾。此外，结尾一般不写表示敬意或祝颂的礼节性话语。

5. 落款

在右下方写明倡议单位名称或个人姓名，署上发倡议的日期。

(二) 写作要求

倡议书的作用是针对广大群众倡导某项建议，而群众是否响应由群众自己决定，倡议书对任何人都没有约束力。因此，倡议书必须做到有说服力和方便可行，才能吸引更多的人去参与。

(1) 内容要有时代精神，不违背国家的方针政策，建议要切实可行。

(2) 背景、目的要写清楚，理由要充分。

(3) 措辞要恰当，情感要真挚，同时要富于鼓动性。

(4) 就事论事，篇幅不宜太长。

五、申请书

申请书是个人、单位、集体向上级组织、领导或有关部门表述愿望、提出请求，要求批准或帮助解决问题时使用的一种专用书信。

（一）格式与内容

通常由标题、称谓、正文、结尾、落款五部分组成。

1. 标题

有两种写法：一是直接写“申请书”；另一是在“申请书”前加上内容，如“入党申请书”“调换工作申请书”等。

2. 称谓

顶格写明接受申请书的单位、组织或有关领导，后加冒号。如“敬爱的党组织：”等。

3. 正文

是申请书的主体，一般要写清四点。

（1）申请者的基本情况。要抓住要点，简明扼要。

（2）申请的理由。这是提出申请的重要依据，要写得客观、清楚而充分，便于组织或领导了解和把握申请者的意愿和动机。

（3）申请的事项。明确表示自己的愿望，提出自己的请求。表达要清晰、准确而又简洁。

（4）保证或承诺。围绕所申请的事项，作出相应的保证或承诺。感情要真挚，态度要坦诚。

4. 结尾

写明惯用语“特此申请”“恳请领导帮助解决”“希望领导研究批准”等，也可用“此致敬礼”。

5. 落款

个人申请要写清申请者姓名，单位申请要写明单位名称并加盖公章；在署名后注明日期。

（二）写作要求

（1）一事一书。申请书内容要单纯，只能写一件事，这样才便于批准。

（2）如实、准确地反映个人信息。

（3）理由要充分、合理，实事求是，不能虚夸和杜撰。

（4）申请的事项要写得清楚、具体，涉及的数据要准确无误。

（5）语言要得体、简洁，态度要朴实、诚恳。

【相关链接 1】

湖南省人民政府给电力职工的慰问信

湖南省电力公司、各发电企业及全体职工：

自6月底以来，我省出现多年来罕见的持续晴热高温天气，用电负荷和日用电量不断攀升，连创历史新高，电力供应出现了近年来少有的紧张局面。面对困难，你们讲政治，顾大局，发、配、供紧密合作，全体职工战高温、斗酷暑，不辞辛劳地日夜奋战在生产第一线，认真维护，精心操作，保证了电网、机组的稳发满发，忠实实践“三个代表”重要思想，为确保全省工农业生产和城乡居民生活用电，支持全省抗旱救灾及工业生产做出了巨大贡献。对此，谨向你们表示衷心的感谢和亲切的慰问！

目前，高温天气仍在延续，旱情仍在发展，供电形势将更趋紧张。希望你们继续发扬连续作战、不怕困难、团结合作、敢于拼搏的精神，进一步搞好燃煤调运，加强对电力设施的监控和维护，切实保证电网、发电机组在高温高负荷情况下安全稳定运行和持续满发，为全省经济和社会发展做出新的贡献！

湖南省人民政府办公厅

2003年8月6日

（选自中国电力网）

【相关链接2】

湖南省电力公司安全倡议书

公司全体员工：

今年以来，在大家的共同努力下，公司安全生产局面保持持续稳定，安全生产管理水平不断提高。截至10月7日，公司已实现年内连续安全生产280天，全体员工安全生产士气高涨，为2011年安全生产任务的全面完成奠定了良好基础。

下一阶段，公司将迎来秋季检修、基建施工和农网改造高峰期，工作任务繁重，安全责任巨大。公司不仅要全面实现2011年度安全目标及连续安全生产年，更要努力争创国家电网公司安全生产先进。为全面完成上述目标，现向公司全体员工倡议：

1. 公司系统每一个单位要全面动员，群策群力。始终坚持严抓严管统领安全生产不动摇，始终坚持用“五类制度”（生产调控制度、计划检修制度、现场把关制度、安全稽查制度、设备主人制度）管制安全生产不动摇，始终坚持安全生产抓大管小原则不动摇，始终坚持全心全意依靠全体员工不动摇，始终坚持生产指挥系统认真务实履职不动摇。整个安全生产战线要拧成一股绳，心往一处想，劲往一处使，千方百计保持安全生产局面稳定。

2. 公司系统各级领导及生产指挥系统要到岗到位，尽职尽责。务实清理生产任务，抓住安全生产重点，认真组织周生产例会，认真协调检修计划，认真研究施工方案，认真落实现场把关。多下现场，靠前指挥，对每个大型工作，周休日、节假日工作要实行领导、专责跟班制度，对安全风险大的交叉作业、多班组作业等工作要实行管理人员和班组人员同进同出，全程协调，确保现场工作安全。

3. 公司系统每一位员工要集中精力，全力以赴。要从自身做起，从每一件事做起，计划好每一个任务，管控好每一个现场，履行好每一项职责，完成好每一项工作。明确目标，坚定信心，团结一心，共同努力，为全面完成年度安全生产任务，全面实现安全生产目标而努力奋斗。

湖南省电力公司安全生产委员会

2011年10月8日

（选自中国电力资料网）

⌛【相关链接3】

转正申请书

尊敬的公司领导：

我是检修电气班的×××，于××××年×月××日成为公司的试用员工，到今天已经有三个月，试用期已满。在这段时间里，我工作努力，表现突出，完全能够胜任工作，根据公司的规章制度，现申请转为正式员工。

在这段时间里，我主要的工作是对电厂设备的检修与维护，通过锻炼，我熟悉了机组大修相关实验的整个操作流程。除此之外参加了红崩河电力线路改造，新宿舍楼电力线路架设敷设，参加两次35kV电缆头制作等。在工作中，我一直严格要求自己，认真及时做好领导布置的每一项工作，电厂设备与电力线路不懂的问题虚心向同事学习请教，不断提高充实自己，希望能尽早独当一面，为公司做出更大的贡献。

当然，初入检修电气班，难免出现一些小差小错需要领导指正，但前事之鉴，后事之师，这些经历也让我不断成熟，在处理各种问题时考虑得更全面，以杜绝类似失误的发生。在此，我要特地感谢公司领导和同事对我的入职指引和帮助，感谢大家对我工作中出现的失误给予提醒和指正。

公司宽松融洽的工作氛围，团结向上的企业文化，使我在较短的时间内适应了这里的工作环境，同时让我很快与同事们成为了很好的工作伙伴。经过这三个月，我现在已经能够独立处理本职工作。当然我还有很多不足的地方，处理问题的经验有待丰富，团队协作能力也需要进一步增强，需要不断继续学习以提高自己的能力。

检修电气班的工作虽然繁多纷杂，但我很喜欢这份工作，感觉很充实。这三个月来我学到了很多，感悟了很多。看到公司的迅速发展，我深深地感到骄傲和自豪，也更加迫切地希望以一名正式员工的身份在这里工作，实现自己的奋斗目标，体现自己的人生价值，和公司一起成长。

在此我提出转正申请，恳请各位领导给我继续锻炼自己、实现理想的机会。我会用谦虚的态度和饱满的热情做好我的本职工作，为公司创造价值，同公司一起展望美好的未来！

申请人：检修电气班××

××××年××月××日

（选自百度文库网）

任务三 祝词、欢迎词与欢送词

【教学目标】

了解祝词、欢迎词与欢送词的用途和特点，掌握它们的写作格式与写作方法，能够根据需要撰写得体、规范的祝词、欢迎词与欢送词。

【任务描述】

在社会主义市场经济深入发展的大背景下，为了提升形象、扩大影响或招商引资、促进发展，近年来各地、各单位纷纷举办各种内容和形式、不同规格和规模的节庆活动。按照惯例和程序，在迎来送往的相关典礼上，常常要由东道主向来宾敬致一篇热情洋溢的欢迎词、欢送词，而相关部门或领导也往往要致一篇祝词。因此，对大学生来说，了解祝词、欢迎词与欢送词的用途和特点，掌握其格式、内容及写作要求，并能在实际工作中运用自如，很有必要。

例如，××××学院的协作单位×××经贸学院的领导和老师一行来××××学院参观，东道主需要有一篇热情洋溢的欢迎词；来宾结束参观即将返回，东道主又需要来一篇欢送词。假设你就是东道主学校的有关领导，请分别写作一篇欢迎词与欢送词，要求：

(1) 礼节周到，注意避讳。

(2) 态度热情，营造气氛。

(3) 议论精辟，画龙点睛。

(4) 写作格式规范，各部分内容考虑周密。

(5) 语言简练，口语化。

(6) 文面整洁，正文字数 500 以下。

【任务准备】

问题一：

欢迎词、欢送词有何特点？

参考答案：

(1) 感情真挚。大多借助描绘性的词语和各种修辞手法，写得感情真挚、情绪饱满，起到烘托气氛、振奋精神的作用。

(2) 简短精练。作为礼仪性文书，又是口头发表的讲话，欢迎词、欢送词通常只需三五分钟时间，简短精炼。在遣词用语上要运用生活化的语言，亲切自然，拉近主人同来宾的关系。

(3) 气氛欢愉。“有朋自远方来，不亦乐乎”，致欢迎词、欢送词当有一种愉快的心情，用语务必富有激情和表现出致词人的真诚。只有这样才可给客人一种“宾至如归”的感觉，为以后各种活动的完满举行打下良好基础。

问题二：

欢迎词、欢送词的写法、格式基本一样，其区别在哪？

参考答案：

区别在内容：一个表示热情洋溢的欢迎，一个表达依依不舍的送别。此外，如果是在欢迎、欢送的宴会上致词，结尾要多一点祝酒的辞令。

问题三：

欢迎词、欢送词都是东道主致辞，来宾又该如何表示感谢之意？

参考答案：

来宾可以致答词。答词写法与祝词类似，内容则与欢迎词、欢送词相呼应。

【任务实施】

首先，认真学习【相关知识】介绍的欢迎词与欢送词的规范格式，居中写明标题，转行顶格写称谓。

其次，围绕情境设计的欢迎（欢送）词主题撰写正文，写作时要注意参照【相关知识】中关于欢迎（欢送）词正文各部分的内容要求与写作注意事项。

再次，在正文右下方署上姓名，在署名之下写上日期。

最后，逐一对照【任务描述】提出的 6 点要求，对初稿反复检查修改，直至满意为止。

【参考例文 1】

欢　迎　词

女士们、先生们：

值此×××厂 30 周年厂庆之际，请允许我代表×××厂，并以我个人的名义，向远道而来的贵宾们表示热烈的欢迎！

朋友们不顾路途遥远专程前来贺喜并洽谈贸易合作事宜，为我厂 30 周年厂庆更添了一份热烈和祥和，我由衷地感到高兴，并对朋友们为增进双方友好关系作出努力的行动，表示诚挚的谢意！

今天在座的各位来宾中，有许多是我们的老朋友，我们之间有着良好的合作关系。我厂建厂 30 年能取得今天的成绩，离不开老朋友们的真诚合作和大力支持。对此，我们表示由衷的钦佩和感谢。同时，我们也为能有幸结识来自全国各地的新朋友感到十分高兴。在此，我谨再次向新朋友们表示热烈欢迎，并希望能与新朋友们密切协作，发展相互间的友好合作关系。

“有朋自远方来，不亦乐乎”。在此新朋老友相会之际，我提议：

为今后我们之间的进一步合作，

为我们之间日益增进的友谊，

为朋友们的健康幸福，

干杯！

×××厂厂长：×××

（选自百度文库网）

【参考例文 2】

欢　送　词

尊敬的女士们、先生们：

首先，我代表×××，对你们访问的圆满成功表示热烈的祝贺！

明天，你们就要离开××了，在即将分别的时刻，我们的心情依依不舍。大家相处的时间是短暂的，但我们之间的友好情谊是长久的。我国有句古语：“来日方长，后会有期。”我们欢迎各位女士、先生在方便的时候再次来××作客，相信我们的友好合作会日益加强。

祝大家一路顺风，万事如意！

××市市长：×××

（选自百度文库网）

【相关知识】

一、祝词

祝词也称作祝辞，泛指在各种喜庆场合中对人对事表示良好祝愿、庆贺和祝福的言辞或礼仪文书，一般在会议开幕、开工庆典、剪彩仪式、升学参军、老人寿诞、婚嫁乔迁、房屋落成等喜事中使用。

（一）祝词与贺词的异同

祝词和贺词都富于强烈的感情色彩，针对性、场合性都很强，在某些场合可以通用；但它们的含义并不相同。祝词在事前祝，一般是在事情尚未有结果时表示的一种祝愿和希望。贺词在事后贺，一般是对已经取得成功的工作、事业表示祝贺和道喜。

（二）格式与内容

一般由标题、称谓、正文、结束语、落款五部分组成。

1. 标题

写在第一行居中位置，通常有三种写法。

（1）直接写《祝词》《祝酒辞》。

（2）写出具体祝贺的内容，如《××市长在×××市××晚宴上的祝辞》。

（3）由事由、文种做标题，如《元旦祝辞》。

2. 称谓

在标题之下第一行顶格书写，以示尊重。对象是个人的，按照书信称谓书写即可；对象是集体的，直呼单位或部门名称，也可以用泛称，如“同志们、朋友们”“女士们、先生们”。要注意称谓的先后顺序和亲切感。

3. 正文

正文是祝词的核心。这部分写法比较灵活，针对不同的祝贺对象、祝贺动机，写出相应的祝贺内容。但总的来说，都应包含下面几层意思。

（1）向受祝贺的单位或人员表示祝贺、感谢或问候，或者说明写祝词的理由或原因。

（2）对已做出的成就进行适当评价或指出其意义。

（3）再次表达表示祝愿、希望、祝贺之意，也可以给被祝者以鼓励。

4. 结束语

正文结束后常用一句礼节性的祝颂语结束全文，如“祝××长寿！”。

5. 落款

在正文右下方署上祝者的名称（单位或个人），在署名的下边署日期。如果在标题部分已注明祝者，落款可省略。

（三）写作要求

（1）语言精练，结构灵活。

（2）祝贺得当，气氛喜庆。

（3）表现多样，高度概括。

二、欢迎词与欢送词

欢迎词是在迎接宾客或团体新成员的仪式、集会、宴会上表示热烈欢迎的一种礼仪文书。欢送词是在欢送宾客的仪式、集会、宴会上表示热烈欢送的一种礼仪文书。

（一）格式与内容

一般由标题、称谓、正文和落款四部分组成。

1. 标题

可直接以文种《欢迎词》《欢送词》为题；也可以场合、宾客和文种为题，如《在开学典礼上的欢迎词》《致……的欢迎词》等；还可以主人的名称、场合、宾客和文种为题，如《周恩来总理在欢迎美国总统尼克松的宴会上的祝酒词》。

2. 称谓

即对被欢迎、欢送对象的称呼。称呼前可加修饰语“尊敬的”“敬爱的”之类；称呼后可加头衔，也可加“先生”“女士”“夫人”等。

3. 正文

正文的结构一般是：引语＋主体＋结尾。

（1）引语。说明现场举行的是何种仪式，发言者代表什么人向哪些来宾表示欢迎或欢送。

（2）主体。欢迎词、欢送词的主体都要根据对象的具体情况来写。欢迎词的对象如果是来宾，就需要根据来宾的目的简要阐释活动的意义、作用，继而回顾双方交往的历史与友情，赞扬宾客在某些方面的贡献及双方友好合作的成果，表示继续加强合作的意愿、希望；如果是欢迎即将加入团体的新成员，一般要表示对新成员的信任和期待，要描绘携手共创辉煌的美好前景；如果是欢迎执行公务归来的团体或个人，就要肯定或赞颂执行公务者所付出的艰苦努力，所获得的光荣，所创造的业绩。欢送词的正文一般应包括这样的内容：对宾客的离去表示热烈欢送；有关活动的具体内容，宾客访问的行程及收获（如交换意见、达成共识、签署了什么文件、有哪些方面的合作等）；对宾客的希望及继续加强交往的意愿；再次对宾客的即将离去表示热烈的欢送。

（3）结尾。欢迎词的尾语多为表示欢迎、祝愿或感谢，并表达自己对今后合作的良好祝愿，如“再一次向各位表示热忱的欢迎”“让我们携手并进，共创辉煌”等。欢送词的结尾多为表示祝愿，如“谨致美好的祝愿”“祝……取得更大的成绩”“祝……马到成功”等。

4. 落款

如果标题中没有写明致词者，应在正文右下方写明致欢迎词、欢送词的单位、人物名称。必要时在署名前要写上讲话者的职务或职称。日期用阿拉伯数字标注在署名之下，也可以不标示。

（二）写作要求

（1）动笔之前，要了解对象或此次活动的基本情况，比如已取得的成就及影响、会议的宗旨等。这样才能切合实际，有的放矢，言之有物。

（2）情绪饱满、热情。欢迎词、欢送词虽然都比较简短，但一定要情感真切、诚恳，符合当时的情境，能适当引导出席者的情绪，使人感到友好亲切，以密切关系，推动双边合作。切忌空洞或平淡刻板，更不能虚情假意。

(3) 措辞得体，注意礼貌。既尊重对方，又有分寸，不卑不亢，能够较为得体地表达自己的原则立场。要表达情感，但不能过于强烈或大起大落，应该迎送有节、张弛有度。

(4) 有分歧的问题不在言辞中表露。在外交场合欢迎、欢送有意见分歧的来宾时，应注意突出双方共同关心的话题，不动声色地淡化矛盾，特别是要避开使对方尴尬的话题和忌讳，注意尊重对方的风俗习惯，为加强沟通创造良好的氛围。

(5) 短小精悍，便于朗读、演说。一般的欢迎词、欢送词都是一种礼节性的外交或公关辞令，宜言简意赅，不必长篇大论。

【相关链接1】

变电站开工典礼致辞

尊敬的各位领导、各位同仁、女士们、先生们：

今天，我们迎来了一个令人欢欣鼓舞的日子，××工业新区的电力供应枢纽工程××变电站于今天正式动工。首先请允许我代表××集团××电力板块公司全体员工向各位领导和嘉宾的光临表示最热烈的欢迎和最衷心的感谢，并对××变电站的正式开工表示热烈的祝贺！

××变电站投资总额达1800万元，按无人值班、有人值守模式设计，电气设备选用技术成熟、性能先进、节能环保型及易于实现的自动化设备，变电总容量为6.3万千伏安。它的开工意味着我们的地方电力事业又迈进了一个新的发展阶段。

今后几个月我们将全力以赴，加快进度，把按期按质完成工程建设放在一切工作的首位，确保××变电站明年2月底正式投运，为××工业新区的发展作出贡献。我们还将致力于开拓创新，积极引导高耗能企业进驻××工业新区，把××工业新区的工业化进程推上一个崭新台阶，把我们的电力供应在××片做大做强，以进一步增强××电力板块适应市场经济的竞争能力，使××的地方电力事业在市场经济大道上披荆斩棘、搏战风云、昂首阔步地奔向既定目标。

最后，再一次对各位领导、同志们、朋友们的光临表示衷心的感谢，祝大家万事如意，心想事成。

谢谢大家！

××电力板块公司总经理：×××

（选自中国公文网）

【相关链接2】

自动化系团支部致大学生志愿服务者王××的欢送词

亲爱的王××同学：

两天后，你就要随“大学生志愿服务团”远赴贵州，开始为期一年的乡村教师生活了。我们大家今天聚在这里，为你壮行，也是向你学习！

你是我们系第一个参加“大学生志愿服务团”的同学。你在提出申请时说，自己从小在城市长大，对边远山区的生活缺乏了解，非常愿意到山区支教，既为山区教育尽一份力量，也使自己得到有益锻炼。当你的申请得到批准时，你曾经兴奋地对身边同学说，要好好珍惜这一年的宝贵时光，为西部大开发作一点事情。

××，你平时言语不多，却用行动为我们作出了榜样。大学生参加志愿者活动，在中国是开风气之先的行为，我们年轻人就应该到实践中去，到现代化建设的第一线去，到基层和艰苦的地方去，经风雨、见世面、长才干、做奉献。××，你到了贵州，要尽快把那边的情况告诉我们，有什么需要我们做的，我们大家一定全力相助。你是我们学院、我们系的代表，也是我们大家的骄傲。我们会向你学习，积极参加各种志愿者活动，为社会、为他人贡献自己的一份力量。

希望你到那边吃得多、晒得黑，身体棒棒，歌唱得更响亮。

祝××旅途顺利！工作有成！

××××年××月××日

（选自百度文库网）

任务四 计　　划

【教学目标】

掌握计划的格式、内容及写作要求，能够根据需要写作正确、规范而又先进可靠、切实可行的计划，提高计划观念和计划能力。

【任务描述】

对学生来说，有计划学习要比无计划学习好得多。其好处如下。

(1) 学习的目标明确，实现目标也有保证。学习计划就是规定在什么时候，采取什么方法步骤，达到什么学习目标。短时间内达到一个小目标，长时间达到一个大目标，在长短计划指导下，使学习一步步地由小目标走向大目标。

(2) 有了计划可以把自己的学习管理好，恰当安排各项学习任务，使学习有秩序地进行。到一定时候，对照计划检查总结一下自己的学习，看看有什么优点和缺点，优点发扬，缺点克服，使学习不断进步。

(3) 对培养良好的学习习惯大有帮助。良好习惯养成以后，就能自然而然地按照一定的秩序去学习。有了计划，也有利于锻炼克服困难、不怕失败的精神。无论碰到什么困难挫折也要坚持完成计划，达到规定的学习目标。

(4) 提高计划观念和计划能力，使自己成为能够有条理地安排学习、生活、工作的人。这种计划观念和计划能力对一生都有好处，学生都应该学习和具备。

不少同学学习毫无计划，“脚踩西瓜皮，滑到哪里算到哪里”，这是很不好的。高尔基说：“不知明天该做什么的人是不幸的。”学习好和不好的差别当中，很重要的一条就是有没有学习计划。由于学习计划有必要又大有好处，所以每个学生都应该针对自己的学习情况，制订具体的个人学习计划。特别是下课以后的自学部分，更要有所计划。

请你根据自己的实际，制订一份本学期下半学期（或本学期后三个月）的个人学习计划。要求：

(1) 切合实际，真实可信，目标既先进又可靠，措施既具体又可行。

(2) 按照规范格式写作，各部分具体内容考虑周密，主次分明，详略得宜。

(3) 语言得体，文从字顺，标点正确。

(4) 行款规范，书写工整，文面整洁。

(5) 正文字数 500 以上。

【任务准备】

问题一：

制订个人学习计划应从哪里入手？

参考答案：

我们每天都在学习，但有的同学可能没有想过“我是怎样学习的”这个问题。为了确定一个明确而又合理的学习目标，制订计划前应对学习情况进行自我分析。

(1) 分析自己的学习特点。各人的学习特点不一样：有的记忆力强，有的理解力好；有的动作快但经常错，有的动作慢却很仔细。又如在数学学习中，有的理解力强，应用题学习好；有的记忆力好，公式定义记得牢；有的想象力丰富，善于在图形变换中找出规律，所以几何学习比较好。你可以仔细回顾一下自己的学习情况，找出学习特点。

(2) 分析自己的学习现状。一是和全班同学比，看自己各门课程的成绩在班级中的位置（常用“好、较好、中、较差、差”来评价）。二是和自己课程成绩的过去情况比，看学习成绩的发展趋势（常用“进步大、有进步、照常、有退步、退步大”来评价）。

问题二：

分析了自己的学习特点与学习现状，应该确定怎样的学习目标？

参考答案：

要根据自己的学习特点和现状，并适当考虑学校、家庭、社会等因素，确定一个适当、明确、具体的学习目标。

适当，指目标不能定得过高或过低。过高了，最终无法实现，容易丧失信心，使计划成为一纸空文；过低了，无需努力就能达到，不利于进步。要根据自己的实际情况，提出经过努力能够达到的目标。

明确，指学习目标要便于对照和检查。如“今后要努力学习，争取更大进步”这一目标就不明确，改为“数学课语文课都要认真预习，数学成绩要在班级达到中上水平”就明确了，以后是否达到就可以检查了。

具体，就是目标要便于实现。如怎样才能达到“数学中上水平”这一目标呢？可以具体化为：每天做 10 道计算题、5 道应用题，每个数学公式都要准确无误地背出来，等等。

问题三：

确定学习目标之后，要实现目标应该有哪些步骤和措施？

参考答案：

步骤和措施使计划可操作、可检查，是落实计划、完成目标的关键，要细心考虑和安排。其中最主要的是怎样科学地安排、使用时间以达到学习目标，具体应符合“全面、合理、高效”的要求。

全面。在安排时间时，既要考虑学习，也要考虑休息和娱乐；既要考虑课内学习，还要考虑课外学习；同时要考虑不同学科的时间搭配。

合理。要找出每天学习的最佳时间，在最佳时间里完成较重要的学习任务。如有的同学早晨头脑清醒，最适合于记忆和思考；有的则晚上学习效果更好。此外，要注意文理交叉安排。

高效。要根据事情的轻重缓急来安排时间。一般说来，把重要的或困难的学习任务放在前面来完成（因为这时候精力充沛，思维活跃），而把比较容易的放稍后去做。此外，较小的任务可以放在零星时间去完成，以充分做到见缝插针。

在进行时间安排时，还要注意以下两点。

（1）要突出重点。要根据自我分析中得出的学习特点，对比较薄弱的学科在时间上给予重点保证。

（2）要有机动时间。计划不要排得太满太紧，贪心的计划是难以完成的。

【任务实施】

认真学习【相关知识】介绍的计划的规范格式，居中写明计划标题。

围绕“为什么”“做什么”“怎么做”与“何时完成”这几个问题，将自己制订计划的目的（经自我分析得出）、构想的学习目标以及完成目标的步骤措施等逐一写明。写作时要注意参照【相关知识】中关于计划正文各部分的内容要求与写作注意事项。

在正文右下方署上姓名，在署名之下写上日期。

逐一对照【任务描述】提出的5点要求，对初稿反复检查修改，直至满意为止。

【参考例文】

大 三 学 习 计 划

为了充分利用大学最后一年的宝贵时间，学好专业理论知识，提高自己的综合能力，从而在毕业时找到一份令自己满意的工作，现制订大三学习计划如下。

一、学习目标

英语学习的目标是拿到四级证书并提高口语水平，大三结束时能讲流利的简单英语，能用英语进行有逻辑的对话。

专业课学习紧跟老师进度，适当超前，做到不留问题，真正学懂专业课，拿到jtest证书。

读书方面，要有计划地读书，锻炼自己的思维深度。

二、具体措施

1. 英语学习

外语学习贵在坚持，每天进步一点点，聚沙成塔，集腋成裘，总会提高外语水平。

（1）提高单词量。每天背5个单词，隔天复习一次，尔后一周复习一次、月末复习一次。没记住的单词要反复复习。

（2）每天背诵两句话，内容随意。一周复习一次，并于一个月的最后一周再复习。同时努力提高英语口语能力，一周与同学练习口语一次。

(3) 每周日晚上为写作时间，写一篇英语文章，然后对照范文，查漏补缺，发现不足。

以上计划，如遇突发事件（如紧急作业等）可延期完成。期末考试期间计划停止。

2. 日语专业课学习

(1) 跟着老师进度学习，提前预习。不懂的地方及时解决，学习过程中不留问题。

(2) 每周复习一次本周学过的内容，每月末复习本月学习内容，循环复习。

(3) 定期总结，发现学习中的不足，及时查漏补缺。

(4) 九月份考 jtest 证。

3. 读书

(1) 每天抽出一小时读书，每周读书时间不少于五小时。

(2) 读书内容从文学方向向专业方向转变，并开始读有关会计实务、会计准则动向以及经济方面的书籍。

(3) 读过的书及时总结，将自己的见解形成文字，提高自己的思维能力和文字表述能力。

我相信，经过不懈的努力，我一定会顺利地完成各方面任务。

张　兵

2011 年 9 月 1 日

（选自何建民、刘珍杰主编的《应用写作练习册》，中国电力出版社 *2011* 年 *12* 月版。）

【相关知识】

计划是企事业单位、社会团体或者个人对未来一段时间内要完成的工作预先作出安排时所使用的一种应用文体。有了计划，工作就有明确的目标和具体的步骤，就可以协调大家的行动，增强工作的主动性，减少盲目性，使工作有条不紊地进行。所以，计划对工作既有指导作用，又有推动作用，搞好计划是建立正常工作秩序、提高工作效率的重要手段。

一、计划的类型

计划是个统称，通常所说的规划、纲要、要点、设想、打算、安排、方案等均属于计划的范畴，只是在目标远近、时间长短和计划内容等方面有所不同。

规划、纲要是指时间较长、目标较大、范围较广、内容概括的全面性的战略部署。规划的时限一般在三年、五年及以上。纲要的内容原则性、概括性更强，通常是关于工作方向、目标的概要。

要点也是比较概括的、指导性的计划，时间是近期，内容多为布置主要任务，提出指导性要求。各级党政机关的一些工作计划常采用“工作要点”的形式，上级对下级布置工作、交代任务也常用要点。

设想、打算一般是初步的、粗线条的、非正式的计划，尚待修订和完善。设想是关于比较长的时间内某项工作的建设性的想法，打算则是对短期内某项工作的初步设计。

安排是时间较短、内容单一而又具体的计划。预定在短期内要做的某些具体事情，就可以用安排。

方案是关于某专业性、原则性较强的单项工作的周密计划。在近期或短期内，就某项任务、课题的具体实施，从目的、要求、方式、方法等方面都做出全面策划和具体安排，这样的计划就叫方案。现在许多公司常用的“企划文案”，其实就是有创意的方案。

二、格式与内容

计划的写法比较规范，根据内容的要求，一般采取文字表述式、表格式和表述表格相结合三种方式。无论哪一种方式，通常由标题、正文、落款三部分组成。

1. 标题

位于首行，居中排布，字体稍大。如果计划还没有成熟，应在标题后面或下面用括号注明“初稿”“讨论稿”或者“征求意见稿”等字样。标题与公文的标题形式有些相似，一般有三种形式。

(1) 四要素。由单位、时限、内容和文体四要素组成，如《××学校2011年工作计划》。

(2) 三要素。或由单位、内容、文种组成，如《校团委关于举办“五四”游园活动的计划》；或由时限、内容、文种组成，如《2010年工会活动安排》。

(3) 两要素。由内容和文种组成，如《关于十七大精神的学习计划》。

2. 正文

这是计划的主体部分，一般围绕“为什么”“做什么”“怎么做”与“何时完成”这几个问题展开。

(1) 前言。说明“为什么”要制订这份计划。要用简明扼要的语言，概括说明制订计划的依据、指导思想（如形势分析、会议精神、政策法令、本单位实际情况等）和主要目的（为了完成什么任务或达到什么目标，通常用一句话予以总的概括）。然后用“现制订××计划如下”等习惯用语领起下文。

前言一定要简明扼要，通常以三五句话为宜，写成一个自然段。简要计划或者表格式计划也可以没有前言，根据实际情况而定。

(2) 目标和任务。说明“做什么”。这是计划产生的起点和实施的归宿，因而是计划的主旨，要表现得鲜明、突出。要有主有次地把计划的目标、具体任务及数量、质量、期限等要求一一写明。一般采用分条列项的方式，用序号或者小标题标明层次。

(3) 步骤和措施。针对目标和任务，写清“怎么做”与“何时完成”。要具体写明工作分几步做，每一步在什么时间进行，以及采取什么措施来保证目标的实现（包括人力、物力、财力的安排，组织领导，检查落实等）。步骤要合理有序，分工要明确无误，措施要具体有力，方法要切实可行。这部分的写法与上一部分一样，也宜分条列项写。

3. 落款

在正文右下方署上制订计划的单位或个人的名称，在署名之下写上日期。如果标题上已标明了单位名称，此处就不必署名。单位制订的计划，一般要加盖公章。此外，如果有正文里不宜表达的其他问题或材料，可以在正文之后落款之前附文、附表或附图说明。

三、写作要求

1. 注意依据

制订计划要凭借客观依据。所谓客观依据，一是指党和国家在一定时期内的法律、法规、方针、政策，以及上级领导的指示、要求，这些都是制订计划必须遵循的；二是本部门、本单位的实际，这就要求对自身的情况有全面、具体、深入的了解，对今后如何发展有较为可靠的预测，对有关数据有科学的预算，并且要参考以往制订此类计划的经验。此外，事关全局性的计划，还应该把方方面面的问题考虑周全；把计划分解到各部门时，要处理好大计划与小计划、整体与局部的关系，做到统筹兼顾。只有这样，才能使计划建立在有科学依据的基础上。

2. 把握原则

需要与可能相结合，“先进可靠、切实可行”，是制订计划必须把握的原则。首先，确定的目标应该是经过努力可以实现的高级目标；其次，计划必须是“局部要合理，全局要可行”，具有很强的可操作性，方法步骤要明确稳当，具体措施要便于执行，时限要求要宽严适度。此外，对执行结果要有预见性，对执行人员要有激励性，对情况变化要有可调性。

3. 突出重点

在一段时间内要完成的任务往往很多，先做后做、主次轻重，必须全面安排，有条不紊。通常的做法是：重要的、紧迫的工作安排在前面，一般的、可缓的工作安排在后面。这样写重点突出，主次分明，既使行文错落有致，又使计划便于执行。

4. 群众参与

除了个人计划之外，制订计划都必须走群众路线，深入广泛地征求和听取群众意见。一般做法是有关部门先提出计划草案，交群众讨论，然后修改定稿。也可以先把任务和有关精神交给群众，让大家群策群力提措施，想办法，最后才定稿。这样制订的计划，一方面能统一群众思想，集中群众智慧，使计划订得更周全，更切合实际；另一方面使群众充分了解计划的要求，明确奋斗的目标，有利于计划的实现。

5. 留有余地

由于各种主客观原因，制订的计划难免对未来有预测不周到的地方，针对未来情况所拟定的措施也不可能做到完全准确。因此，制订计划时要留有余地，保持一定的弹性。在执行计划的过程中要定期检查，把什么时间完成什么任务、达到什么进度列成表格，完成一项就打上“√”。如果遇到新问题、新情况，应及时修改、调整计划。

6. 说明为主

计划的表达方式以说明为主，行文中不能夹杂不必要的叙述、议论、抒情。

【相关链接】

思想政治工作部青工处2007年重点工作任务分解表

序号	工作任务	工作措施	工作进度	责任人	备注
1	积极开展“青春在重点工程闪光”主题活动	1. 在重点工程项目中分别成立10～20支（个）省公司级青年突击队、青年安全生产示范岗；组成100对青工学技能导师带徒对子。	4月至10月	张×	联合公司工会、基建部举办
		2. 在生产一线建立“学习角”、流动图书站、学习园地，推动理论学习进工区、进团支部、进车间、进班组。	4月至10月		
		3. 举办2至3个工种的技术比武。	4月至10月		
		4. 组织青年志愿者演出轻骑兵赴一线慰问演出。	4月至10月		
		5. 组织青年员工撰写慰问信活动；为突击队发放慰问品和慰问信。	4月至10月		
		6. 举办“青春在重点工程闪光”征文活动。	4月至10月		

续表

序号	工作任务	工作措施	工作进度	责任人	备注
2	继续大力实施“××省电力公司青工技能振兴计划”	1. 开展计算机专业劳动技能竞赛。	9月	张×	
		2. 大力开展青年文明号、青年岗位能手、青年安全生产示范岗、青年突击队、青工学技能导师带徒创建活动。	全年考核，2007年初表彰		
		3. 在重点工程工地举办2至3个工种的技术比武。	4月至10月		
3	加强团的自身建设	1. 贯彻落实省公司党组关于进一步加强和改进共青团工作的意见。	6月	张×	
		2. 继续开展创建“五四红旗团委”和争创“三优一先”活动。	全年考核，2007年初表彰		
4	进一步深化创新创效活动	做好创新创效项目的推荐、申报、评选、奖励和交流工作，择优参加国网公司系统优秀成果评选。	2月底前申报，年底系统内表彰	张×	
5	扎实深入地开展“青春光明行”青年优质服务宣传日活动	突出科学发展、和谐服务的经营理念；突出优质服务，树立××省电力公司良好社会形象，在全省开展“青春光明行”青年优质服务宣传日活动。	4月	张×	
6	召开纪念“五四青年节”暨“青春成才奉献××电力”座谈会	基层团员青年发言；“××省电力公司五四青年奖章”“××省电力公司十大杰出青年”代表发言；为先进个人授证书；×总、×书记作重要讲话。	5月	张×	
7	开展省公司共青团文化（青年文化）体系征集活动	开展××省电力公司共青团、青年文化征集活动，把××电力系统共青团二十余年来的光荣传统、优良作风提炼总结出来；把××电力系统青年职工50余年来蕴涵的高尚品质、感人精神浓缩成精华，建成公司共青团、青年文化的科学体系，以此激励当代青年职工立足本职岗位苦学成才。	6至9月	张×	

（选自何建民、洪薇编著的《电业应用文写作120例》，中国电力出版社2008年2月版。）

【简要评析】

表格式计划就是用表格的方式来表现计划内容。表内栏目通常包括序号、任务、执行部门、完成时间、具体措施等方面。表内的文字说明部分与条文式计划相仿，但语言表述更加简洁，让人一目了然。有时在表格之后还辅以适当的文字说明。表格式计划通常用于项目较多又具共性的内容，尤其适用于时间较短、内容较单一、数据较多的具体计划。这种计划的突出特点是简便、醒目，重点突出，便于张贴。

任务五 总　　结

【教学目标】

掌握总结的格式、内容及写作要求，能够根据需要写作正确、规范而又突出重点、突出个性、实事求是的总结，提高总结观念和总结能力，培养严谨细致的学习习惯与谦虚求实的职业素质。

【任务描述】

对学生来说，做完一件事或完成一项任务后及时进行总结很有必要。其好处如下。

(1) 通过总结，可以全面、系统地了解学习、工作的情况，从成功中获得经验，从错误或失败中吸取教训，从而改进学习、工作，把学习、工作推进到一个新的更高的阶段。

(2) 由于总结是对实际工作由感性到理性的再认识过程，因而通过总结还可以使人们提高认识，增长才干。

(3) 有些总结既要上报又要下发，有的还在一定场合宣讲，因此总结又能起到互通情报、共同提高的作用。

总之，总结的作用就是：总结经验，发扬成绩；回顾过去，评估得失；互通信息，共同提高；增强认识，指导未来。

请你根据自己的实际，制订一份本学期的个人学习总结。要求：

(1) 切合实际，真实可信，分析事实，找出规律。

(2) 按照规范格式写作，各部分具体内容考虑周密，主次分明，详略得当。

(3) 把握个性，写出自己的特色。

(4) 语言得体，文从字顺，标点正确，文面整洁。

(5) 正文字数 800 以上。

【任务准备】

问题一：

听说以前部队文书有一句顺口溜“不怕飞机大炮，就怕总结报告。”要写好总结是不是很难?

参考答案：

写好总结须勤于思索，善于总结。要从以往的工作实际出发，养成调查研究之风。要对工作的失误有个正确的认识，勇于承认错误，养成自我批评的好作风。写好总结的难度主要表现在两方面：一是“总”(过去的工作)，二是“结”(工作的经验、教训、规律)。必须正确处理好两者关系：“总”是“结”的依据，“结”是“总”的概括。

问题二：

总结与计划有什么关系?

参考答案：

总结与计划都以实践活动为内容，都针对一定时期内的工作、学习或活动，都对工作、学习有指导作用，两者既有区别又紧密联系。

(1) 区别。计划在工作前制订，总结在工作后进行；计划要阐明“做什么、怎样做、做到什么程度”，总结要阐明“做了什么、做了多少、做得怎样”。

(2) 联系。制订计划必须以上一阶段的总结为依据，写总结也必须对照计划来写。计划是总结的依据，总结是对计划的检验，又是下一阶段工作的依据，两者相辅相成，互相制约而又互相促进。一项工作总是经过计划—实践—总结—再计划—再实践—再总结的不断反复、不断提高的过程。

问题三：

制订个人学习总结应从哪里入手？

参考答案：

首先应该认真回顾相关学习过程，想想本学期自己在学习上主要做了哪些事？可以概括为几个方面？这几个方面做得怎样？取得哪些成绩？还有什么不足？进而归纳出经验教训。

✿【任务实施】

首先，认真学习【相关知识】介绍的总结的规范格式，居中写明总结标题。

其次，围绕“做了什么”“做得怎样”“有哪些成功经验”“有哪些应该吸取的教训”“今后如何努力”这几个问题，将自己制订总结的目的（经自我分析得出）、本学期学习的基本情况、成绩与经验、问题与教训以及今后努力方向等逐一写明。写作时要注意参照【相关知识】中关于总结正文各部分的内容要求与写作注意事项。

再次，在正文右下方署上姓名，在署名之下写上日期。

最后，逐一对照【任务描述】提出的5点要求，对初稿反复检查修改，直至满意为止。

【参考例文】

××××医院创先争优活动个人总结

在××医院党支部的统一部署下，我们院全体党员积极投身到创先争优活动中，不断巩固和拓展学习科学发展观活动成果，统筹推进新成立的党组织建设，力争通过不断的努力，使支部工作做到“五个好”，党员做到“五带头”。活动开展得轰轰烈烈，成效明显。现将个人参加创先争优活动的情况总结如下。

一、认识比较高

创先争优活动是继深入学习实践科学发展观活动后的又一次大的学习活动。作为一个想长期执政的党，就是要通过对各级党组织和党员不断的学习引领提高，激发各级党组织和广大党员的生机活力，巩固党的执政基础，提高党的执政能力，保持和发展党的先进性，保持党同人民群众的血肉联系，促进经济社会和谐发展。作为党员，就要搞好“五个带头”。

一是要带头学习，带头解放思想，作学习型社会的楷模。只有不断地学习，党员干部的素质才会不断提高，才能肩负起党和人民赋予的神圣使命。

二是要带头争创佳绩。要有强烈的事业心和责任感，爱岗敬业，埋头苦干，在本职岗位上做出一流成绩。

三是要带头服务群众。牢记宗旨，心系群众，积极帮助群众解决实际困难，自觉维护群众正当权益，做群众的贴心人。

四是带头遵纪守法。模范执行党组织的各项决议，严格遵守国家法律法规，自觉遵守本院的规章制度。

五是带头弘扬正气，积极践行社会主义核心价值观。树立正确的荣辱观，遵守社会公德、职业道德和家庭美德，严于律己，情趣健康，公道正派。

二、承诺比较硬

9月份，按照活动的要求，结合本职岗位工作特点，我作出了公开承诺：

一是带头遵守党章，争做合格党员；

二是带头遵守准则，争当廉洁干部；

三是带头遵守制度，争当先进个人；

四是带头钻研学习，争当业务能手；

五是带头展现医务人员的新形象。

这份公开承诺书已经上交到了我们院支部，本人也有信心有决心按公开承诺的事项去工作、学习、生活。

三、兑现比较好

公开承诺发出后，既有压力，也有动力。作为一个临床科室的干部，如果信口开河，不讲诚信，就会贻笑大方。为不落人后，我以先进典型为榜样，对照自身找差距，明确方向，制定措施，更主要是加强了学习，学党章，学廉政准则，学医院相关方面的政策法规。比如重温党章以后，对党员的义务有了更深的体会，对本院机关进一步改革有了新的认识。学习了本院相关方面的政策法规后，检查工作能做到心中有数，游刃有余，不开黄腔。到目前为止，妇产科的评价还是蛮高的，形象还是蛮好的。

四、问题还不少

存在的不足主要有：

一是理论水平不够高。虽然平时也比较注重学习，但学习的内容不够全面、系统，深度不够；对于新理论新知识的关注度不高，掌握的不多。有时候仅仅满足于和自己日常工作相关的知识的学习和理解，在用理论指导实践这一块做得还不够。在思想觉悟、理论水平、业务知识等方面与所担负的工作责任还不完全适应，对有些问题考虑不深不细。

二是全局意识不够强。对于自己的工作能尽心尽力，尽职尽责，对于科室其他工作总觉得应是各司其职，各管一摊，不是自己责任范围内的事就不太关心，认为多一事不如少一事，少一事不如没有事。

三是与人沟通不到位。个性决定了做事踏踏实实，埋头干活，不重宣扬，很少向各级领导汇报自己的工作和思想。总是觉得自己尽全力乃至牺牲自己的利益在干工作，群众看得到，领导也看得到。

四是工作作风欠细致。工作缺乏全面、深入细致的了解和掌握，在知人、知事、知情上还有一定差距。在工作中，与同志们思想交流少，坐下来谈心少，思想工作做得不够，体贴关心也需要加强。

对于以上存在的不足，我决心抓住这次创先争优活动的机会，加强学习，拓宽思路，采取措施，狠抓落实。

刘×

2010年11月1日

（选自百度文库网，略有修改。）

【相关知识】

总结是对过去一定时期的工作、学习或思想情况进行回顾、分析、整理、研究并做出客观评价，肯定成绩，正视问题，得出经验教训，从而找出规律性的认识，摸索事物的发展规律，用以指导今后工作的一种事务文书。它是对某种工作实施结果的总鉴定和总结论，要求把零星、肤浅、表面、感性的认识，上升到全面、系统、本质、理性的认识。总结所要解决和回答的，是在某一时期的工作中已经做了什么、如何做的、做到了什么程度、有什么经验教训等问题。

一、总结的特点

(1) 实践性。总结首先要回顾实践或工作的全过程，内容应当完全忠实于自身的实践活动，是实践的本质反映。总结的目的，也是为了更好地指导今后的实践。

(2) 概括性。总结旨在把实践中的成功经验归纳出来，把应该吸取的教训寻找出来。

(3) 理论性。进行理性分析，找出带有规律性的东西，用以指导今后的工作，这是总结的实质所在。

(4) 简明性。总结通常只做概括叙述、简要说明、直接议论，不必多方论证。

二、总结的类型

按内容分，可以分为工作总结、生产总结、学习总结、教学总结、科研总结、思想总结、会议总结等。

按范围分，可以分为地区性总结、部门性总结、单位总结、班组总结、个人总结等。

按时间分，可以分为月份总结、季度总结、年度总结、阶段性总结等。

按性质分，可以分为综合性（全面）总结和专题总结两类。

按功能分，可以分为汇报性总结、经验性（交流性）总结两类。

三、格式与内容

一般由标题、正文和落款三部分组成。

（一）标题

常见形式有三种。

1. 公文式标题

一般由单位名称、时限、事由、文种组成。如《××市教育局 2011 年工作总结》《××厂 2012 年上半年工作总结》。有的公文式标题中不出现单位名称，如《创先争优活动总结》《2011 年教学工作总结》。

2. 文章式标题

即概括文章内容或基本观点的标题，标题中不出现文种“总结”二字，多用于专题总结。如：《股份制使企业走上成功之路》《走活三步棋，选好一把手》《我们是如何实行教学与科研相结合的》。

3. 双标题

正标题揭示主题或概括经验体会（文章式标题），副标题标明单位、时限、事由和文种等（公文式标题），如《艰苦的拼搏　丰硕的成果——××省供销社系统 2011 年工作总结》《知名教授上讲台，教书育人放异彩——××大学德育工作总结》《加强医德修养　树立医疗新风——××医院精神文明建设的经验》。

（二）正文

由前言、主体、结尾组成。

1. 前言

简明扼要地概述基本情况，交代背景，点明主旨或作出基本评价，为主体内容的展开做必要的铺垫。通常简述：工作或任务是在什么形势下，遵循什么思想或方针完成的，有哪些主要成绩，存在哪些主要问题。应力求简洁，开宗明义。

2. 主体

这是总结的主要部分，一般有以下三个方面的内容。

（1）基本做法、体会、成绩和经验（做了什么、做得怎样）。具体包括：在什么思想指导下，做了哪些工作，采取了哪些措施，取得了哪些成绩，其主客观原因是什么，有哪些体会。成绩、做法是基础材料，经验、体会是重点。要点面结合，重点突出，数据具体，具有较强的说服力。

（2）问题与教训。写工作中存在的问题与不足。不同的总结，写法有不同的侧重：反映问题的总结应重点分析其主客观原因，并由此得出教训；典型经验总结一般不写这部分，或者把这部分内容合并到"努力方向"中去写；常规工作总结则概括写存在的主要问题及其教训。

（3）今后的工作和努力的方向。这部分内容须写得简单明了。可以写成条款式，即不作展开，一条即今后的一项工作或一个努力方向。

主体部分要求在全面回顾工作情况的基础上，深刻、透彻地分析取得成绩的原因、条件、做法以及存在问题的根源和教训，揭示工作中带有规律性的东西。由于篇幅大、内容多，要特别注意层次分明、条理清楚。主体部分经常采用的结构方式有以下三种。

（1）分部式结构。按"情况—成绩—经验体会—问题—今后设想"，或按"做法—效果—体会"，分成几部分写。每部分可用序号列出，也可恰当地运用小标题。

（2）阶段式结构。按时间顺序，把工作的整个过程划分成几个阶段来写，各个部分以块式结构来安排内容。这种形式适合写时限较长而又有明显阶段性的工作总结。

（3）贯通式结构。既不列条款，也不分小标题，而是围绕主题，从头到尾分若干自然段，一气呵成，适合于内容比较单一的专题性总结。它主要靠清晰的思路来串联材料，靠分清层次来构架全篇，靠语言的过渡来贯通始终。这种方式比前两种方式要难一些；但如果能将材料烂熟于心，就可以围绕中心，按时间顺序或事理发展的层次，抓住主要线索，层层分析说明，总结工作的全过程。

3. 结尾

要与开头相照应，简短精练。可以概述全文，可以说明好经验带来的效果，也可以在总结经验教训的基础上，提出今后努力的方向、改进的意见或表明决心、展望前景。有些总结在主体部分已将这些内容表达过了，为了避免重复，就不必再写结尾。

（三）落款

以主要负责人的名义所做的总结，署名在标题下；以单位或党政机关名义做总结，署名可在标题下也可在文末；若标题上出现了单位名称或负责人姓名，则可不再署名；一般人的个人总结，署名大多在文末。总结的日期可加括号放在标题下，也可不加括号放在文末（署名之下）。

四、写作要求

1. 遵循正确的指导思想

必须以党的方针、政策、路线为依据，正确估计实际工作情况，从中总结出能够指导现实的有价值的经验。

2. 以事实为据，广泛占有材料

以往事件是总结的唯一依据。必须把过去一段时间所做工作的材料全面地搜集起来，包括点面材料、正反材料、事件材料、数字材料、背景资料等。事件材料必须真实可信；数字材必须准确可靠；背景材料要有辅助性，能够与事实形成鲜明的对比或者烘托。切忌闭门造车，随意编造事实或数据，更不允许欺上瞒下。

3. 对占有的材料作认真的分析研究，重点突出

总结的选材不能求全贪多、主次不分。要根据实际情况和总结的目的，把那些既能显示本单位、本地区特点，又有一定普遍性的材料作为重点选用，写得详细、具体；而一般性的材料则要略写或舍弃。只有抓精华、找典型，总结才不会千篇一律，才具有指导意义。

4. 分析事实，找出规律

总结要写得有理论价值。一方面要抓主要矛盾，无论谈成绩或谈存在问题，都不要面面俱到。另一方面要对主要矛盾进行深入细致的分析，谈成绩要分析为什么这样做，经验是什么；谈存在问题要分析为什么会出现这种问题，其性质是什么，教训是什么。要从自己掌握的事实与材料中提炼出规律性的理论认识，这样的总结才能对前一段的工作有所反思，不断把工作推向前进。

5. 实事求是，严谨认真

实事求是、一切从实际出发，这是总结写作的基本原则。工作总结中常常出现两种倾向：一种是好大喜功，只讲成绩，不谈问题，或者“三分工作七分吹”，夸大成绩，隐瞒缺点，报喜不报忧；另一种是将总结写成了“检讨书”，把工作说得一无是处。这两种都不是实事求是的态度。总结要如实地、一分为二地分析、评价自己的工作，成绩不夸大，缺点不缩小，问题不回避，更不能弄虚作假。

6. 注意共性，把握个性，写出自己的特色

总结很容易写得千篇一律、缺乏个性。要写出个性，总结就要有独到的发现、独到的体会、新鲜的角度、新颖的材料，写出本部门、本单位、本人的个性特点。

7. 叙议结合，语言得体

总结的表达方式以叙述、议论为主，说明为辅，可以夹叙夹议；但都必须做到用观点统率材料，用材料说明观点，使观点与材料统一。总结的语言要准确、简明、朴实，并适当运用生动活泼的群众语言及形象化的口语。

⌛【相关链接】

××供电所“线损管理年”活动总结

根据公司《关于印发“线损管理年”活动实施方案的通知》（×供电〔2006〕64号）文件精神和要求，结合所“线损管理年”活动实施方案，我所从管理、技改及新产品、新技术应用等多方面入手，切实加强线损管理，全面提升所内的线损管理水平，扎实有效地完成了降损节能工作。现将我所“线损管理年”活动情况总结如下：

一、健全制度，加大考核力度

为保证各项工作有序开展，有章可循，根据考评细则制定了规范线损管理的各项办法和细则。同时，年初即根据公司下达的线损指标层层分解，做到人人身上有压力，人人身上有责任，齐抓共管，严格考核，当月兑现。

二、强化正时抄表，提高抄表质量

根据台区的户数、路程的远近制定了抄表时间表，要求严格按时抄表；为提高抄表质量，所里每月对1～2个台区的抄表质量进行不定期抽查。这两项工作的开展大大减少了估抄、漏抄和不正时抄表，为线损分析提供了准确的依据。

三、加大用电营业普查力度，完善客户用电资料

结合营业普查工作，对所辖49个台区进行了全面的用电营业普查，共10 078户。重点对专变、动力用户、圩镇台区开展了专项检查工作，对有户无表的26户进行了销户处理，杜绝黑户、“三电”现象的出现。定期开展用电检查，有效地杜绝偷、漏电的违法违章行为。根据普查结果，逐步完善客户用电资料，修改客户信息179条，基本做到现场、表卡、营销系统资料一致，较全面地掌握客户用电情况，为线损管理奠定了坚实的基础。

四、加强线路维护、巡视工作

为确保供电的可靠性，组织了两次10kV线路的巡视清障工作，清理竹木7处。0.4kV由台区责任人每月巡视一次，日常加大运行设备的巡视和维护工作。2006年未出现因竹木未清理而跳闸停电现象。

五、开展三相负荷调整，改造线路

根据市营部关于三相负荷调整的通知，对所有公变台区进行了测试调整，重点调整了11个台区以及圩镇台区。为全面带动台区降损工作，对××村部、×××、×××三个高损台区进行试点，通过主线和支线的三相负荷调整、表计接线、表箱加封、表故障处理、无表用电的重新开户或断电、线路零乱整改、各支线负荷调整以及加强抄表管理，投入86个工作日和21圈铝塑线等材料，取得了较好的效果。每个台区线损均下降了6个百分点左右，很好地起到了以点带面的作用。所里每个月对1～2个高线损台区进行整改，做到整改一个成功一个、保持一个。

六、加强计量管理

大力推广新型电子表，新增用户和表故障更换一律使用电子表，对淘汰表计进行强制更换，有13户已更换成电子表。对所辖表计是否正确接线、是否正常运行开展营业普查，特别对专变、动力用户计量开展专项检查工作。日常加强表计巡视，及时处理故障表计，合理追补电量，共追补电量3967度。根据线损管理需要对圩镇台区共994户进行拆校，更换表计72户，线损有明显下降。

七、加大无功管理，推广低压电容器，降低台区线损

和地调密切联系，及时对小水电上网及大网功率因数进行监控。对所有4kW以上电动机的动力用户加装相应的电容器，共计安装155户，改善了低压台区的无功损耗，提高了供电质量，降低了台区损耗。

通过开展“线损管理年”活动，我所初步健全了规章制度，线损管理水平明显上升，员工积极性也上来了。台区线损有明显下降，10kV比去年下降了0.78个百分点，0.4kV比去年下降了1.2个百分点。

虽然取得了一些成绩，但是不足的地方还有很多，规章制度还有待完善，考核力度需进一步加强，三相负荷仍存在不平衡，部分台区线损仍然偏高，无功管理力度不够。在以后的工作中，我所要进一步完善制度，加强管理，提高水平，加大改造力度，使线损管理再上一个新台阶。

××供电所

二〇〇六年十一月二十日

（选自何建民、洪薇编著的《电业应用文写作120例》，中国电力出版社2008年2月版。）

【学习项目总结】

本学习项目下有五个学习任务：条据与启事，专用书信，祝词、欢迎词与欢送词，计划，总结。它们同属日常事务应用文，在处理公私事务和人际交往中广泛使用。日常事务应用文的实用价值很大，小可解决个人的各种事务，大可对社会产生深远的影响。条据与启事可作为凭据，解决生活实际问题。计划、总结可保证学习、工作、任务有条不紊，少走弯路。祝词、欢迎词与欢送词可迎来送往，融洽关系，增进合作。宣扬模范人物和先进事迹的感谢信、表扬信、慰问信一经媒体宣传，会在社会引起广泛而强烈的反响，对促进改革开放和社会主义精神文明建设以及构建和谐社会起到积极的推动作用。

在学习过程中，培养学习兴趣是前提。其次，要了解和掌握日常事务应用文写作的基本理论，认真研究、揣摩范文，掌握日常事务应用文的内容结构和写作要求。最后也是最重要的，是勤于练笔，反复实践，找到最适合自己的写作方法。只有这样，才能得心应手地运用各个日常事务应用文，使自己的学习、生活、工作游刃有余。

【复习思考】

1. 请指出下列条据中存在的错误并加以改正。

（1）

借　条

今借到张晓刚650元，3天后归还。

此据

李晓华

（2）

欠　条

原借赵晓捌佰元，现在还欠300元未还，此据。

张××

（3）

留言条

李老师没见到你，我晚上再来。

徐　伟

（4）

兰老师：

我有事请假三天，请批准。

学生：林小萍

2. 完成以下短文写作。

(1) 2012 年 5 月 10 日，某公司张林的孩子病了，需到医院治疗，他想和公司王经理请一天假。请替他写张请假条。

(2) 你在学院食堂拾到小皮包一个，内有若干款物。请拟写一则招领启事，告知失主与你联系。

(3) 你院萌芽文学社要招聘编辑若干名，请代写一则招聘启事。

(4) 教师节即将来临，请以班团支部的名义向学院广大教师写一封慰问信。

(5) 创建资源节约型和环境友好型社会，大学生该如何行动？请以此为主题写一封倡议书。

(6) 你积极要求进步，想加入党组织，请写一封入党申请书。

3. 请为下面一则欢迎词的基本内容排序。

(1) 各位同事：

(2) 今天，各位新同事的加盟，定将推动本公司百尺竿头更上一层楼。

(3) 众所周知，本公司正处于蒸蒸日上的发展阶段。

(4) 本公司将为所有踏实肯干、真诚奉献的员工提供宽广的发展舞台。

(5) 本公司的高科技产品在全国乃至国际上都取得了相当大的成功。

(6) 大家好！我是公司行政经理苏明，很高兴在这里和大家相识。

(7) 首先，让我代表公司领导和全体同仁，向各位新同事表示热烈欢迎。

(8) 让我们携手并进，同舟共济，共创辉煌！

4. ××电力学院 92 届毕业生在学院举行的毕业 20 周年聚会即将结束，请你在欢送会上发表一篇祝酒词，让学兄学姐们带着美好的回忆离开。

5. 阅读下文并具体指出其不合乎计划写作要求之处。

××县经委今后八个月工作计划

为了完成县委、县政府下达的 3.1 亿元工业总产值（力争 3.5 亿元）的任务以及各项经济指标，我们计划在今后八个月主要抓好几方面工作：

（一）进一步深化企业改革。我们在全面推行厂长（经理）任期目标责任制的基础上，从实际出发，有针对性地分别实行租赁、承包、百元工资税利制和工资总额与企业经济效益包干等经营方式，把权、责、利全面落实到企业及其经营者身上，使企业真正成为相对独立的经济实体，成为自主经营、自负盈亏的社会主义商品生产者和经营者，较好地调动企业厂长职工的积极性，增强企业活力，促进生产发展，并使这一改革能够健康发展，深入持久地坚持下去，采取有效措施加以保证。

（二）加快新项目和技术改造项目的建设速度，确保这些项目预期投产，发挥效益。主要抓好苎麻纺织、印染工程等项目，并实行目标责任制管理，使这些项目预期投产，早日发挥效益。

（三）进一步加强企业管理，提高企业经济效益。我们坚持以改革为动力，促进企业的发展，加强管理，提高企业经济效益，把增产节约、增收节支的工作作为提高企业经济效益的重要工作来抓，要求企业产品总成本、企管费及车间经费都要下降。具体措施：

(1) 调整企业产品结构，大力增产适销对路产品，实现多产快销。

(2) 加强企业管理，挖掘企业潜力，调整定额，向管理要效益。

(四) 加强企业职工思想教育、技术培训，努力提高企业职工队伍思想、技术素质。为企业上等级和企业现代化管理打基础。

(1) 全面进行思想、纪律、法律教育和坚持四项基本原则、反对资产阶级自由化的教育，全面提高工人思想觉悟。

(2) 搞好技术培训和职工文化、技术学习，努力提高职工队伍技术素质。

6. 在全班实施“梦想成真”工程：每位同学选择一个自己一直想实现的愿望，然后写作一份计划。无论愿望最终能否实现，这份计划一定要有可操作性、可行性。

7. 指出下面这份总结的毛病，并进行修改。

××公司上半年工作总结

半年来本公司在精神文明和物质文明方面做了许多工作，取得了很大成绩。半年来，主要做了以下工作：动员组织公司干部和广大群众学习中央文件；安排、落实全年生产计划；推行、落实工作责任制；修建子弟小学校舍；建方便面生产车间厂房；推销果脯、食品、编织产品；解决原材料不足问题；美化环境，栽花种草；办了一期计算机技术培训班；调整了工作人员，开始试行干部招聘制。

半年来，在工作繁杂，头绪多而干部少的情况下，能做这么多工作，主要是：

一、上下团结。公司领导和一般干部都能同甘共苦，劲往一处使。工作中有不同看法，当面讲、共同协商。互相间有意见能开展批评与自我批评，不犯自由主义。例如有干部就经理未作商议，擅自更改果脯销售奖励办法，影响产量一事有意见，经当面提出，经理做了自我批评，并共同研究了新的奖励办法，又出现了增产势头。

二、不怕困难。本企业刚刚起步，困难很多，技术力量薄弱，原材料不足，产品销路没有打开，等等。为此，领导干部共同想办法，他们不怕跑路，放弃自己的休息时间，忍饥挨饿受冻，四处联系，终于解决了今年所需要的原料，推销了一些产品。

三、领导带头。公司的几位主要领导带头苦干，实干。他们白天到下边去调查了解情况、解决问题，晚上才开会研究问题，寻找解决的办法。领导干部夜以继日地工作，使公司工作上了台阶。

××公司

××××年×月×日

8. 结合自己的实际情况，写作一份假期活动总结。

学习项目三

求职文书的写作

【学习项目描述】

通过学习与实践，掌握求职文书的写作方法。

【教学目标】

掌握自荐信与应聘信、个人简历、竞聘演讲稿等求职文书的写作方法；具有认识客观世界与自我认识的基本能力、较强的人际交往能力以及一定的分析问题、解决问题能力，培养严谨细致、一丝不苟的职业素质。

【教学环境】

多媒体教室，黑板，投影仪，PPT课件，相关案例，时新资料等。

任务一 自荐信与应聘信

【教学目标】

了解自荐信、应聘信的写作特点，掌握自荐信、应聘信的格式与写作要求，了解自荐信与应聘信的区别。能够写作文字通畅、格式规范、符合实际情况的自荐信与应聘信，遣词用句礼貌得体。

【任务描述】

对即将毕业的学生来说，求职信（包括自荐信与应聘信）是他们向用人单位展示自我的一张名片，决定着用人单位对他们的第一印象。求职信的作用如下。

（1）集介绍、自我推销、下一步行动建议于一身，突出自身经历中与用人单位最有关系的内容。

（2）强调求职者对这份工作的认真态度，能体现写作者清晰的思路和良好的表达能力。

（3）可以体现求职者的简要经历、性格要素及与人沟通的能力。

（4）好的求职信可以拉近求职者与用人单位人事主管（负责人）之间的距离，获得面试的机会会多一些。

请你根据自己的实际，写作一封自荐信或应聘信。要求：

（1）切合实际，真实可信。

（2）按照规范格式写作，各部分具体内容考虑周密，主次分明，详略得宜。

(3) 语言得体，文从字顺，标点正确。

(4) 行款规范，书写工整，文面整洁。

(5) 正文字数 400 以上。

【任务准备】

问题一：

写自荐信（应聘信）应从哪里入手？

参考答案：

在开头部分简明扼要介绍自己，如年龄、性别、毕业学校及所学专业，并表明自己的求职愿望和态度。

问题二：

介绍了自己的基本情况，应该怎样将自己最能吸引、打动用人单位的哪一面展示出来？

参考答案：

为了使用人单位对自己有印象，可以具体介绍自己在学校三年的表现。例如：学习成绩在班级或年级排名，拿奖学金次数及等级，是否三好学生；是否在班级、学生会或者团总支及其他社团担任职务，取得过什么成绩，获得过什么奖励；是否通过了英语、计算机的国家级统考，是否参加技能培训获得了什么证书。

除了学校组织的实习实践，如果自己有和所学专业相关的实践经历，不仅可以写上，还可以请有关单位出具证明，这样可以加重自己在用人单位眼里的分量。

问题三：

主体部分完成后，该如何结尾？

参考答案：

结尾部分可以简要提及求职单位的情况，表明自己对求职单位有所了解，而不是无的放矢。然后再次表达自己对求职单位的向往，以及如被录用将如何工作。最后说明随信附上的证明材料（证书、成绩单等），写明自己的联系方式。

【任务实施】

认真学习【相关知识】介绍的自荐信（应聘信）规范格式，居中写明自荐信（应聘信）标题。

围绕“我是谁”“在校的表现”“取得过什么成绩”与“有什么实践经历”这几个问题，将自己制作自荐信（应聘信）目的、构想以及求职的愿望等逐一写明。写作时要注意参照【相关知识】中关于自荐信（应聘信）正文各部分的内容要求与写作注意事项。

在正文右下方署上姓名，在署名之下写上日期。个人联系方式写于落款之后。

逐一对照【任务描述】提出的 5 点要求，对初稿反复检查修改，直至满意为止。

【参考例文】

求 职 信

尊敬的×××供电公司人事部主任：

您好！我叫王××，男，今年21岁，是××电力职业技术学院电力系供用电管理专业的应届毕业生。昨天从学院就业办公室得知，贵公司需用专业人员若干名，我愿意去贵公司工作。现将我的情况介绍如下：

在电力职业技术学院的三年间，我重视德智体美全面发展，曾担任班级团支书和学习委员，学习刻苦，成绩优异，年年获得奖学金，计算机考试通过二级，英语通过四级。

在校期间，我曾两次荣获三好学生称号，一次荣获全国高职类大学生数学建模比赛二等奖。衡量个人条件，我基本符合贵公司的要求。如蒙录用，我将竭尽全力做一名称职的员工，为贵公司的发展贡献绵薄之力。我热切地盼望着贵公司能够给予面试的机会，谢谢！

此致

敬礼

××电力职业技术学院电力系应届毕业生　王××

2010年11月20日

联系电话：×××××××××××

邮箱：××××××××××

QQ：××××××××××

（附简历表、成绩单、过级和获奖证书复印件各一份）

【相关知识】

求职信（包括自荐信与应聘信）通常由标题、称谓、开头、主体、结尾、署名、日期、附件等部分构成。

（1）标题。标题是求职信的眉目，居中写明“求职信”或“应聘信”。

（2）称谓。写给用人单位的人事部门或直接写给单位负责人，注意称谓要做到礼貌、得体。

（3）开头语。先写问候语“您好”，表示礼貌、尊敬。再写求职人的自我简介及用人信息的获得渠道。开头语表述应简洁明确、干脆利落，不宜过多过长。

（4）主体。首先详细介绍自己的专业优势，即学习的主要专业课程，参加的专业实践活动及在校各类专业竞赛中的获奖情况等，要充分展示自己在专业方面的突出成绩，使自己在众多求职者中出类拔萃。

（5）结尾。再次表达求职的愿望，希望获得机遇，起到吸引和打动对方的作用。如“希望给予面试的机会”“热切地盼望着贵公司给予答复”等。最后可写礼貌用语“此致”“敬礼”，也可写其他得体的祝语。

（6）署名、日期。署上求职者的姓名、日期。

（7）附件。指求职信以外的其他材料，也是求职信的重要组成部分，包括学历证书、成绩单、获奖证书、技能证书、论文等的复印件。这些材料能验证个人专业优势和能力特长，对用人单位来说是反映个人知识、才能的重要证据。如材料较多，应依次标上序号。

自荐信与应聘信的内容、格式、写作注意事项等基本相同，唯一的区别是：自荐信一般是在不知用人单位是否要人、要什么样的人的情况下主动自荐，谋求一个未知的职位，因此对自己的介绍比较全面，信可以同时向多个单位、部门寄送；应聘信则是在知道用人单位要什么人的情况下写的，谋求的是已知的职位，因此信的目标明确，针对性强，要根据用人单位的需要有所侧重地介绍自己的专业特长以及应聘的理由，突出与应聘工作密切相关的内容，一封应聘信只适合于某一用人单位。

【相关链接】

应 聘 信

尊敬的××省×××发电厂人事处处长：

您好！我叫张××，35岁，1998年毕业于××电力大学，分配到××省××发电厂电气分厂工作至今，现任继电保护专业工程师。我听在贵厂工作的同学说，贵厂继电保护专业岗位有空缺，我愿应聘去贵厂工作。应聘的理由是，我的双亲住在贵厂所在地，年事已高，身边无其他子女照顾，而由于年龄与身体原因双亲又不能到北方与我一起生活，希望我能回去工作。

毕业多年，我对工作认真负责，对技术刻苦钻研，曾4次立功受奖，负责的一项科研成果获省部级科技成果三等奖。近年来，在省级CN刊物及核心期刊发表论文6篇。我妻子是中学教师，她的接收单位我们会自行解决。我对工资待遇和住房条件无特殊要求，希望贵厂能接纳我。

（随信附上简历表、获奖证书复印件各一份）

顺祝

夏祺

张××

2011年8月21日

联系电话：×××××××××××

邮箱：××××××××××

QQ：××××××××××

任务二 个 人 简 历

【教学目标】

了解个人简历的格式，掌握个人简历的要素与制作简历时应注意的问题，能制作属于自己的个性化简历。

【任务描述】

个人简历是求职者将自己与所申请职位紧密相关的个人信息分析整理后清晰简要地表述

出来的书面求职资料，是求职者用准确的事实向招聘者明示自己的经历、经验、技能、成果等内容，是招聘者在阅读求职者的自荐信（应聘信）并对其产生兴趣之后进一步决定是否给予面试机会的极重要的依据材料。

招聘者所要了解的信息是个人简历的写作重点。用人单位最关心的是应聘者的求学经历、实践经验、技能水平以及能力、潜力等，因此制作个人简历必须了解招聘者的招聘侧重点，突出自己在这一方面的能力或特点。

个人简历务必简洁，篇幅控制在一张纸以内，满足一分钟阅读的要求。通过电脑的简历模版能够有条理地组织简历材料，但应注意不要完全照搬模版。

请根据自己的实际情况，制作一份个人简历，要求：

(1) 内容真实。

(2) 材料适度，既不繁杂也不简陋。

(3) 格式简明清晰，一目了然。

(4) 语言得体，文从字顺。

(5) 书写工整，文面整洁。

【任务准备】

问题一：

制作个人简历应从哪里入手？

参考答案：

首先制作简历封面。封面内容尽量简单明了，突出重要信息。可以借助于网络，借鉴别人的设计，改造后为自己所用。

问题二：

标准的个人简历主要由哪些基本内容组成？

参考答案：

基本情况：姓名，性别，出生日期，健康状况，联系方式等。

教育背景：按时间顺序列出初中至最高学历的学校、专业和主要课程，以及所参加的各种专业知识、技能培训。

工作经历：应届毕业生可以写自己在学校里完成的毕业实践和毕业设计，或者着重强调最近的教育与培训，尤其是与正在申请的工作最直接相关的课程或实践活动。

其他内容：个人特长及爱好，掌握什么其他技能，参加什么专业团体，有什么著述或发明等。

【任务实施】

首先制作简历封面，然后认真学习【相关知识】介绍的简历规范格式，居中写明个人简历标题。

围绕“基本情况”“教育背景”“工作经历”与“其他内容”这几个问题，将个人简历的内容逐一写清楚。

对照【任务描述】提出的要求，对初稿反复检查修改，直至满意为止。

【参考例文】

个人简历表

<table>
<tr><td>姓　名</td><td>吴××</td><td>性　别</td><td>女</td><td>出生日期</td><td>1988.05.20</td><td rowspan="4">相片</td></tr>
<tr><td>籍　贯</td><td>××省××县</td><td>民　族</td><td>汉</td><td>政治面貌</td><td>预备党员</td></tr>
<tr><td>学　历</td><td>专科</td><td>学　制</td><td>五年</td><td>健康状况</td><td>健康</td></tr>
<tr><td>毕业院校</td><td colspan="5">××电力职业技术学院</td></tr>
<tr><td>联系方式</td><td colspan="6">电子邮箱：××××42@163.com　手机：1395×××××××
联系地址：××电力职业技术学院03（五）电力2班　邮编：362000</td></tr>
<tr><td>求职意向</td><td colspan="6">结合专业知识，发挥专业水平
发电厂、变电站运行工或电力部门调度人员及电力系统相关的工作</td></tr>
<tr><td>教育背景</td><td colspan="6">2006.04至今就读于长沙理工大学电力管理工程专业（专升本在读）
2003.09—2008.06就读于××电力职业技术学院
2000.09—2003.06就读于××市××县××中学
1994.09—2000.06就读于××市××县××乡××小学</td></tr>
<tr><td>主修课程</td><td colspan="6">电力系统分析、发电厂及变电站电气部分、电力系统自动装置、电力系统继电保护、高压电技术、电气AutoCAD、机械制图、电路基础、电机学、安全用电等</td></tr>
<tr><td>所获证书</td><td colspan="6">国家计算机二级（VF）、电工进网作业许可证、全国高新CAD、英语B级</td></tr>
<tr><td>获奖情况</td><td colspan="6">2006—2007学年获得2次学院二等奖学金
2003—2006学年获得6次学院一等奖学金
2006—2007学年被评为“优秀共青团员”“学生工作积极分子”的荣誉称号
2005—2006学年被评为“省级优秀学生干部”“优秀共青团员”“三好生”的荣誉称号
2003—2005学年被评为“校优秀学生干部”“优秀共青团员”的荣誉称号</td></tr>
<tr><td>实践经历</td><td colspan="6">2007—2008学年第一学期：变电站值班员技能鉴定、在学院实训中心二次配线实训
2006—2007学年第二学期：电气CAD课程设计、电力系统分析课程设计、电力系统继电保护课程设计
2006—2007学年第一学期：电气设备课程设计、计算机实习、单片机实习、在学院实训中心电器检修实训
2005—2006学年第二学期：到××山美水库认识实习、数字逻辑电路课程设计、在学院实训中心电机检修与调试
2005—2006学年第一学期：在学院实训中心模拟电路装配实训
2004—2005学年第二学期：在学院实训中心电工工艺实习
2004—2005学年第一学期：在学院实训中心钳工实习</td></tr>
<tr><td>自我评价</td><td colspan="6">性格开朗，待人热情、真诚。工作认真负责，积极主动，能吃苦耐劳。有较强的组织能力、实际动手能力和团队协作精神，能迅速适应各种环境。能自觉遵守纪律，对组织忠诚，善于交际，能很好地和同事相处</td></tr>
</table>

（选自何建民、刘珍杰主编的《应用写作（第二版）》，中国电力出版社2011年12月版。）

【相关知识】

一、什么是简历

简历是对自己的生活经历，包括学历、工作经历等，有选择有重点地加以概括叙述的一种常用写作样式。

二、求职简历通用格式

主要按照时间顺序来排列，适用于初涉职场的求职者。“教育背景”和“工作经历”部分的内容按照先后顺序罗列，不要遗漏。如果没有“工作经历”，可以将此部分改为“实习经历”。通用式简历的适用范围不受所申请职位的限制，缺点是针对性不强。

三、学生简历需说清4项内容

（1）你是什么样的人。说明你的姓名、年龄、籍贯、健康状况等基本信息。如果对自己的相貌自信，还可以附加一张照片（可以是一寸免冠照片，也可以是五寸生活照片）。

（2）你学过什么。让人力资源经理清楚地知道你读的是什么学校，学的是什么专业，取得什么学历，有没有第二专业，有没有参加过其他的培训（比如职业资格考试培训）等。

（3）你做过什么。如果你在读书期间有过一些社会工作的经历，一定要写出来（特别是那些和你所应聘的职位相关的工作经历），这样会帮你争取到胜出的机会。如果你有和求职方向相关的特长，一定要在简历上体现出来，这点应该是你与别人最大的区别。

（4）你想做什么。也就是求职意向，明确告诉人力资源经理你想从事哪种工作，而不是哪些工作。因为投递简历是有针对性的，在投递之前，你应该很清楚这个单位提供哪些空缺职位。

简历追求用最少的文字传递最多的信息，不需要花哨，因此不要使用“万能简历”。

【相关链接】

简　　历

基　本　信　息

家庭住址，湖南××
联系电话：0371—6919×××
邮政编码：450052

姓名：郭×
性别：男
出生年月：1979/10
爱好：读书、书法、乒乓球
学院地址：××铁路职业技术学院学生宿舍10—202#

学历与主要课程

××铁路职业技术学院机电工程系机电一体化专业三年级学生。

机械制图、工程力学、计算机应用基础、CAD绘图、电工与电子技术基础、机械原理与机械零件、金属切削机床、数控机床与编程、微机原理及应用、机械加工工艺、机械加工工艺装备、可编程控制器、工厂企业管理、工厂电路控制设备、电机与拖动、液压传动与润滑。

能　　力

普通话流利通畅，能完全听懂广东话并基本能说广东话；善于与人交流、有良好的组织管理策划能力；有较丰富的社会经验；对钳工技术掌握熟练，已获国家职业技能鉴定所颁发的《机修钳工（高级）职业资格证》；能熟练地操作CAD制图，并已获《CAD制图员（中级）职业资格证书》；平时爱好写作，有一定的文字功底。

相 关 经 历

在学院担任学生会副主席期间连续两年成功地策划和组织学院《希望杯》演讲比赛；

在担任学院学生刊物《花溪》副主编时曾多次编辑《花溪》期刊；

2001年6月参加市教育局和劳动局联合举办的职业技能比赛获钳工第一名；作为主力队员代表学院夺得团体第一名；

2001年暑假参加学院考察团赴西部地区甘肃省甘南藏族自治州考察，后负责主笔写考察报告；

2001年寒假参加学院数控中心实验室的安装和调试。

奖 励

在学院连续三年被评为优秀学生干部；

2000—2001年度被评为学院三好学生；

2000—2001年度被评为市级优秀学生干部；

2001—2002年度被评为市级优秀团干部。

（选自高绪界等主编的《就业与创业指导》，化学工业出版社2002年版。）

任务三 竞聘演讲稿

【教学目标】

了解竞聘演讲稿的特点，掌握竞聘演讲稿的写作技巧和写作时应注意的问题，能写作规范、得体的竞聘演讲稿。

【任务描述】

对竞聘者来说，竞聘演讲稿的作用如下。

（1）能够比较全面地反映出竞聘者的基本情况和素质，向在场的听众推销自己。

（2）既是竞聘者能否被聘用的重要文字依据，也是组织人事部门将来用以考核干部的重要档案资料。

（3）在公开招聘干部的整个过程中，竞聘演讲是至关重要的一环，竞聘者能否“中标受聘”，演讲稿将起关键作用。

请根据自己的实际情况，写作一篇竞聘某一学生干部职位的演讲稿，要求：

（1）切合实际，真实可信。

（2）按照规范格式写作，各部分具体内容考虑周密，主次分明，详略得宜。

（3）语言得体，文从字顺，标点正确。

（4）行款规范，书写工整，文面整洁。

（5）正文字数600～800。

【任务准备】

问题一：

写作竞聘演讲稿从哪里入手？

参考答案：

首先，开门见山说明自己所竞聘的职务和竞聘的缘由。其次，简洁地介绍自己的年龄、政治面貌、学历、现任职务等一些自然情况。

问题二：

介绍了自己的情况，应该怎样确立自己的竞聘优势？

参考答案：

摆出自己优于他人的竞聘条件，如政治素质、业务水平、工作能力等。这一部分是竞聘演讲稿的核心，既要有概括的论述，又要有使人信服的论据。比如讲自己的业务能力，可用曾经获得的成果和业绩来证明。

问题三：

阐明了自己的竞聘目标与竞聘优势之后，想要进一步展示自己的实力并打动评委，还应该怎么做？

参考答案：

提出假如自己被聘后的设想和打算。这也是竞聘成功的重要因素，一般写两方面内容：一是基本目标。写一旦被聘担任该职务后所要达到的目标，应完成的主要任务。二是实现目标的措施。措施应该有的放矢，操作性强，切实可行。最后，用简洁的话语表明自己的决心和请求。

【任务实施】

认真学习【相关知识】介绍的竞聘演讲稿的规范格式，居中写明竞聘演讲稿标题。

围绕“我竞聘的职务”“我有何条件”“受聘后将怎么办”等逐一写明。写作时要注意参照【相关知识】中关于竞聘演讲稿的各个部分内容要求与写作注意事项。

在正文右下方署上姓名，在署名之下写上日期。

逐一对照【任务描述】提出的要求，对初稿反复检查修改，直至满意为止。

【参考例文】

竞聘学生会宣传部长演讲稿

尊敬的各位领导、老师，亲爱的同学们：

晚上好！我是来自××班的××。今天我很荣幸地站在这里表达自己由来已久的愿望：我要竞聘学生会宣传部部长。在这里，我郑重承诺：我将尽全力完成领导和同学们交给我的任务，使学生会宣传部成为一个弘扬真、善、美的团体，成为学校的得力助手和同学们信赖的组织。

过去的一年里，我担任学生会宣传部副部长，在辅导员老师的指导下，在同学们的帮助下，我不仅顺利完成院学生会举办的“桃李杯”演讲大赛和“首届时装大赛”的宣传工作，还与其他部门合作，圆满完成了省教育厅在我院举行的职业技术学院首届“技能比赛”的宣传、组织工作，得到了院领导的表扬。经过近两年的锻炼，我学会了忍耐，学会了如何解决矛盾，学会了协调关系，也学会了动员一切可以团结的力量搞好宣传工作以及怎样处理好学习与工作之间的矛盾。这一切证明：我有能力胜任学生会宣传部部长一职，并且有能力把宣传部的优良传统发扬光大。

假如我当选宣传部长，我要进一步完善自己，提高自己各方面的素质；要进一步提高自己的工作热情，以饱满的热情和积极的心态去对待每一件事情；要进一步提高责任心，在工作中大胆创新，锐意进取，虚心向别人学习；要进一步广纳贤言，从善如流，做到有错就改，有好的意见就接受。

假如我当选宣传部长，我要改革宣传部的工作：宣传稿件做到“日日清，周周结”；每周对各部门的负责人进行考核，根据考核结果“奖优罚劣”；不定期与部门成员交谈，经常与他们交流彼此对生活、工作的看法，指出各自在工作中的优点和缺点；在每次活动前与各部门充分沟通、商讨，制定方案并以书面材料形式存入档案。我还将充分发挥自己的优势，协调好与各部门之间的关系，团结一切可以团结的力量，扩大学生会宣传部的影响及权威。

假如我当选宣传部长，我将以“奉献校园，服务同学”为宗旨，真正做到为同学们服务，代表同学们行使合法权益，为校园的建设尽心尽力。要坚持以学校和大多数同学的利益为重，决不以公谋私。与学生会其他部门团结协作，努力把学生会打造成一个学生自己管理自己、高度自治、体现学生主人翁精神的团体。

我知道，再灿烂的话语也只不过是一瞬间的激情，朴实的行动才是开在成功之路上的鲜花。所以，如果我当选的话，一定会言必行，行必果。

请各位评委给我一张信任的投票，给我一个施展才能的机会！谢谢！

××班××

2011年×月×日

【相关知识】

竞聘演讲稿又称竞聘报告、竞争上岗演讲稿、竞聘演说词，是竞聘者为谋取某一职位而使用的一种应用文。竞聘者借助它，可以在竞聘会议上畅达地向与会者阐述自己的竞聘条件、竞聘优势，以及对竞聘职务的认识、被聘任后的工作打算等。

竞聘演讲稿通常由标题、称谓、正文、落款等部分组成。

一、标题

有以文种“竞聘演讲稿”为题的简单写法，也有以竞聘职位和文种为题的，如“人事处处长竞聘演讲稿”。

二、称谓

一般写“尊敬的各位领导、同志们”。

三、正文

由开头、主体、结语三部分组成。

1. 开头

有以下几种方法。

(1) 用诚挚的心情表达自己的谢意。这种方法能使竞聘者和听众产生心理相融的效果。

(2) 简要介绍自己的有关情况，如姓名、学历、职务、经历等。

(3) 概述竞聘演讲的主要内容。这种方法能使评委一开始就能明了演讲者演讲的主旨。

2. 主体

应该包括以下几方面内容。

(1) 介绍自己应聘的基本条件，包括政治素质、业务能力和工作态度等。这一部分实际上是说明为什么要应聘、凭什么应聘的问题，要尽可能地展示自己的长处。

(2) 简要介绍自身的不足之处。竞聘者在介绍自己应聘的基本条件时，对自身的不足之处不能完全闭口不言；但可以巧妙处理，以收到"瑕不掩瑜"乃至"化劣为优"的效果。

(3) 表明自己任职后的打算。这部分一定要说明清楚，主次分明，具体详实。为了把措施讲得有条理，可用分条列项的方法，如"第一点""第二点""其一""其二"等。

3. 结尾

通常采用以下几种方法。

(1) 表明对竞聘成败的态度，这能使评委感受到竞聘者的坦诚。

(2) 表达自己对竞聘上岗的信心。

(3) 希望得到评委和听众的支持。

四、落款

写上姓名和时间（但演讲时不读出来）。

应该注意：在每一部分之间要用过渡语来承上启下。例如，当自我介绍之后，可以用"我之所以敢于来竞聘，是因为我具备以下条件"来引起下文；讲完竞聘条件后，也可以再搭一个过渡的"桥"："以上我说了竞聘的条件，那么，假如我真的当选了××长，会采取什么措施呢？下面就谈谈我的初步设想。"这样不仅条理清楚，而且使演讲上下贯通，浑然一体。

⌛【相关链接】

电力公司安全员竞聘演讲稿

尊敬的各位领导、各位评委：

您好！

我叫×××，现年××岁，共青团员，大专学历，非常感谢领导给了我们这次展现自我、发挥自我、公平竞争的机会。我从参加工作到现在一直工作在一线，从事过配电、送电、试验、检修、营业管理等工作。今天，我竞聘安全员这个岗位，是因为确信自己有能力担负起安全员这份重任。下面请允许我将对安全工作的认识与搞好安全工作的思路向各位领导、评委汇报如下，请给予批评指正。

一、对安全工作的认识和理解

我们都知道，电力企业无论是从人的方面来看还是从物的方面来看，都是一个危险性较高的行业。由于电力行业的特殊性，变、输、配用电在同一瞬间完成，且需要时刻保持平衡，任何环节发生问题，都可能诱发整个系统的电力生产事故。特别是长期暴露在各个角落里的输配电线路及用电设备，其安全运行还关系到电力行业以外的人员、设备的安全。上述多种因素，都决定了电力生产的基本方针必须是“安全第一、预防为主”。

二、搞好安全工作的思路和方法

假如我能够当选为安全员，我打算从以下几个方面去开展安全工作：

1. 提倡安全管理工作的“人性化”

传统的安全管理过多地强调刚性管理，看表面，抓现象，看结果，重惩处成分较多，对氛围的熏陶和人性的感化重视不够。为了弥补这种管理方法的不足，安全部门要与其他部门联合起来，经常组织一些有意义的安全竞赛活动。这样不仅可以及时发现安全隐患，纠正或制止违章，更重要的是以人为本，在全公司上下营造一种浓浓的“人人讲安全”的文化氛围。

2. 实现安全管理工作的“程序化”

电力行业的许多工作都是多工种综合交叉作业，多种危险因素相互作用，相互关联。实行程序化的安全管理，就是把电力企业每一项工作应做的安全措施与实际工作步骤相结合，让工作负责人及作业人员在实际工作中知道怎样来运作，熟悉并掌握每一个工作步骤及与之相对应的安全措施，知道怎样来防范、杜绝事故的发生。

3. 落实安全管理工作的“制度化”

为了强化电力企业安全管理工作，达到安全生产的目的，除了必须严格贯彻执行国家和上级颁发的有关法规、规定及制度以外，企业还必须根据自身的特点编制一套安全管理制度，将规程进行细化和量化，让每一个职工都知道自己在日常工作中因违章造成事故所应负的责任。

4. 达到安全监察管理工作的“合同化”

随着电力企业的不断发展，“两改”的不断深入，现行的电力法律、法规、规定已明显滞后，特别是针对电网改造后出现的许多新问题，现行的电力法律、法规均无明确规定。为了确保电力企业的合法权益不受侵害，安全监察工作人员要学法、懂法，以法律为武器，实施主动防范。要通过安全管理合同化，对未遂事故起到防微杜渐的作用。

以上是我竞聘上安全员后的思路和想法，肯定还存在不足和欠缺；但我衷心地希望各位领导和评委给我大力支持，给予我承担这份重担的机会。我有决心在××供电分公司党、政、工班子的领导下，为电力企业的安全管理工作做出应有的贡献。

谢谢大家！

×××
2011年×年×月

（选自竞聘演讲稿网 *http*：//*www. jpyjw. com*/*Index. html*，略有修改。）

【学习项目总结】

通过本项目的学习与实践，应掌握求职信、个人简历、竞聘演讲稿的写作知识，能写作文字通顺、格式规范、思路清晰、逻辑严密的求职信、个人简历、竞聘演讲稿，认识三者之间的关系，在今后的学习和工作中灵活运用。

求职信通常由标题、称谓、开头、主体、结尾、署名、日期、附件等部分构成。求职信包括自荐信与应聘信，二者的区别是：自荐信一般是在不知用人单位是否要人、要什么样的人的情况下主动自荐，谋求一个未知的职位，因此对自己的介绍比较全面，信可以同时向多个单位、部门寄送；应聘信则是在知道用人单位要什么人的情况下写的，谋求的是已知的职位，因此信的目标明确，针对性强，要根据用人单位的需要有所侧重地介绍自己的专业特长以及应聘的理由，突出与应聘工作密切相关的内容，一封应聘信只适用于某一用人单位。

个人简历是求职者将自己与所申请职位紧密相关的个人信息分析整理后清晰简要地表述出来的书面求职资料。用人单位最关心的是应聘者的求学经历、实践经验、技能水平以及能力、潜力等，因此制作个人简历必须了解招聘者的招聘侧重点，突出自己在这一方面的能力或特点。个人简历务必简洁，篇幅控制在一张纸以内。要围绕“基本情况”“教育背景”“工作经历”与“其他内容”这几个问题，说清 4 个问题：“是什么样的人”“学过什么”“做过什么”“想做什么”。

竞聘演讲稿是竞聘者为谋取某一职位而使用的一种应用文。竞聘者借助它，可以在竞聘会议上畅达地向与会者阐述自己的竞聘条件、竞聘优势，以及对竞聘职务的认识、被聘任后的工作打算等。竞聘演讲稿通常由标题、称谓、正文、落款等部分组成。正文部分围绕“我竞聘的职务”、“我有何条件”、“受聘后将怎么办”等逐一写明，在每一部分之间要用过渡语来承上启下。

【复习思考】

1. 以下是某应届毕业生的一封求职信，读完之后请试作分析。

求　职　信

××艺术团团长：

您喜欢绿色的歌喉吗？您喜欢纯情的表演吗？您喜欢甜美的形象吗？您喜欢当伯乐吗？如果您喜欢，就请接收我——一个素质好、功夫深、很有发展前途的声乐系应届毕业生。

本人姓名洪××，性别女，1987 年 5 月 18 日出生，2005 年考入××音乐学院声乐系，从师于著名歌唱家×××教授。本人学习刻苦，成绩优秀，在校期间多次参加市级以上的演唱比赛并获奖，在毕业汇报演出中获一等奖。

近日从报上获悉贵艺术团招聘歌唱演员，本人愿意加盟，愿在贵团的指教下，以自己辛勤的努力，成为歌坛上的一颗新星。请给我一个用武之地，敬盼佳音。

此致

敬礼

××音乐学院声乐系应届毕业生　洪××

2011 年 5 月 10 日

（附：个人简历表、获奖证书、学习成绩表）

2. 请根据下列给定条件写一封自荐信：院团委宣传部正在招聘一名干事；你是一名刚刚入学的学生，自小爱好文学，有较强的文字表达能力，在中学时曾获得省级作文比赛二等奖，是中学《团讯》副主编。

3.“任务二：个人简历”中【相关链接】的是一份记述式个人简历，写作也是较为规范和得体的。不过，像这种应届毕业生的个人简历，可能更适宜采用表格形式。请改写成表格式个人简历，再比较一下哪种形式效果更好。

4. 请阅读以下材料，谈谈自己的感受。

通常用人单位更喜欢简练的求职简历。据相关的调查，招聘者只是想通过求职简历来大概了解应聘者的一些初步情况，他们平均在每份简历上花费约3分钟，一般会阅读1页半材料，之后再用30秒的时间决定是否让该应聘人参加面试。也就是说决定是否吸引用人单位的时间也就是这3分钟。有的学生的求职简历有十多页，人事部门花大量的时间才能找到需要的信息，效果反而不好。

建议：求职简历力求简练明了重点突出，材料中的每一个字都要能推销你自己。

简历的格式和外表的重要性远远超过人们的预料。一份好的简历不仅主题突出，其有特点的包装和格式也是吸引用人单位人事经理的主要方面之一。西门子公司人事经理说，简历一定要简单明了："我们首先选择看上去让人感到舒服的简历。有人为了求新，在封面上用了大美人头，用很怪异的文字，有的写得很乱，揉得很糟。这样的简历，西门子一般不看就直接淘汰了。"

建议：

(1) 尽可能只用不超过3页的A4白纸。A4纸是当前大多数公司使用的文件纸张，具有一定亲和力和正式感觉。一般不要使用A4以下的纸张，除非你明确知道这个公司的文件是以A4以下如B5纸张为常用文件用纸，否则会给人以小气、寒酸和局促之感。3分钟的时间充其量也只够人事经理浏览你的简历，第一印象之下，人事经理再用30秒决定是否给你下一个机会。因此，纸张的大小也很重要。

(2) 字体一般用宋体，需要强调的部分采用粗体字、下划线、首字突出、首行缩进等。但只可选用其中一到两种，不可将以上提到的全部同时采用；也不要用太过花哨的字体如斜体字、英文的花体等；否则会分散对方对重点信息的注意力。字的大小一般是标题采用2号，正文用4号。

(3) 版式设计上，应避免信息太满、框钱顶天立地或参差不齐。清晰明了、留白适当、方便阅读就可以了。

5. 假设你是一名即将走出校门的应届毕业生，请你根据自身具体条件（学业成绩、技能证书、实践能力、特长爱好、求职意向等可作合理想象），制作一份表格式个人简历。

6. 请认真阅读以下竞聘演说词，指出其不足之处，并将它改写成理想之作。

竞选电力系科技学习部演讲稿

大家好！

今天，非常高兴能够站在这个演讲台上。我在这里，面对这么多注视着的目光发表演讲，展示自己。对于我来说，既是一个考验，又是一次难得的机会。"青春无几，时不我待"，我要抓住这次机会，通过竞选，争取成为我院电力系学生会中的一员。

我先作一下自我介绍，我叫×××，我的性格活泼开朗，处事沉着、果断，能够顾全大局。本人擅长田径运动，曾多次在本院及系的运动会上取得优异的成绩。荣获"个人体育道德风尚奖的荣誉称号"。在学习方面上，我每学期均有获得奖学金，曾被评为"优秀学生干部积极分子”和“优秀青年志愿者”的荣誉称号。

自04学年的第一学期，文章《拒绝放弃》在校刊上发表；且加入开元校区学生会科技学习部。04学年第二学期，《“朱者”也应近“墨”》在校刊上发表。05－06学年第一学期，文章《父亲》在校刊上发表。06－07学年担任清源校区科技学习部部长。这次竞选我申请加入我院电力系学生会科技学习部。

今天，我来竞选的目的只有一个：一切为了大家，希望能为大家谋利益。我自信在同学们的帮助下，我能胜任这项工作。也正是这种内驱力，当我走上讲台来的时候才信心百倍。在现在这个没有硝烟的社会，要想使自己或一个团体立于不败之地，除了要自强，必须还要有一种合作精神，我相信我能够团结好这个团体，也有责任为学校做一份实事。所以，我想成为学习部的一员。

如果能竞选成功，我会为我能加入这个组织而感到荣幸，为能为同学们做些事情而感到高兴。在学习上，我会更加努力。争取做得更好，起到排头兵的作用。我要进一步完善自己，提高自己各方面的素质，要进一步提高自己的各种热情，以饱满的热情和积极的心态去对待每一件事情；要进一步提高责任心，在工作中大胆创新，锐意进取，虚心的向别人学习；在工作上，我会尽职尽责，认真负责，多为同学办好事，把学习部这个组织带好带强，使之让同学们和老师们可以充分信任，信赖，帮助同学们把学习成绩提高上去。不仅如此，还要帮助同学们课余生活做好，要大家既学习好，又能生活的开心快乐。

即使没有成功，我也不会灰心。我会继续做好本职工作，努力学习，因为我认为有些时候过程比结果更重要。有人道：“路漫漫之修远兮，吾将上下而求索。”在今后的学习生活中，我会因为今天有勇气站在这个讲台上而感到骄傲。“金无足赤，人无完人”，我有一些缺点和不足。在以后的工作中，欢迎老师和同学们帮我指出，我会虚心接受，努力改正。

进入大学以后，我为自己制定了一些目标。第一，搞好学习，打下坚实的理论基础。第二，做一些学生工作，锻炼自己的工作能力，扩大交往面。经过半学期的努力，我的前一个目标已经实现。现在，我正在向第二个目标奋进。有大家的支持，我一定能实现第二个目标。

我深知，再多灿烂的语言也只不过是一瞬间的智慧与激情，朴实的行动才是开在成功之路上的理想之花。我想，如果我当选的话，一定会言必行，行必果。请各位评委给我一张信任投票，给我一个施展才能的机会！谢谢！

我的演讲完毕！

谢谢！

演讲人：×××

7. 请说说竞聘演讲稿和应聘信的相同与不同之处。

学习项目四

宣传报道文稿的写作

【学习项目描述】

通过学习与实践，掌握宣传报道类文稿的写作方法。

【教学目标】

掌握简讯、消息、通讯的一般写作格式与写作方法，培养对新闻的敏感性、对新闻事件的提炼能力以及宣传稿件的写作能力，具有观察与认识客观世界的基本能力、较强的人际交往能力以及一定的分析、综合能力，养成积极向上的生活态度和精密敏捷的思维能力。

【教学环境】

多媒体教室，黑板，投影仪，PPT 课件，相关案例，时新资料（条件许可的情况下，可以走出教室，走进社会大课堂，走进新闻现场）。

任务一　简　　讯

【教学目标】

掌握简讯的特点和写法，提高对生活的关注度，能够对新闻事件进行准确、快速的概括。

【任务描述】

学写简讯，可以培养学生关注校园生活和社会生活的习惯，锻炼写作能力，尤其是锻炼概括能力。

请你写作一则简讯。要求：

(1) 从最近发生的事、身边发生的事中选材。

(2) 有新闻价值。

(3) 语言简明，内容简要。

(4) 200 字以内。

【任务准备】

问题一：

简讯一定要拟写标题吗？

参考答案：

不一定写标题。有的简讯本身就是标题，如“朝鲜发射火箭失败”就是一例。

问题二：

简讯一般要交代清楚哪些内容？

参考答案：

简讯不必如消息、通讯那样解释清楚为什么做（Why），只要交代清楚新闻要素的另外四个W（When、Where、Who、What）和一个H（How）就可以了。也就是说，只要简单写明“什么人在什么时间什么地点做了什么事，结果怎样”，就是一则简讯。而标题式的简讯，还可以更简省些（如“朝鲜发射火箭失败”就只有三个新闻要素）。简讯可以是一句话，也可以是一段话；内容稍展开的，篇幅也就200字左右。一般情况下，消息的导语就是一则简讯。

【任务实施】

根据【任务描述】的要求选材，或写作标题式简讯，或写作一句话简讯，或写作一段话简讯。文稿中不能有累赘的字。写完后能说明写清楚了哪几个新闻要素。

【参考例文】

5月26日，在学校大礼堂，经管系成功举办了“经管人风采”文艺晚会，师生同台献艺，节目异彩纷呈。

【相关知识】

简讯指200字以内的短消息，是一种简要而迅速地传递新闻事实的短文。它的特点可概括为四个字：简、短、真、快，即内容简要、篇幅短小、事件真实、传递迅速。

常见的简讯有标题式简讯、一句话简讯、短文简讯。因为短，简讯用得最多的表达方式是概叙。

简讯与消息、通讯同属新闻体裁。要写好简讯，同样需要树立新闻意识，讲究新闻价值，提高对生活的关注度，并能够对新闻事件进行准确、快速的概括。因此，同学们平时要养成关注校园生活和社会生活的习惯，善于观察、留心身边的事物，及时注意发现新情况、新问题，并把它们同时代精神、核心价值观和民众关注焦点等联系起来，以便从中发现报道的线索（尤其要善于发现一些“寻常事物”的新闻价值）。

进入信息社会，最能体现简讯特色的就是手机短信。手机当做一种通讯手段，可以进行点对点传播（单发短信），也可以进行点对面传播（群发短信），还可以进行大众传播（通过互联网发短信）。作为一种全新的相对独立的交互模式，手机短信已经成为了人们获取信息的又一途径，成为继网络之后的“第五媒体”。

手机短信综合了手机的便捷、使用范围广与E-mail的可保存可重发的特征，同时又有价格低廉、关机不丢失信息等优点，短小方便，可以说是一种“电子纸条”。手机短信的方便快捷主要表现在以下方面。

从传播学的角度看，手机短信使交流手段更加方便、交流速度不断加快，实际上也带来了交流频率的增加和交流内容的扩大，而且传播的效果可以立即得到反馈。人们从过去有事说事的“三言两语”，到互发笑话、交流看法，无论大事小事都可以随时交流。从人际传播的角度看，大多数著名企业都在用短信与会员客户进行及时的沟通，这有助于形成更加牢固的交流关系。

另一方面，手机短信的这一特点使它在新闻信息的传播方面有着不可比拟的优点。新闻信息一般都短小精悍，更新迅速，追求传播速度和范围，这正是手机短信的优势所在。在“9·11”及“非典”事件中，很多人在第一时间收到了网站发来的新闻短信，感受了短消息的方便快捷。也有很多人利用手机的群发功能，将这些信息再转发给更多的人，充当了所谓“病毒式传播”中的一环。

我们知道，传统的大众传媒（通常指称报刊、广播、电视电影等）的重要特点之一就是单向性很强。这一特点导致受众对媒介信息的反馈（例如读者来信来电等）大部分是事后的、延时的，缺乏即时性和直接性。手机短信就没有这个弊端——当你传播一个信息时，有许多人会同时看到这个信息并且立即反馈。

【相关链接】

石家庄配电网国际咨询项目签约

本报讯（张艳　吴斌） 5月28日，河北石家庄配电网国际咨询项目正式签约。石家庄供电公司在城市配电网领域与法国配电网公司（ERDF）开展深度合作。法国配电网公司对石家庄配电网规划建设、改造运维及管理等现状进行诊断评价，提出改进措施。法方与中方将共同完成典型区域配电网的规划方案。

（选自2012年6月1日《国家电网报》第2版）

任务二　消　息

【教学目标】

掌握消息的特点和结构形式，体会消息精练、简洁的语言特点，能够运用所学知识撰写各类消息，培养新闻意识和对社会生活的敏感度。

【任务描述】

学习写作消息的主要作用有以下几个方面。

（1）能有效地把新近发生或正在发生的有新闻价值的信息传递给他人。

（2）可锻炼一双善于发现、比较、总结的新闻眼。同样一个东西选取不同的角度去写，写出来的稿子就截然不同。

（3）提高语言表达能力，摒弃概念化、模糊化、笼统化、综合化的话语，训练文字的准确、简洁、通俗。

（4）信息时代，传播为先。消息在各类新兴媒体中地位突出，尤以其报道及时、传播广泛的特点，在现代社会生活发挥巨大作用。写好消息是一个当代学生适应社会的重要素质之一。

学生学写消息，往往空乏无力，无法吸引受众。为了克服这一通病，我们平时就要多读、多看、多思考，努力提高写作水平；同时要彻底摒弃为完成任务而写作的错误思想，变被动“要我写”为主动“我要写”，充分挖掘自己潜力，力求创作质量高、反响好的稿件。

请你根据校园学习生活的实际，写一篇消息。要求：

（1）内容真实，事实准确。

（2）材料新鲜，有价值。

（3）简明扼要，篇幅短小。

（4）正文字数500以内。

【任务准备】

问题一：

要写一篇消息，首先要确定报道的内容。那么，应该选择什么样的新闻事实？又如何去发现新闻素材、确定报道重点？

参考答案：

校园里，每周都有各种各样的会议和活动。要善于用新闻的眼光去看待每一次会议、每一个活动，从中发现独特的新闻价值，选取比较新颖的角度去报道。例如某一个政治学习活动，单从活动本身来说各校都一样，但是仔细了解就会发现有很多不同：有些学校制定了许多条落实措施，可以用数字去表示；有些学校加强学习过程的督导，可以着重写学习过程；有些学校采取现代化的学习手段，可以着重写学习形式；有些学校要求每个人写出多少字的心得体会并进行评选，可以着重从学习效果方面写。同样一个东西选取不同的角度去写，写出来的稿子就有自己的特色。

确定报道重点时要注重新闻背景中更加丰富的事实。一次会议、一个活动往往是比较枯燥、乏味的事情，但是其过程及背景中常常包含着很多鲜为人知的、比较生动的、有价值的事实。写作时就要把会议、活动作为一个引子，引出背景中更加丰富的事实。例如，学校召开了一场学习雷锋活动报告会，如果只是把时间、地点、人物、事件等几个要素简单叠加，就是纯粹的会议报道，很难吸引人。但如果抓住学习雷锋活动开始后全校师生的精神面貌得到很大改善、校园里好人好事层出不穷这个重点去报道，就可以发现很多鲜活的背景事实。

问题二：

学校开展的一些活动，内容丰富，形式多样，最能反映学校自身的特色。写好这类消息关键是什么？

参考答案：

一是报道及时。时间是消息的生命，当天的消息最迟第二天发。过了这个时间段，新闻价值就缩水了。

二是内容新颖。内容是消息的竞争力所在，内容枯燥的东西是没有人看的。要发扬那种挖空心思、费尽心机的精神，做到人无我有、人有我精，坚决避免假、大、空。

三是创新求异。要探索那些别人没写过的，尽量写出新意。例如，许多学校都开展“弘扬和培育民族精神教育月”活动，但里面就有很多不同：首先是安排不同，有的只制订工作方案，有的则列出活动的月计划表，具体到某一天开展什么活动等；其次是特色不同，有的注重社会实践，有的注重理论学习，有的注重学习效果；如此等等。我们要善于发现不同，把最能体现学校特色的东西给挖掘出来，这样才能写出与众不同、别具特色的好稿。

问题三：

在写作消息稿件时，如何做到简洁、明了？

参考答案：

写作新闻跟绘画或制造机器是一个道理：绘画不需要一条多余的线条，机器不需要一个多余的部件；同样，消息写作不需要一个多余的字、多余的句子、多余的段落，必须“唯陈言之务去”。

（1）直截了当地写新闻导语。把最重要最有价值的内容放在导语里，不拐弯抹角地处理新闻。

（2）树立清晰的思路。只有清晰的思想才能产生清晰的作品，要反复思考你想要说的话，尽可能地把话说得简明。

（3）使用常用的字，使用短词语。这些字词必须人们都能认识和理解。丘吉尔说：“越短和越老的字眼是最好的字眼。”造句时，句子要短，不要拖泥带水。要使用人们日常生活中使用的语言，而不是政府官员、新闻发言人、文件讲话中使用的语言，同时要避免使用术语和行话。

必须注意：简洁不是来自压缩，而是来自选择。因此，你采访得越仔细彻底，收集的素材越丰富，你选择余地就越大，写得就会越好。

【任务实施】

首先，认真学习【相关知识】介绍的消息的规范格式，构思并正确书写标题。

其次，围绕“时间”“地点”“人物”与“事件”这几个问题，根据自己观察、收集的素材写作消息。

最后，逐一对照【任务描述】的要求，检查修改，直至满意为止。

【参考例文】

武汉电力职业技术学院院报4件作品获中国高校好新闻奖

11月25日，中国高校校报协会在中国高校网发布2010年度中国高校好新闻获奖名单，武汉电力职业技术学院院报申报5篇有4篇获奖，获奖总数与武汉大学、华中科技大学等6所本科高校并列全省第二，位居专科院校之首。此前的6月，本报有4件作品获湖北高校2010年度好新闻奖。至此，院报2010年获奖总数再创新高，达到56篇。

这次获得中国高校好新闻奖的4件作品是：09121班翟庭俞撰写的《专业知识易得，技能素质难求》（发表在院报2010年11月30日2版）获中国高校好新闻言论类三等奖，在该项获奖总数233位中排名203位；08461班李文静撰写的《用人单位为何青睐他们——武汉电力职业技术学院“双高”现象背后的故事》（发表在院报2010年1月18日2版）获中国高校好新闻通讯类三等奖，在该项获奖总数389位中排名342位；09121班翟庭俞、08461班李文静、09321班余珊撰写的《肩题：涓涓细流融汇电院大爱　熠熠阳光凝聚生命希望主题：全院师生上下齐心挽救如花生命》（发表在院报 2010 年 4 月 15 日 1 版）获中国高校好新闻消息类三等奖，在该项获奖总数 310 位中排名 136 位；09121 班翟庭俞、09121 班李洁、09321 班余珊编辑的《2010 年秋季运动会专版》（发表在院报 2010 年 10 月 31 日 2－3 版）获中国高校好新闻版面类三等奖，在该项获奖总数 243 位中排名 114 位。

【相关知识】

一、消息的定义

消息是对新近发生或发现的有新闻价值和社会意义的事实的迅速及时、简明扼要的报道。因其在新闻诸文体中使用频率最高，使用数量最多，是新闻报道中最常用的文体，故人们常把消息称为新闻。狭义的新闻即指消息。

二、消息的特点

（1）内容真实，事实准确。真实是消息的生命，是力量的所在。事实是消息的本源，也是它令人信服的基础。真实，就是事实真实，所写的人物、时间、地点及事情发生发展的经过都不能虚构。准确，就是每个事实包括细节在内都确凿无误。如果一条消息失实或有失误，不仅会减低其新闻价值，失信于民，还会损害党和人民的事业。

（2）内容新鲜，有价值。新闻贵在新，而且要有意义。因此，不仅要把新人物、新事件、新经验报道给读者，而且要选择那些有意义、有价值、有指导性、给人以启迪的事物。那种一味追求猎奇的“狗咬人不是新闻，人咬狗才是新闻”的观点，是我们所不取的。

（3）迅速及时，有时效性。迅速是消息的价值，消息报道速度迟缓便会降低消息的价值，使“新闻”变成“旧闻”。所以对新人、新事、新情况、新问题，要敏锐地发现，尽快地了解，迅速及时地反映。

（4）简明扼要，篇幅短小。简短是消息区别于其他文体的主要标志。所谓简短，就是“三言两语，记清事实；寥寥数笔，显出精神；概括而不流于抽象，简短而不陷于疏漏”。用笔要简洁利落，内容要集中精练。

（5）通俗、生动，有可读性。消息以语言简洁为上乘，要反复锤炼语言，多一字不如少一字。要用凝炼、传神而又明白如话的文字去点拨新闻事实，让读者品味、领略消息中所包含的丰富的内容。

三、消息的种类

1. 动态消息

动态消息是迅速而准确地报道新近发生的国际、国内重大事件、重要活动和国内各项建设中最新出现的新情况、新动态、新成就、新问题的一种消息。它是报纸上使用最多的一类文体。每条动态消息内容不多，篇幅简短。

事件重大、意义深远、报道时在报纸上占显著位置的消息也叫重大新闻。重大新闻的简讯都属于动态消息，如“国际要闻简报”“学术动态”“市场漫步”等。

2. 典型消息

典型消息也叫经验消息，是对一些具体部门、单位、行业的典型经验、成功做法集中报道的一种消息。这种消息在介绍经验、做法之后，总结经验，揭示规律，以达到以点带面、推动工作的目的。

3. 综合消息

综合消息是把发生在不同地点、不同单位、各具特色、性质相同的事实综合在一起，并体现一个主题的报道。它的特点是在综合、概括事实的基础上，进行分析，提出见解，揭示规律。

4. 述评消息

又称“记者述评”“新闻述评”，是一种兼有消息与评论作用的新闻。它是在陈述事实的基础上，穿插评论或抒发感慨，从而分析说明所报道事实的本质和意义。它的特点是边叙边评，以国家的法律法令方针政策和人们的道德规范等为依据，对事实进行评说，要求观点正确，评论得当。

四、消息的结构

消息的结构一般包括标题、导语、主体三个部分，大多呈“倒金字塔”形，即把最重要、最新鲜、最吸引人的材料放在最前面，次重要的排在其后，再次的再列其后，依次类推，形成头重脚轻的“倒金字塔”结构。

1. 标题

标题是消息的“眼”。在消息的写作中，标题的拟写相当重要，既要反映消息的内容，又要便于传播。

(1) 单行标题。以叙事为主，简洁明了地反映消息中心内容。如：《好端端的路豁了一个口》。

(2) 双行标题。由“引题＋主题”或“主题＋副题”构成。引题又叫肩题或眉题（引题位于主题的上方），主要用来交代消息产生的背景，体现和说明消息的由来。主题又叫正题，用来揭示消息的主题思想和中心内容。副题又叫次题或子题（副题位于主题的下方），用来补充说明或解释主题。例如：（引题）《桃花汛“羞答答”　供用电“紧巴巴”》（主标题）《省电力公司采取措施确保电力供应》；（主标题）《特高压线路首次成功跨越长江》（副题）《向上线扎营口大跨越全线放通》。

(3) 多行标题。即由“引题＋主题＋副题”构成，一般用于重要的新闻消息。如：（引题）《特高压工程建设序幕全面拉开　曾培炎作出重要批示》（主题）《四川—上海 800 千伏特高压直流输电示范工程奠基》（副题）《2011 年建成　将创造 18 项世界第一》。

2. 导语

概括说明消息的时间、地点、人物、事由、结果等内容，用简洁的文字将消息中最新鲜、最重要的事实反映出来。

3. 主体

承接导语展开叙述，或者对所述事实或问题进行评说、议论；但不宜进行过多的描写和论述。

除了上述三个结构要素外，消息还经常需要通过背景材料向读者介绍事件发生的历史、原因、环境、条件等，使读者全面地把握消息中所提供的信息。由于背景材料是对新闻的进一步解释，是对新闻事实的来龙去脉及事实间关系的剖析和揭示，往往提供比新闻事实表象更深刻的东西，因此可以大大提高消息的“含金量”。根据消息内容的需要，背景材料可以紧接在导语之后独立成段，也可以在主体中间出现，还可以安排在导语或标题中，但都要注意和新闻事实紧密结合。

⌛【相关链接】

海底“蛟龙”攀上湄洲岛

3.5 千米 10 千伏海底电缆将解决岛上 4 万人用电难题

本报讯（李晓红　潘明） 5 月 30 日 10 时 10 分，由福建莆田电业局组织施工的一条起自莆田湄洲湾北岸山柄，止于湄洲岛东蔡村，长约 3.5 千米的 10 千伏海底电缆通电。这条海底电缆的投运，将彻底解决湄洲岛上 4 万居民用电难的问题，为迎峰度夏安全稳定供电增加保障，也为该区可持续发展提供坚强电力保障。

湄洲岛位于湄洲湾湾口的北半部，距离莆田市城区约 40 千米。全岛陆域面积 14.35 平方千米，人口约 4 万。湄洲岛是妈祖文化的发祥地，近年来，湄洲岛发挥妈祖文化优势、对台优势和滨海旅游资源优势，岛上经常举办大型朝圣活动，社会影响力日益显著。

湄州岛原由 623 号和 615 号双回海缆供电，由于敷设海缆的海峡较浅，海缆长年受过往船只和采沙船破坏。2011 年 1 月，623 号海缆因外力破坏无法修复，仅剩一条 240 平方毫米的 615 号海缆勉强维持岛上供电，供电可靠性较差，给岛上的日常供电造成了较大压力，无法同时满足岛上居民生产生活及各重大活动的用电需求。

为彻底消除湄洲岛用电瓶颈，服务地方经济社会发展大局，2011 年 4 月，福建省电力有限公司决定投入 1000 多万元资金重新敷设一条海缆。莆田电业局接到任务后高度重视，要求施工人员安全、平稳、高效施工，确保新增海缆建设工程在 2012 年 6 月 1 日前通电。由于增设的海缆路径需通过海上养殖户养殖区域，青苗补偿、海底勘察等工作难度较大。3 月 9 日，莆田电业局组织施工人员到达施工海域，分头行动，迅速办理海事及海缆敷设路由上的养殖拆迁等事宜；对所有施工设备进行静态调试、安装，完成海缆敷设路由的水深测量和扫海工作，为准确定位取得了第一手资料。

据海缆技术人员刘吉祥介绍，海缆施工分海缆始端登陆、海上冲埋敷设和海缆终端登陆三个阶段。自 3 月 10 日开始，100 多位施工人员密切配合，夜以继日连续作战。5 月 25 日，海缆建设者们利用晴好天气，成功完成海缆冲埋敷设。该海缆为复合电缆，全线深埋 1.5 米，将有效降低海缆外力破坏率，提升海缆运行的安全可靠性和使用寿命。5 月 29 日至 30 日，莆田电业局又组织精兵强将进行海缆终端登陆施工。随着海上黑色“蛟龙”的连通，湄洲岛新增海缆敷设完成并成功送电。

（选自 *2012* 年 *6* 月 *1* 日《国家电网报》第 *3* 版）

任务三　通　　讯

🔈【教学目标】

了解通讯的特征与类型，掌握通讯的一般写作技法，学会发现生活中有新闻价值和典型意义的人与事。

【任务描述】

通讯，是取材于生活、忠实于生活、激励生活的作品。学习写作通讯这类宣传文章，可以让学生——

（1）积极地融入生活。通讯的写作材料源于真实的现实生活，要写好通讯，就必须融入生活，深入生活，体验生活，感悟生活。

（2）主动地观察生活。写作通讯要获取丰富的材料，观察生活必不可少。观察生活可以培养成一种习惯、一种能力。学会了观察，就会有所收获。

（3）认真地提炼生活。通讯写的都是生活的热点，带有普遍性和时代特征，只有认真地提炼，才能写出好的通讯作品。

（4）正确地引导生活。不管是人物通讯还是事件通讯，都具有一定的典型意义，流露的是作者的感情倾向和思想倾向。学生学写通讯，也就是学着正确地引导生活，做时代精神的倡导者；与此同时，也是正确地引导自己的人生。

请学习写作一篇通讯，要求：

（1）以校园生活为素材，可选写人物通讯或事件通讯。

（2）标题用单一的正题或正副题结合的形式，正题要拟得形象。

（3）内容要写清楚新闻的五个 W 和一个 H（When、Where、Who、What、Why、How，即何时、何地、何人、做何事、是何故、结果如何）。

（4）材料真实，语言生动。

（5）800 字以上。

【任务准备】

问题一：

要写好通讯，第一步应该做什么？

参考答案：

第一步应该到实际生活中去深入地采访，广泛收集素材。通讯的写作材料不能掺假，更不允许虚构；因此，在现实生活中采集写作材料是写好通讯的第一步，也是十分重要的一步。

如果是写人物通讯，必须采访本人，记录他（她）的言行，通过言行透射他（她）的内在思想和灵魂，发现其闪光的地方。还应该采访与其相关的人，比方说他（她）服务的对象，他（她）的同事、领导、家属等，把能收集的材料都收集起来。

如果是写事件通讯，必须把事件的前因后果和过程都弄清楚。事是人做的，在采访事件的过程中，同样要采访关联的人，把每一个细节都记录下来。这样的事件通讯才会写得生动。

问题二：

如何对采访来的材料进行取舍？

参考答案：

采访时，我们尽可能多地获取素材，以备写作之用。但不是所有采集的材料都必须用。写作通讯，我们第二步要做的工作就是对材料进行取舍。

首先，要根据主题取舍。写一篇通讯，我们总是要说明点什么、表达点什么，这就是主题。主题确立了，我们再根据主题选材。以人物通讯为例，要报道一位有新时代精神的优秀学生，我们只要把他（她）身上“优”的和“新”的材料集中起来，提炼出具有代表性和普遍推广价值的东西，其他的材料就可以舍弃。

其次，我们还要根据通讯的类型选材。例如我们写“侧记”这样的概貌通讯，正面的众所周知的材料就可以省去，而要多挖掘那些常为人忽略的侧面的东西。又如报道一场捐助活动，我们可以选一些捐助活动背后与之相关的小故事，同样能获得好的报道效果。

问题三：

如何才能把通讯写得生动些？

参考答案：

与消息比较，通讯一个很重要的特点就是生动、形象、耐读。如何才能写得生动形象？有两点必不可少：一是细节描写。不论是哪一种类型的通讯，只要有细节描写，都会增强它的可读性。二是融情入文。通讯是有倾向性的文章，作者可以把自己的立场、观点、思想、情感融入字里行间，文句中有了情与意，就好比有了活水，自然就会生动起来。

为写作通讯做准备，除了必须解决以上三个问题，还应该选读几篇通讯范文。

【任务实施】

首先，选定自己要写的通讯素材及通讯类型，深入采访，筛选并取舍材料。

其次，按【任务描述】的要求拟写标题。

再次，学习【相关知识】中写好通讯应掌握的相关知识（主题、结构、表达方式等），用理论指导写作。

最后，把写好的通讯稿读给同学听，看现实感强不强；同时逐一对照【任务描述】的要求，对初稿反复检查修改，直至满意为止。

【参考例文】

铿锵玫瑰开出别样风采

——我院女子篮球队勇夺“高校杯”冠军赛前幕后掠影

从激情似火的“电院杯”到竞争激烈的“高校杯”，我院女子篮球队的姑娘们对篮球的热情从未褪去，篮球似乎也成为她们生命中的一部分。只要站在球场上，身上的每一块肌肉都紧绷着，思想高度集中。对胜利的渴望和对梦想的执着追求，让她们全力以赴、毫无畏惧地迎接挑战。5 月 15 日，在湖北省第三届高等职业学院篮球赛中，我院女篮以五战全胜的优异成绩勇夺桂冠。

“6 号，6 号，盯住她，别漏了！”瞬息间 6 号遭双人包夹防守，但她灵巧地一晃，一个假动作，瞒天过海，助攻内线队友上篮得手。本届比赛精彩不断，像这样妙趣横生的小插曲在比赛中比比皆是。“这支队伍实力很强，有较强的执行能力。”——最后一场比赛后咸宁职业技术学院篮球教练对我院女篮如是评价。

从容淡定＋坚持不懈＝成功。大战前夕咸宁职院便在近几场比赛中显示出强大的心理优势，但电院的姑娘们从容淡定、信心十足。面对对手的关键球员，院篮球队主教练余老师也采取了特殊的战术“只要人，不要球，严防死守”。防守球员09141班的魏娥笑呵呵地说道：“我第一次感受到了防守的快乐，特别是看着她的脸盯紧她使她无法进攻。”就是凭借着每名队员的坚持不懈，姑娘们最终拿下整场比赛，将比分牢牢定格。

努力付出＋不怕吃苦＝收获铿锵玫瑰。在“电院杯”打响之前，电院篮球队的姑娘们便开始积极备战，每晚训练2小时。队员们牺牲了自己的休息时间，积极训练。热身、跑篮、投篮、模拟比赛……每个环节她们都一丝不苟。她们流血、流汗，不流泪，“自觉，没到20个就重来，少一个都不行!”10111班的陈念如是说道。严格地要求就是为了在比赛中减少失误，提高命中率。训练之始有些队员适应不了如此大的运动强度，身体吃不消，但哪怕是脚板起血泡，胳膊酸得球都拿不起来，她们依然坚持了一个多月的艰苦训练，队员们的球技、体力、默契度有了明显的提高。每周同武大医学院的友谊赛，队员们也都全力以赴，从中总结经验、吸取教训。

她们场上是并肩作战的队友，场下是无话不谈的姐妹。十月份的CUBA正等着她们，不同的赛程、不同的挑战，同样的是信念。期待铿锵玫瑰们再次美丽绽放。**(电院报记者 吴爽 蔡慧 吴妍)**

【相关知识】

一、通讯的含义

通讯是一种比消息详细而深入地报道新闻事实的新闻体裁。

通讯与消息同属新闻体，但有几点区别。

(1) 从选材上看，通讯选材相对较严，消息选材范围宽。

(2) 从容量上看，通讯容量大，事实详细，一般篇幅长；消息容量相对小，事实概括，一般篇幅短。

(3) 从结构上看，通讯灵活多变，而消息相对稳定。

(4) 从表达上看，通讯以叙述描写为主，表达比较灵活自由；而消息以叙述为主。

(5) 从报道时效上看，通讯不如消息快。

二、通讯的特征

通讯主要有以下几个特征。

1. 新闻性

新闻性是通讯的重要特性：通讯的内容必须真实，不能凭主观臆想，不能虚构；通讯不像简讯、消息来得那么快，但也要讲求时效性；新闻写作的五个要素也要贯穿在行文中。

2. 形象性

通讯除了叙述新闻事实，还可描写细节，展开情节，刻画人物，描绘环境。其写法灵活多变，或摹写，或抒情，或对话，形象生动，十分耐读。

3. 评论性

通讯从选题的确立到材料的选择都带有一定的倾向性和导向性。在写作过程中，通讯描述新闻事实时的字里行间会流露出一种情感倾向，点睛的议论抒情更带有很强的评论性，可直接提示事件的意义，表明看法与观点。而消息一般只对新闻事实作客观报道。

三、通讯的类型

常见的通讯有以下几类。

1. 人物通讯

具体、形象地报道人物事迹、经历的通讯。或弘扬正气，或警示落后；既可以写一个人，也可以写群像。只要是昭示时代真善美的热点、亮点，都可以纳入到人物通讯选材的范围。

2. 事件通讯

对社会公众渴望了解的新闻事件进行比较全面、具体、形象的报道。新闻事件不是孤立的，事离不开人，所以事件通讯里要写到人（同样，人物通讯里也会含有事）。

3. 工作通讯

对各行各业有代表性和典型意义的工作或活动进行报道，侧重于对工作中出现的新情况、新经验、新问题的探讨和研究，具有较强的针对性、政策性和指导性，对全局工作有启发、指导和推动作用。

4. 主题通讯

根据主题需要，打破地域、行业、部门的界线，将一些性质相同的材料组合在一起而写成的通讯。

5. 概貌通讯

通常以“侧记”“手记”“巡礼”“见闻”等形式出现，反映一个区域、一个组织、一个部门或一次重大活动的概貌，内容不要求十分深入、详细。

6. 访问记

以采访活动的过程为主要线索来结构和组织材料，写作时有问有答，现场感较强。专访是访问记的一种，是就特定的问题、特定的对象进行的专门访问，内容集中，突出“专”“访”二字。

7. 特写

将生活中某个特定的画面放大，对新闻人物或事件的某些片断、细节或部分进行集中的、聚焦式的述写，选材集中，写法灵活，语言生动形象，给人以深刻的印象和强烈的感染。

8. 新闻小故事

其特点一是有“故事”，二是故事比较“小”，三是能以小寓大。通常只写一人一事，或截取一个片断，内容单一，篇幅短小，情节生动。

四、通讯的写作

通讯的写作要做好以下几个方面的工作。

1. 深入采访，发掘典型

社会生活形形色色，新人新事层出不穷；但不是所有的新鲜事（人）都能成为通讯的写作对象。要用心地搜取信息，对生活进行深入的采访，从中发掘出具有新闻价值和典型意义的人与事。

什么是具有新闻价值和典型意义的人与事呢？首先看他（它）是不是具有新闻性，即是不是很“新”和很“真”；其次看他（它）是不是具有时代特征，即是不是能彰显时代新的风尚，是不是能引领时代潮流，是不是对社会物质文明与精神文明有推动作用，是不是对社会的发展有益；最后看他（它）是不是具有代表性，即是不是广大民众普遍关注的热点和焦点，有没有普遍意义和普遍的适用性，对社会有没有示范、引导或警示作用。

2. 提炼主题，选取材料

确立了文稿的主题，再根据主题选取材料，让材料为主题服务。

主题是通讯作品的灵魂，是我们要在通讯中说明、表达的思想——或弘扬某种精神，或倡导某种行为，或肯定某种存在，或宣讲某种观念等。提炼通讯的主题要站在时代的高度，发掘新闻事实中蕴含的时代精神和内在本质，正确引导社会，引导民众。要吃透“两头”：“上头”和“下头”。“上头”指党和国家在新的历史时期的方针政策等，“下头”指民众普遍关注的社会热点问题。

主题可以只有一层含义，也可以有多层含义；可以从正面揭示主题，也可以从反面表现主题，以负面内容鞭挞和警示社会。例如 2012 年 6 月 1 日《中国经营报》发表了一篇《湖北变“湖悲” 武汉发展史成填湖史》的通讯，报道的内容是：湖北省尤其是武汉市以侵占湖面或湿地为代价发展房地产和其他经济，湖泊面积急剧缩小，水质恶化！文稿彰显了这样的主题——经济的发展不能以破坏环境为代价，侵占湖泊就是减损我们的生存空间。

3. 反复推敲，拟写标题

通讯的标题和消息一样，有引题（肩题）、正题（主题）、副题；不过一般情况下以正题与副题组合的居多。相对比较，消息的标题更忠实于新闻事实；而通讯的标题可以多一些自由创造，让标题更形象、更文学化一些。例如 2008 年 2 月 15 日《国家电网报》刊登的一篇报道电力员工抗击雪灾的事件通讯标题《千军会战救“孤城”——湖南郴州 30 天电网抢修大会战纪实》。

4. 确定结构，写好主体

通讯的结构方式通常有三种：一是纵式结构，即按单纯的时间发展顺序、事物发展顺序或采访过程的先后顺序等来安排层次；二是横式结构，即按空间变换或事物性质的不同方面来安排层次；三是纵横结合式结构，即将纵式和横式结合起来。例如，2012 年 6 月 5 日《长江商报》刊登的一篇通讯《问题“富二代”山村“变形记”》就是纵横交错的结构，既有时间上的先后顺序，又有空间位置的变化。

5. 描叙为主，议论点睛

通讯以叙述和描写为主要表达方式，亦可灵活运用多种表达方式。通讯因为需要详细而深入地报道人物和事件，所以叙述不宜像消息那样概括，但也不宜过于铺张。通讯的描写具有直观性，即描写事物或人物的本来面貌，以表现出新闻性和现场感；不宜像文学作品那样过于修饰，更不能虚构。通讯的议论、抒情具有点睛性，皆须缘事而发，不可乱用和滥用。一般只是在适当处，或作渲染，或作粘合，或作点睛，以揭示本质，升华主题。

【相关链接】

建设“电力天路”，我们的光荣与梦想

《湖北电力报》记者 张家广 张再勇 邹小民

平均海拔超过 4000 米的青藏高原，是一片神秘而难以征服的土地。国家电网公司青藏联网工程开工之前，全世界尚无一条在高寒冻土区域长距离架设的电力线路。省输变电工程

公司参与“电力天路”建设的一线员工，正在世界的屋脊上，发起前无古人的挑战。

从750千伏西格线路四标段施工到±400千伏拉萨换流站电气安装，近千名湖北电建铁军正在雪域高原挥洒汗水、奉献青春。

2010年9月2日至今年6月16日，省电力公司党委书记梁国庆、副总经理彭建国、杨光糯先后前往海拔3800多米的青海天峻县和拉萨林周县等地，看望慰问在高原施工的省输变电工程公司一线员工，鼓励参建员工克服各种困难，维护自身品牌，把“电力天路”建设成为国家电网公司精品工程，为湖北电力争光。

挥　师　青　藏

2008年底，省输变电工程公司承载着一份光荣和梦想，取得了参与青藏联网工程建设的施工任务。

素有“召之即来、来之能战、战之必胜”之誉的湖北输变电人按捺不住内心的激动，即刻“亮剑”：2008年11月16日，总经理曹宗振带领随行人员四天半行程一万余公里对工程进行了实地考察；同年12月24日，该公司针对高原施工举办了首期综合培训班。2010年5月28日，该公司青藏联网工程启动；7月28日，750千伏西格线第四标段正式开工；12月2日，该公司夺得±400千伏拉萨换流站电气安装A包工程。今年2月18日，随着国家电网公司青藏联网工程建设的推进，该公司召开动员大会，全面启动施工任务，决心在“世界屋脊”上创立湖北电建品牌。

为将工程建设成“安全可靠、优质高效、绿色环保、拼搏奉献、平安和谐”的精品工程，该公司多次派员深入高原实地考察，对工程规模、地理环境、风土人情及人身保障等进行前期摸底，并针对施工自然条件差、有效工期短的工程特点，相继举办安全、质量、技术培训班，制定了科学的工程节点进度计划，所有参建人员统一实行体检合格准入制。施工管理在一套严密的人、财、物保障体系下有序展开。

攻　坚　西　格

第四标段是西宁-格尔木750千伏交流工程最艰难的部分，尤其是布哈河河床上99基铁塔的施工。布哈河是流入青海湖的主要河流之一，河床地质结构主要是鹅卵石和细砂，这给施工带来难以想象的困难。

“公司把这么重要的工程交给送电一分公司，我们没有理由不干好，就是有再大的困难也要克服。”第四标段项目部经理李江说。几个月没见，他的脸已被高原强紫外线晒成了古铜色。

李江告诉我们，在铁塔基础挖下一米后，地下水快速上升，使基坑里充满积水，而且容易造成大面积塌方。他们运用大功率抽水设备，24小时不间断施工。在1601和2601基塔施工中，每小时抽水2400立方米，一基塔就要抽水64万立方米。有的塔基下边有暗河，抽水量就会更多。在这种地质环境中基础要下挖5米，需浇灌混凝土230多立方米。正常情况下，施工只需16人，而他们在河床上施工每班要达到25人，还要添置大功率抽水设备。

高原上施工，面对的不仅仅是地质结构的复杂，还有变化无常的天气。

李江介绍，天峻县仅今年5月份就下了7场雪，平均3天一次。这让来自低海拔地区的施工人员很不适应，不少人到这里不久就生病了，有段时间，县医院里打点滴的大部分都是他们的施工人员。

5月15日，早上上工时还是阳光灿烂，到了中午一场大雪不期而至，短短2个多小时，地上积雪就达15至20厘米。随后，乌云随风而去，强烈的阳光让一些施工人员开始眼红、流泪。为了防止患上雪盲症，项目部为每人配备了防强光的眼镜。

参与工程施工的运输分公司此次派出了由12名员工组成的放线小组，由经验丰富的首席员工周崇斌、修理厂副厂长蔡惠民带队。然而，工程施工环境、地理条件、导线型号的不同等各种因素给张牵设备能否正常运行带来一些不确定性，特别是在海拔3800多米的高原，空气稀薄、气候多变，张牵设备启动、运行都不如在内地环境中有十足的把握，每天放线前周崇斌、蔡惠民对设备的检查不敢有丝毫的马虎。

青工胡斌说，这里的天气变幻莫测，一会儿艳阳高照，一会儿狂风大作，雪来得快、来得猛，放线时我们都顾不上给自己添衣服。这种极端气候对设备是个严峻的考验，这时我们都特别注意设备的运行、各个仪表的显示。

施工队长吴高华告诉我们，今年2月，青海天峻县滴水成冰，晚上气温都在零下十几摄氏度以下。施工队的驻地没有厕所，没有生活用水，没有暖气。怎么办？大伙一商量："自己来！"全队施工人员一起建厕所、架水管、修厨房……三天之后，一个温馨的驻地就建成了。

西格线上有20名青年员工，他们有的是有10年工龄的老师傅，有的则是刚参加工作不久的青工，还有3朵"巾帼之花"：王宗敏、叶欣青、汤俭。当我们询问青年员工的高原生活、工作状况时，青工李建波抢先说道："哪有不想家的，但现在正是放线关键阶段，一刻也不能松懈，只有把任务完成好，才能安心回家。"而青工苏止戈则俏皮地说："什么都挺好的，就是中午的菜能下饭点就好了。"他们一席话让大伙儿都笑了。

就是这样一群质朴的施工队员，犹如雪域高原上的格桑花，谱写出一曲曲青春之歌。

鏖战拉萨

"努力将电力天路铸就成为世界屋脊的一座丰碑！"这是拉萨换流站项目经理彭凌峻摆放在办公桌上的个人愿景。这位只有29岁的项目经理，2008年任分公司副经理以来，已承担了四个省外重点工程建设项目。今年2月25日，他带领先遣队员来到海拔3827米的拉萨换流站，为前期开工作物资、生活、生产等临建准备。

"初来乍到，一穷二白，拉萨换流站内，由于所用的井水中大肠杆菌严重超标，不能喝，也不能做饭菜，只能用来洗漱。"彭凌峻说。为确保用水安全，他们联系了纯净水公司，选择用纯净水解决吃水问题。为了让职工吃到熟食，经过多方求证，他们为厨房配置了高压蒸饭车、高压锅等厨具。

而此时，由于连日操劳，彭凌峻的身体出现了明显的高原反应：头昏、头痛、鼻内带血。为了能让后续人员进入一个安全舒适的生活环境，赶在正式开工前做好前期的准备工作，每当感觉身体不适的时候，彭凌峻便到医务室吸上几口氧，暂时缓解一下，随后又再次投入到现场指挥施工，在零下3摄氏度的夜晚时常加班到转点。

3月27日，为配合拉萨换流站线路立塔工作的展开，业主指挥部交给项目部一项临时电源改造工作：站外10千伏配电室内临时电源（换流站全站施工电源及生活区电源）需拆除，并引至站外新建的35千伏箱式变压器低压侧中。在彭凌峻的带领下，十多名施工人员靠肩扛手拉，7个小时顺利地完成了临时电源改造任务。业主、监理一致称赞道："此次工作完成得很好，很给力！展现了湖北铁军高原作战的风采。"

彭进，不仅是拉萨换流站A包的二次总负责，也是水泵运作的管理员。水泵管理员可不是谁都能当的，水泵每天运行不能超过16小时，超过时间后就难以再对地下水进行抽取了，这样极有可能会烧毁水泵。

每天清晨，他就要赶往离换流站1.7公里开外的水泵房，关闭电源；夜幕降临之前，他又快马加鞭地跑向水泵房，打开电源；晚上23点40左右，当所有人都洗漱完毕后，他要冒着冰冷的夜风到水泵配拉闸，每当回到宿舍的时候，他都会冷得发抖。

就是这样一群铁骨汉子，他们把牵挂亲人的柔情深深埋在心里。

6月1日中午，项目副经理何志军正在看省输变电工程公司网页上刊发的《变电分公司举办"美好生活，美好未来"儿童书画比赛》，他10岁的儿子何俊杰书法作品《春晓》获得了一等奖。看着孩子的作品，何志军眼睛湿润了。而此时，刚和孩子通完电话的财务专责刘俊走进办公室，一个人坐在沙发上翻开手机，对着来拉萨之前在家为孩子拍的视频微笑着，手指在手机上画着孩子的轮廓。

党 旗 飘 扬

今年四五月份，为加强重点工程项目的党建工作，省输变电公司党委决定：成立±400千伏拉萨换流站工程A包项目临时党支部和750千伏西格线四标段项目部临时党支部。

5月21日，在西格750千伏项目部，我们遇到了前来工地慰问的该公司党委书记严卫，他介绍说，在艰苦的环境下施工，需要一种精神来战胜各种各样的困难，对在工作中吃苦耐劳、贡献突出、符合党员条件的先进分子，要吸收他们火线入党。

而就在此前一天，在项目部一间简陋的会议室里，施工队长吴高华在党旗下庄严地举起了右手，光荣地成为一名中国共产党党员。

"做事有条有理，对每个施工塔位耳熟能详，天天泡在工地上，自己动手做拉线、紧螺栓……"这是大伙对吴高华的评价。

2010年4月，吴高华来到海拔4500多米的青海五道梁地区，参与青藏联网工程二级医疗站工程的建设。这是他第一次上高原，就来到了最艰苦的地方。由于高原反应，他头痛得每天晚上都睡不好觉，但他一直忍着。在五道梁兵站驻扎了一个多星期，最终圆满完成医疗站建设任务。之后，他又马不停蹄地转战到750千伏线路部分。

从750千伏永登-白银线工程，到750千伏金酒安线工程，再到青藏联网工程二级医疗站工程，长期在西部艰苦地区施工的吴高华对风沙、戈壁、严寒一点也不陌生，每年他都是在与自然环境的抗争中过来的。

吴高华带领的施工队施工点多面广，且部分塔位交通不便，施工人员每天工作都在12个小时以上，经常晚上8、9点以后才能回到驻地。吴高华看在眼里，疼在心里，但工期紧，任务重，也别无他法。他叮嘱厨师吕军准备好热饭热菜等着大家，让兄弟们一回来就能美美地吃上一口，暖一暖身子。

吴高华有晚上巡视现场的习惯，不光为了工程质量，也为了大家的安全。他每天都会提醒夜间值班人注意用电、用火及棚内加煤安全，防止一氧化碳中毒。有时，他都觉得自己很唠叨，有些没完没了，但说起来又“刹不住车”。由于交通不便，吴高华常常到后半夜才能回到施工队驻地，第二天又照常第一个起床，安排工作，去工地。

在施工的时候，吴高华总是充满自信，他觉得没有什么困难是克服不了的，他的自信也感染着周围的人。

省输变电工程公司原总经理助理、现任拉萨换流站业主项目部“争创安全流动红旗”专家组组长的魏汉渝，是位工作一丝不苟的老党员。年届56岁的他，在接到赴拉萨的任命后，克服儿子在南疆守卫边防、妻子身患重病在家休养的困难，毅然来到高原。白天他忙于现场指导施工，晚上又忙于整理资料，编写供大家学习参考的施工手册和工程模板，有时由于长时间伏案工作手臂都抬不起来了。干燥的空气和强紫外线，使这位“老送电”嘴唇开裂，鼻腔常常出血，大家都劝他每天多休息会儿，他却总是笑着说：“大家都很辛苦，都在为工程建设而努力工作，我不能搞特殊化呀。”

在青藏高原，在“电力天路”的建设中，像吴高华、魏汉渝这样的人还有很多很多。

“电力天路”挑战世界之最

青海-西藏750千伏/±400千伏交直流联网工程是迄今为止世界上海拔最高、施工难度最大的输电工程，也是我国新一轮西部大开发的重点工程。该工程交流线路东起西宁，西至格尔木，直流线路由格尔木至拉萨，全长1774.2公里，总投资162.86亿元，预期今年11月份竣工。这一工程的建成运营将使西藏电网与全国电网实现联网，从根本上解决西藏缺电问题。

青藏电网联网工程于2010年7月29日正式开工，全国72个施工单位近2万名员工参与建设，目前，整个工程已经全面进入架线阶段。施工过程中，广大建设人员挑战“生命禁区”，克服高海拔、低温、缺氧等种种困难，以“锅炉现场供热”“旋挖钻机干法成孔”等先进技术，有效克服了高原冻土、极端恶劣天气施工难题；以“草垫铺路”“索道运输”等绿色施工工艺，保护无人区自然生态环境；以配备塔上休息平台、提供高空供氧装置，健全医疗后勤保障体系，确保实现了施工“零死亡、零伤残、零高原后遗症”目标。建设者们已圆满完成主体工程施工任务，在“电力天路”上铸起了不朽丰碑。

（选自《湖北电力报》*20110628*期第*A1*版，略有修改。）

【学习项目总结】

本学习项目有三个学习任务：简讯、消息和通讯。它们同属新闻体裁，都具有以下两个特点。

(1) 内容真实。真实是新闻的生命，切不可弄虚作假。新闻作品不能像其他文学作品那样可以“创作”，可以凭借想象。新闻作者必须尊重事实，写作风格要求十分严谨。

(2) 讲求时效。讲求时效有两层含义：一是新闻选择的内容都是新近发生的，如果成了“旧闻”就没有新闻价值了；二是报道要及时、迅速，让读者先睹为快。新闻界有一种说法叫“抢新闻”，也是说新闻要有时效性。

简讯和消息传递最迅速，通讯次之。一个新闻事件，尤其是突发的新闻事件，可以先发简讯，再拓展一些必要的内容或背景材料而成消息，然后深度采访，使内容更具体甚至加入细节描写，写成生动感人的通讯。

从篇幅上来讲，简讯最短，内容最简要；消息次之；通讯篇幅最长。

宣传报道文稿有别于我们前面学的一些应用文种；但只要我们积极关注生活、融入生活，有一双善于发现新闻的眼睛，认真训练对新闻事件的提炼能力，努力研判时代精神，就一定能写好。

【复习思考】

1. 从报纸上挑选两条简讯，分析它们写出了新闻的哪几个要素。
2. 阅读下面的新闻，把它提炼成20字以内的一条简讯。

国际在线报道（记者　金敏国）：韩国国防部14日宣布，韩美日三国将于21日至22日在济州南部海域举行海上联合军事演习。

韩国国防部称，韩美海军和日本海上自卫队将在此次军演中进行海上搜救、海上拦截训练等人道主义方面的联合军演。届时，三国将派出驱逐舰、军用后勤支援舰、反潜直升机等参加演习。

另据报道，韩美两国还将于23日至25日在韩国西部海域举行海上联合军演。届时，美国将派出“乔治·华盛顿”号航空母舰以及核潜艇等，韩方将派出驱逐舰、潜艇、警卫舰等参加演习。此次演习为韩美双方每年举行的例行联合军演，作战内容包括反潜作战、水上舰艇自由攻防、潜艇探测等内容。

3. 消息的结构有什么特点？
4. 阅读下面的消息，完成文后的思考题。

5月10日，湖南省委宣布湖南将面向社会公开选拔33名优秀年轻干部，这次公开选拔不仅规模创下历史之最，在重要岗位上也实现新突破，在主基调上，则选用了“优秀”“年轻”这两个颇具改革意义的字眼。

中央深化干部人事制度改革《规划纲要》提出，到2015年新提拔厅局级以下委任制党政领导干部中，通过竞争性选拔方式产生的，应不少于三分之一，湖南此次大规模高规格地公选，就是对这一要求的切身实践。

公开选拔干部，是公开竞争性选拔干部、深化干部人事制度改革的重要举措，也是选贤任能的有效途径。通过公开选拔，让年轻的干部、优秀的干部有机会出头，有平台发挥。

通过公开选拔，告别论资排辈。论资排辈就是只认“胡子”长短，不问能力“高低”，一个“熬”字，既扼杀了干部的上进心和进取精神，更让年轻优秀的干部没有出头之路。公开选拔，把干部晋升全程置于阳光之下，放在老百姓的监督中，打破了论资排辈熬资历的条框，突破干部选拔任用的惯例和经验，让年轻干部、优秀人才脱颖而出，茁壮成长，勇挑重担。

公开选拔年轻优秀干部，是改变之前那种“大官选小官”、领导说了算的陈规旧俗，从“伯乐相马”到“公开赛马”。从一定程度上来说，伯乐相马也能切实提擢人才，但是更容易滋生腐败，选人用人机制不明导致徇私舞弊，甚至买官卖官。“选什么样的干部”“由谁选干部”“怎么样选干部”的问题亟待给出制度答案。湖南公开选拔年轻优秀人才，就是要打破以前提拔人才不公开透明的暗箱，搭建平台让年轻干部展示自我、发挥能力、公平竞争，“是骡子是马拉出来遛遛”。凭能力说话，凭实力晋升，结合岗位要求，发挥人才优势，在优中选优，让真正的千里马经受制度和群众这个伯乐的检查，让华而不实或者来历不明的“贵族马”现出原形。

这次选拔，以开门开放的姿态，以优化的测试方法，以创新的考察方法，使有真本事的人出得来、上得去，打破论资排辈、隐性台阶等条条框框的束缚，不拘一格，扬长避短，广开纳贤之路，让优秀人才脱颖而出。接下来，湖南需要继续坚持“三个不吃亏”的用人理念，积极应用此前已探索形成的干部公选体系，将人民群众满意不满意、答应不答应作为选拔的重要指标，把公开选拔干部工作推向深入。

干部选拔任用事关发展大计，做得好利在当代、福荫千秋，做得不好则遗祸无穷。湖南的公开选拔之举已然得到广大干部和群众的热切拥护，应该珍视老百姓对这种用人机制的认同和赞许，将公选的用人机制制度化、常态化，其必将在进一步增强党委政府公信力、为发展积累更好的人才优势方面大放光彩。

(1) 为这篇消息拟写标题。

(2) 找出这篇消息的导语。

(3) 这篇消息有没有背景材料？如果有，请在背景材料的下面画线。

5. 通讯有哪些常见的种类？

6. 阅读下面的通讯，试比较它和消息在内容选取与语言运用上的不同，然后对“‘人链’救人英雄集体受表彰”这一事件及其影响作更多了解与深入思考，谈谈自己的看法。

大江中树起无字丰碑

——记长江大学见义勇为舍己救人的大学生英雄集体

（记者　程墨　罗曼） 江水呜咽，万人同悲，千年古城荆州哀英雄。

10 月 28 日 10 时，为救落水少年英勇牺牲的 3 名大学生陈及时、何东旭、方招的追悼会在湖北省荆州市举行。庄重肃穆的灵堂里黑纱低垂，在淡黄色菊花的掩映下，3 名年轻大学生灿烂的笑容宛如生前，万余名学生、市民和社会各界人士自发赶来送英雄最后一程……几天来，长江大学 15 名学生结“人链”救人的英雄事迹在神州大地引起强烈反响，3 名牺牲大学生的事迹更是感动了无数人。

日前，中共中央政治局委员、国务委员刘延东作出批示：“陈及时、何东旭、方招 3 名青年学生舍己救人，英勇献身，展示了当代大学生的社会责任感和高尚精神。”教育部决定，授予徐彬程等 15 名同学“全国见义勇为舍己救人大学生英雄集体”荣誉称号，追授陈及时、何东旭、方招同学“全国舍己救人优秀大学生”荣誉称号。

危急关头，用生命谱写英雄壮歌

10月24日，一个普通的周末。长江大学文理学院广电本科5091和5092班的同学们起了个大早，这些大一的学生进校才一个多月时间，平日里难得有机会集体外出，一个多星期前他们特意策划了这次秋游野炊。

姜梦淋是5091班班长，这个19岁的河南新乡女孩联合两个班的班委组织了这次活动。出发前一天，姜梦淋和几个同学到超市买了羊肉串、小馒头以及一些蔬菜，细心的同学还拎回了几瓶可乐，一切都井然有序。

24日早上9点，40多名同学肩背手提，浩浩荡荡地上了公交车，向早就选好的野炊地点——万寿宝塔下的长江江堤进发。深秋的古城阳光普照，宽阔的江面波澜不惊，低飞的水鸟时不时掠过江面发出清脆的啼叫，同学们沉浸在眼前的美景中。调皮的同学还把手伸到江水里，摸起一个个圆圆的鹅卵石，向不远处的水面丢去，溅起的水花飞到了不少同学的身上，一时间打闹声一片。见此场景，姜梦淋有些担心，反复叮嘱同学们不要玩水。下午两点，带去的食物差不多都被“消灭”了，收拾好现场，同学们开始自由活动。姜梦淋和班上的几个同学找了块干净的草地，悠闲地聊起天。

“救命啊！”2时20分左右，一阵急促的呼救声传来。姜梦淋和同学们循声望去，只见两个少年从距岸边不远的江中小沙丘上失足落水，渐渐漂向江心。

姜梦淋还没有回过神来，身边已经有人冲了过去。跑在最前面的是17岁的李佳隆和20岁的徐彬程。两人没来得及脱下衣服，就跃入滚滚江水之中。随后，张荣波、方招、龚想涛等人也跳进水中。此时，城建学院土木工程专业大一学生陈及时也听到了呼救声，跃入江中奋力游向落水少年。

李佳隆和徐彬程入水后，直接游向离岸最远的落水少年，在他们的共同努力下，孩子得救了。

但湍急的暗流将这些本来水性就不好的学生置于危险的境地。水性较好的徐彬程见状又返回江中，拉起一名不相识的同学奋力游向岸边。而从河湾对面游过来的陈及时，被漩涡一下子卷到江底。

几乎是同时，岸上不会游泳的同学迅速手挽手组成“人链”，向江中延伸，试图救起离岸较近的落水少年。本来姜梦淋和另一名女同学处在“人链”的最前面，但19岁的何东旭立刻把她们换了下来。

突然，“人链”断裂了，位于前端的9名同学齐齐落入江中。

正在这时，3名冬泳的荆州市民闻声赶到，与岸上的同学一起陆续救起6名落水大学生。然而，何东旭、方招和陈及时却沉入滚滚江水之中……

无限追思，传承无私奉献的英雄精神

直到今天，长江大学的许多同学都不愿意相信3个伙伴的离去，因为他们一起跨进大学校园才一个多月，他们的许多梦想还没来得及一一实现。

10月27日晚，上千名长江大学学生自发聚集起来，燃起3000多支蜡烛，悼念他们心中的英雄。何东旭所在班级40多名同学流泪发誓：“我们一定要做得更好，勤奋学习，将何东旭舍身救人的精神发扬下去。”

出事地点——宝塔河江边搭起了一座灵堂，络绎不绝的学生和市民自发前来，焚香献花寄托哀思。万朵菊花簇拥下，3名大学生的遗像面朝着巍巍的长江大堤，遗像上闪耀着青春的光彩。

江水依旧，斯人远逝。

10余名大学生结成“人链”救人、3人英勇献身的消息，在全国高校引起强烈反响。连日来，各高校的学子以不同的方式纪念、缅怀3名英勇牺牲的大学生，寄托自己的哀思。

“我的心情非常复杂，既感到振奋又感到遗憾。他们的英勇行为说明，‘90后’大学生是具有责任感，能够担负社会重任的。”武汉大学社会学系学生宋燕萍在网上看了救人现场的相关视频后泣不成声。长江大学外语学院学生丁梦芸说：“他们有爱心，有责任感！我们将会延续他们舍己救人的无畏精神，勇敢地肩负起社会责任。”

10月27日，湖北省委高校工委、省教育厅决定授予长江大学徐彬程等15名大学生“见义勇为舍己救人英雄集体”荣誉称号，追授陈及时、何东旭、方招3名同学“舍己救人英雄大学生”荣誉称号。湖北省委高校工委、省教育厅同时号召全省大学生向这个英雄集体以及3名舍己救人的大学生学习。

湖北省委高校工委书记蔡民族说，长江大学涌现的舍己救人英雄大学生和英雄集体，集中体现了中华民族见义勇为的传统美德，他们的思想和行为体现了当代大学生崭新的精神风貌。他们是当代大学生自觉践行社会主义荣辱观的优秀典型。

长江大学心理辅导教师程坤在对参与救援的学生进行心理辅导后感慨地说：“我深切地感到了这些‘90后’大学生内心强大的力量和无比的善良。”他说，第一个跳入水中的大学生李佳隆表示，今后遇到有人需要帮助，他还会毫不犹豫地伸出援手。目睹了伙伴的离去、经历了生死离别的学生们纷纷表示，一定会勇敢坚强地走下去。

英雄远行，生命犹在

“不必回顾，不必挽留，大步流星向前走；去扬帆，去出海，去开拓自己的天空，大地在你脚下，壮志在你心中，一切困难都会向你低头。”这是挂在方招床头的一段座右铭。

提到自己的学生，方招在老家湖北罗田胜利镇中学的班主任方红旗万分悲痛。方老师说，尽管方招学习不算拔尖，但因品行端正深受师生喜爱。去年汶川大地震，他是第一个捐款的学生，其实方招家境并不好。方老师说：“依据方招平常的表现，他这次舍己救人，我一点也不奇怪。”

宽容、豁达、善良，是同寝室的伙伴对方招最简单的描述。武汉职业技术学院大一学生徐舸，是方招的高中同学和挚友，谈及好友，这个小伙子数次哽咽：“到现在我还不敢相信这是真的，我为有这样的朋友而自豪。”

长江大学西区宿舍6栋512室，是一间普通的男生宿舍。进门左边下铺第二个床位上，床铺整理得整整齐齐，床下的鞋子一字排开，床位的主人正是19岁的陈及时。

“陈及时平时就乐于助人。”室友钟学成说，“有时晚上睡觉我的被子掉了，他都会捡起来帮我再盖好。有一次，我打篮球的时候把脚崴了，是陈及时背着我到医务室。生病感冒时，也是陈及时主动帮我买药。他真的就像兄长一样。”陈及时上铺舍友熊蒋告诉记者，陈及时曾说过，汶川地震中许多房屋倒塌，很多同胞遇难。希望自己将来能成为一名出色的建筑工程师，为家乡建造更多安全漂亮的房屋。

英雄大学生何东旭是班上篮球队的队长，在他衣柜里挂着一件球衣，背上写着“广电8号”。酷爱篮球的他喜欢打篮球，也喜欢教同学们打球，同学徐彬程对他的印象是，“会鼓励大家团结一致去打球，输球时又会把责任往自己身上揽，也很会调节气氛，有他在总是笑声一片”。

何东旭在枝江一中的高三班主任李贤告诉记者，何东旭是个非常阳光又有责任心的孩子。他回忆说，由于复读班的学生都把学习抓得非常紧，很多同学不愿意担任班干部，怕分散精力，但何东旭却主动请缨，担任了最苦最累的体育委员。从此，每天早晨5点半起床号响的时候，他总是第一个起床，叫醒寝室的同学，组织他们到操场锻炼。

长江大学广电5092班女生委员田艺爽介绍说，10月21日下午，广电专业两个班合上一门课，同学们依次上台演讲，何东旭演讲的题目是《当代大学生应该树立怎样的形象》。3天后，他就跃入江中，用实际行动诠释了当代大学生最真实的精神风貌。

（选自《中国教育报》2009年10月29日第一版）

学习项目五

机关公文与简易规章制度的写作

【学习项目描述】

通过学习和实践，掌握机关公文与简易规章制度的写作方法。

【教学目标】

掌握通知、报告、请示、函、纪要等机关公文与简易规章制度的写作方法；具有查找并利用资料的能力、一定的分析与综合能力、初步的解决问题能力以及观察与认识客观世界的基本能力，同时培养严谨细致、一丝不苟、遵纪守法、忠于职守的职业素质与富有条理、精密敏捷的思维能力。

【教学环境】

多媒体教室，黑板，投影仪，PPT 课件，相关案例，时新资料等。

任务一　通　　知

【教学目标】

掌握通知的种类、特点、格式规范及写作要求，完成会议通知的写作任务，能够正确写作不同种类的通知。

【任务描述】

会议组织者在决定召开会议之后，应该把开会的有关事项以通知形式传递给与会者，这就是会议通知。会议通知是会议主办者向与会者发出举办会议信息的会议文书，是会议组织者与与会者之间会前沟通联系的重要途径和桥梁，是会议筹备工作中的重要环节。拟写会议通知并不难，但是如果没有掌握拟写方法，或者马虎从事，就不可能写出完全符合要求的会议通知，甚至还会发生差错，影响工作。例如一些会议通知发出后，由于开会的有关事项交代不清，随即有许多单位来电话询问，这样既浪费人力和时间，又不利于提高工作效率。因此，为了确保会议顺利召开，我们必须学会会议通知的写作。

为了纪念中国共青团建团 90 周年、五四运动 93 周年，进一步弘扬“爱国、进步、民主、科学”的五四精神，××××学院团委准备召开“五四”表彰大会。会议定于 2012 年 5 月 3 日下午 3：00 召开，参会人员为院系领导、相关部门负责人、全体团干、辅导员、优秀团员及部分团员代表，地点定于学院大礼堂，会议主要内容是总结学院共青团工作、表彰优秀团员、提出下一阶段工作要求。请你根据这些内容要素，拟写一份会议通知。要求：

(1) 目的依据充分，事项具体明确，操作性强。

(2) 内容层次安排富有逻辑性，结构严谨完整。

(3) 行文简明，语言得体。

【任务准备】

问题一：

在写作会议通知之前，我们应该弄清楚会议的哪些情况？

参考答案：

在写作会议通知之前，执笔人应该弄清楚会议如下情况。

(1) 会议的背景、目的和名称。

(2) 主办单位和组织机构。

(3) 会议内容和形式。如会议的主题、议题、讨论的提纲、议程安排等。

(4) 参加对象。参加会议的人数，参会人员的具体条件。

(5) 会议的时间。包括报到时间，正式开会时间和会期。

(6) 会议的地点。

(7) 其他事项。需要准备的资料、会议费用的支付方式、报名的方式和截止日期、入场凭证以及组织者认为必须说明的其他事项。

(8) 联系方式。如主办单位或筹备机构的地址、邮编、银行账号、电话和传真号码、网址、联系人姓名等。

问题二：

根据会议通知内容要素之间的逻辑关系，能否归纳出会议通知的一般格式？

参考答案：

会议通知的常用格式归纳如下。

××××关于召开××××××会议的通知

××××××(主送单位)：

为了××××××(目的)，根据××××××(依据)，×××××××(主办单位)决定于××××年××月××日在××××(地点)召开××××会议。现将有关事项通知如下：

一、会议内容：××××。

二、参会人员：××××。

三、会议时间：××××。

四、会议地点：××××。

五、其他事项：

(一) 请与会人员持会议通知到××××报到，××××(食宿费用安排)。

(二) 请将会议回执于××××年××月××日前传真至×××(会议主办单位或承办单位)。

（三）××××× （其他需提示的事项，如会议材料的准备等）。

（四）联系人及邮箱、电话：××× ××××××××××××

附件：1. 参会名额分配表

2. 参会人员回执表

通知制发单位（章）

××××年××月××日

问题三：

怎样写好一份会议通知？

参考答案：

写好一份会议通知必须注意以下几点。

（1）结构要完整。会议通知一般应由标题、主送单位、正文、发文单位、发文时间、联系人及电话等部分组成，缺一不可。例如，如果漏掉了联系人及电话，就不便于及时进行联系。

（2）内容要全面。会议通知的内容一般应具备十个要素：会名、开会时间、会期、地点、会议议题、参加人员、入场凭证、报到的时间及地点、开会人员须携带的物品和其他需注意的事项。这些内容必须无一遗漏地写清楚，否则就会使人产生疑问。例如，有的会议通知虽然写得很长，但漏掉了会议名称，使人不知道开什么会议，会感到莫名其妙，不便于事先做准备工作。

（3）有关事项要写清楚。通知中所交待的每一事项，都应明确清楚、一目了然，切勿含糊不清。例如，开会时间不能只写某月某日，还应写明上午或下午，某时某分。

（4）文字要简练。会议通知是公文，不是文艺作品，也不同于政论文章，它具有简明扼要、直截了当的特点。所以，拟写时必须用词准确、合乎语法、言简意赅、意尽言止，切忌冗长累赘、反复啰唆。

✿【任务实施】

第一步：拟订会议通知的标题。可以由通知制发单位名称、会议名称加文种组成，也可省去制发单位名称，由会议名称和文种组成。基本格式为：《××××关于召开（举行）×××××会议的通知》。

第二步：在标题下空一行顶格写明收文单位。

第三步：写明通知的缘由。可以用“为了……”句式开头，写明举办表彰大会的背景、目的和意义，并用“具体事宜通知如下”过渡到正文主体。

第四步：写作通知正文的主体。可采用序号加小标题的形式写明通知的具体事项，即本次会议的时间、地点、内容、参加人员、与会人员应做哪些准备、对参会人员的要求以及联系人联系电话等。

第五步：落款。在通知正文的右下方署上通知制发单位，在其下一行右空 4 字用阿拉伯数字写明年、月、日，通知制发单位的公章盖在日期上。

拟写之后，对照任务要求和【参考例文】进行分析修改，直至满意为止。

【参考例文】

××××学院团委会关于召开“五四”表彰大会的通知

各分团委、团总支：

今年是中国共青团建团90周年、五四运动93周年，为进一步弘扬“爱国、进步、民主、科学”的五四精神，继承和发扬共青团的优良传统，表彰一批在加强和改进团员学生思想政治工作、活跃和丰富校园文化生活、推进和谐校园建设等方面涌现出来的先进集体和个人，学院团委将召开“五四”表彰大会。现将有关事宜通知如下：

一、会议时间

2012年5月3日下午3：00。

二、会议地点

学院大礼堂。

三、与会人员

1. 学院领导；
2. 党务部、宣传部、工会、学生处、团委等部门领导；
3. 所有获奖集体、个人代表；
4. 各系党支部书记、团总支书记、辅导员等；
5. 各系学生会干部、教师团员青年代表、学生团员代表。

四、会议内容

1. 总结学院共青团工作；
2. 表彰优秀团员；
3. 安排部署下一阶段共青团工作。

五、注意事项

1. 受表彰的集体、个人于5月3日上午12：00准时到大礼堂进行表彰彩排。
2. 各系团总支安排30名学生团员参加会议。请团总支副书记、委员及学生会干部带队有序进场，并于下午2：50前按指定位置就座。
3. 维持好会场纪律。会议开始后请勿随意走动，参会人员关闭通讯工具或调为静音。

附件：1. 会议议程
　　　2. 与会人员座次安排表

共青团××××学院委员会（章）

二〇一二年四月三十日

（编者注：本例文成文于*2012*年*7*月*1*日实施新的公文格式国家标准之前，按照当时的公文格式规范，成文日期用中文数字。施行新国标后，应改用阿拉伯数字。请学习本例文时注意。）

【相关知识】

通知是发布、传达要求下级机关执行和有关单位周知或者执行的事项，批转、转发公文使用的公文。

一、通知的特点

1. 功能的多样性

通知可以用来布置工作、传达指示、晓谕事项、发布规章、批转和转发文件、任免干部等。

2. 运用的广泛性

通知不受发文单位级别、性质的限制，无论国家大事或是单位内部的具体事务，都可以发布通知。

3. 较强的时效性

通知是一种制发比较快捷、运用比较灵便的公文，它所办理的事项都有比较明确的时间限制，受文机关要在规定的时间内办理完成，不得拖延。

4. 一定的指导性

多数通知都具有一定程度的指导性，用通知来发布规章、布置工作、传达指示、转发文件，都在实现着通知的指导功能。特别是部署和布置工作、批转和转发文件等，都需明确阐述处理某些问题的原则和方法，说明需要做什么、怎样做、达到什么要求等。受文单位对通知的内容要认真学习，并在规定时间内完成通知布置的任务。

二、通知的种类

根据内容与作用，通知可分为六种类型。

1. 指示类通知

上级单位对下级单位某项工作有所指示和安排，而按公文内容又不适于用“命令”或“决定”发布的，使用指示类通知。如《国务院办公厅关于进一步做好治理开发农村“四荒”资源工作的通知》。

2. 发布类通知

除重要的法律性文件用“命令”颁布之外，多数法规和规章性文件，如条例、规定、办法、细则、实施方案等，都适合用通知颁发。如《国务院关于发布〈国家行政机关公文处理办法〉的通知》。

3. 批转类通知

分为批转性通知和转发性通知。批转性通知用于批转下级单位的请示、意见等公文，转发性通知用于转发上级单位、同级单位和不相隶属单位的公文。如《国务院批转〈发展改革委、能源办关于加快关停小火电机组若干意见〉的通知》。

4. 会议类通知

比较重要的会议不宜用电话等方式通知时，于会议召开前发出的书面通知。如《××省人民政府办公厅关于召开2012年全省普通高等学校毕业生就业工作会议的通知》。

5. 晓谕类通知

用于告知某一事项或某些信息的通知。如机构、人事调整，启用、作废公章，机构名称变更，机关隶属关系变更，迁移办公地址，安排假期等，都可使用这种通知。如《××××关于成立×××电力公司物资管理中心的通知》。

6. 任免类通知

对重要的人员任免，上级单位用通知的形式告知下级单位。如《××××关于×××同志任免通知》。

三、通知的格式

由标题、主送单位、正文、落款组成。

（一）标题

由发文单位＋事由＋文种组成，如《中共中央办公厅、国务院办公厅关于严禁用公费变相出国（境）旅游的通知》。

注意事项：

(1) 发布规章的通知，所发布的规章名称出现在标题中，应使用书名号，如《××××关于印发〈××××××〉的通知》。

(2) 批转类通知若转发的是通知，标题不保留原文种名称；若转发的是其他文种，则保留一级。例如，原文是"××××关于××的通知"，则标题为"××××转发关于××的通知"；原文是"××××关于××的决定"，则标题为"××××转发关于××决定的通知"。

(3) 转发一次以上的通知，通知的标题可保留始发单位名称，省略去中间的转发单位和多余的"关于""通知"字样。否则，就会出现一个标题中有多个"关于"和"通知"的现象，显得很长，读起来也拗口。如："××县人民政府关于转发《××市人民政府关于转发〈××省人民政府关于转发人事部关于×××同志恢复名誉后享受××级待遇的通知〉的通知》的通知"，应简化为"××县人民政府转发人事部关于×××同志恢复名誉后享受××级待遇的通知"。至于被省、市等转发过的内容，可在正文中交代清楚。

（二）主送单位

即被通知的对象。若主送单位较多，要注意主送单位排列的规范性。如《人事部关于解除国家公务员行政处分有关问题的通知》的主送单位："各省、自治区、直辖市人事厅（局）、监察厅（局），国务院各部委、各直属机构人事（干部）部门、监察局（室）："。

（三）正文

正文的内容包括通知缘由、通知事项、通知结尾三部分。在缘由与事项之间通常用"特作如下通知""现将有关事项通知如下"等承接用语连接。

不同种类的通知，其正文的具体写法和写作要求有所不同，具体说明如下。

1. 指示类通知

(1) 通知的缘由。写明开展这项工作的背景、根据、意义。

(2) 通知的事项。布置工作任务，阐述工作意见、措施、办法以及应注意的问题，一般是分段或分条列项写。

(3) 执行通知的希望和要求。

2. 发布类通知

正文一般由文件的由来、文件的名称、发布文件的作用和意义、提出希望和要求几部分组成。例如："《××××××》已由××××年×月×日××会议通过，现发给你们，望参照执行。"然后提出执行中的希望和要求。文件放在附件位置即可。

3. 批转类通知

批转性通知的正文内容要先批后转，再提要求。常用格式为："××（上级单位）同意××（下级单位）《关于××的意见（请示）》，现转发给你们，请认真贯彻执行。"然后直接附上原文件即可。

转发性通知的正文内容只转不批。常用格式为："现将××（上级单位）《关于××的意见（通知）》（××〔20××〕××号）转发给你们，请认真贯彻执行。"然后直接附上原文件即可。

4. 会议类通知

（1）缘由：召开会议的背景、目的、意义。

（2）事项：逐项写明需要与会人员知照的要素。

（3）结尾：执行要求。

5. 晓谕类通知

这类通知内容多为具体琐碎的事物，正文内容依据通知事项而定，如有的通知要写明事情、时间、地点、如何办理等。

6. 任免通知

正文内容为两大部分，第一部分为任免根据，第二部分为任免内容。

（四）落款

在正文右下方署上通知制发单位，在其下一行右空 4 字用阿拉伯数字写明年、月、日，通知制发单位的公章盖在日期上。

四、通知的写作要求

（1）规范行文。要把握好不同类型通知的行文规范，根据发文情况和要求正确选择通知种类。

（2）事项具体。事项内容应该有具体、明确的说明和要求；抽象的说明、空泛的议论和缺乏可操作性的要求，会影响受文单位的贯彻执行。

（3）简明清晰。事项较复杂的通知要采用分条列项方法，注意内容之间的结构层次，力求条理分明、眉目清晰。

【相关链接】

关于发布国家电网公司新"三个十条"的通知

总部各部门、各分部，公司各单位：

为深入学习实践科学发展观，贯彻落实中央为民服务创先争优活动部署，进一步加强新形势下的供电优质服务和调度交易服务工作，全面提高服务党和国家工作大局、服务电力客户、服务发电企业、服务社会发展的水平，公司修订了《国家电网公司供电服务"十项承诺"》、《国家电网公司员工服务"十个不准"》和《国家电网公司调度交易服务"十项措施"》（简称新"三个十条"），现印发给你们，请认真组织贯彻落实。（原"三个十条"自本通知印发之日起废止。）

一、各单位要深刻认识新形势下加强供电优质服务和调度交易服务工作的重要意义，认真组织学习新“三个十条”。要把贯彻实施新“三个十条”与为民服务创先争优活动相结合，与“三个建设”相结合，切实增强贯彻实施的自觉性和主动性。

二、各单位要按照新“三个十条”的要求，对当前工作进行总结梳理，认真查找差距和不足，制定切实可行的实施方案和保障措施，不折不扣地落实到实际工作和具体服务行为中。

三、各单位要建立完善相应的内控制度，定期对本单位贯彻实施新“三个十条”的情况进行自查，严格监督考核，不断改进提高。总部将通过多种方式进行监督检查。

四、各单位要按照公司统一安排部署，积极利用各种媒介广泛宣传新“三个十条”，在公司内部营造奋勇争先实施新“三个十条”的氛围，向社会充分展现公司“你用电、我用心”的服务理念和“努力超越、追求卓越”的企业精神，为服务经济社会发展和构建社会主义和谐社会作出更大贡献。

附件：1. 国家电网公司供电服务“十项承诺”
　　　2. 国家电网公司员工服务“十个不准”
　　　3. 国家电网公司调度交易服务“十项措施”

国家电网公司（章）
二〇一一年十月十二日
（选自中国电力信息公开网）

（编者注：本例文成文于 *2012* 年 *7* 月 *1* 日实施新的公文格式国家标准之前，按照当时的公文格式规范，标题可以不出现发文单位名称，成文日期用中文数字。这两点在新国标中都有改变，请学习本例文时注意。）

任务二　报　　告

【教学目标】

了解报告的不同种类，掌握报告的基本结构及写作要求，能够写作格式规范的情况报告。

【任务描述】

情况报告通常是向上级汇报超出了正常工作秩序之外的情况，如突发事件、特殊情况、意外事故等。这些意想不到的问题对工作产生了一定程度的影响，这时下级单位有责任做到“下情上达”，向上级提供准确的信息，使上级能够更及时、更全面、更深入、更具体、更准确地了解情况、掌握全局、指挥工作。

请合理扩充下面提供的材料，以××分公司的名义向总公司起草一份情况报告。

1. 2007 年 7 月 7 日凌晨 4 时 10 分，××分公司南门百货大楼发生火灾事故。

2. 事故后果：未造成人员伤亡，但该大楼三楼商品被全部烧毁，直接经济损失 530 万元。

3. 事故原因：三楼某个体裁缝经三楼经理同意从总闸自接线路，夜间没断电导致电线起火。

4. 施救情况：事故发生后，分公司领导马上拨打火警电话，市消防队出动了8辆消防车，至清晨6点，大火才被扑灭。

5. 善后工作：分公司经理、副经理多次到现场调查，并对事故进行了认真处理。

写作要求：

(1) 情况叙述清楚，原因剖析准确，措施切实有力。

(2) 思路明细，结构严谨，脉络清楚，层次分明。

(3) 语言得体，文从字顺，标点正确。

(4) 行款规范，书写工整，文面整洁。

(5) 正文字数500以上。

【任务准备】

问题一：

情况报告开头的导语应该怎样写？

参考答案：

情况报告开头常用叙事式导语，点明时间、地点和事件概况，作为全文的总起。例如《关于××市百货大楼重大火灾事故情况的报告》的导语是这样写的：

20××年2月20日上午9时40分，我省××市百货大楼发生重大火灾事故，市消防队出动15辆消防车，经四个小时的扑救，大火才被扑灭。这次火灾除消防队员和群众奋力抢救出部分商品外，百货大楼三层楼房一幢及余下商品全部烧毁。时值开门营业不久，顾客不多，加之疏散及时，幸未造成人员伤亡。但此次火灾已造成直接经济损失792万余元。

问题二：

情况报告的正文应该报告哪些内容？

参考答案：

情况报告的正文通常按照“情况—原因—教训—措施”四步写法，即先将情况叙述清楚，然后分析情况产生的原因，接着总结经验教训，最后提出下一步的行动措施。

问题三：

写好情况报告还应该注意哪些方面？

参考答案：

实事求是，情况准确，分析有据，详略得当，是写好情况报告的关键。写作时要做到不夸大事实，不隐瞒真相，秉笔直书，言之有理。此外还要注意以下几点。

(1) 及时汇报，以便上级尽快了解突发情况。

(2) 内容集中单一，突出重点，抓住本质。

(3) 脉络清楚，层次分明，把事情或问题的经过、原委、结果、性质等叙述清楚。

【任务实施】

首先，按照“发文单位+事由+文种”格式写出报告的标题。

其次，在标题下空一行顶格写明主送单位，然后以陈述情况、分析原因、提出对策为顺序组织报告正文。在叙述清楚事故情况之后，对于事故发生的原因，从主观、客观两个角度作出全面深入的分析，并针对这一责任事故暴露的某些薄弱环节，提出下一步应该采取的措施。"陈述情况"部分主要运用叙述方式，"分析原因"部分主要运用议论方式，"提出对策"部分则以说明为主。叙述、议论、说明三种表达方式相互穿插、有机配合，让报告的内容得到全面、深入、充分、准确的表达。

最后，以惯用语"特此报告"收束全文。在右下方署名具时盖章。

拟写之后，对照任务要求和【参考例文】进行分析修改，直至满意为止。

【参考例文】

××分公司关于南门百货大楼重大火灾事故的报告

总公司：

2007年7月7日凌晨4时10分，本分公司南门百货大楼发生重大火灾，分公司值班领导发现火情后马上拨打火警电话，市消防队出动了8辆消防车，经过近2个小时的扑救，于6时明火全部扑灭。事故未造成人员伤亡，但该大楼三楼经营的商品以及柜台、货台、门窗等全部烧毁，直接经济损失达530万元。

经分公司领导与市消防部门现场调查，已查明造成此次重大火灾的直接原因，是三楼个体裁缝李××经三楼经理刘××同意，从总闸自接线路，夜间没断电导致电线起火。

这次火灾造成了惨重的经济损失，暴露了本分公司领导对安全管理工作重视不够、内部管理不到位、安全制度不健全、违章作业严重等问题，教训十分深刻。

火灾发生后，分公司领导三次到事故现场认真调查，在查明火灾原因后对事故责任人作了初步处理：责令该百货大楼三楼经理刘××停职检查，对个体裁缝李××按照安保合同规定罚款×万元。待消防部门的处理意见出来后，本分公司将对事故责任人作进一步处理。同时，提请总公司对本分公司有关领导给予处分。

今后，我们要吸取教训，切实加强安全防范意识，加强对安全工作的领导，尤其要加强对个体店铺、柜台的安全管理，加强日常安全工作巡查，及时消除各种安全隐患，杜绝此类事故的发生，为企业创造良好的经营环境。

特此报告。

××分公司（章）

二〇〇七年七月九日

（选自何建民、刘珍杰主编的《应用写作练习册》，中国电力出版社2011年12月版。）

（编者注：本例文成文于2012年7月1日实施新的公文格式国家标准之前，按照当时的公文格式规范，成文日期用中文数字。施行新国标后，应改用阿拉伯数字。请学习本例文时注意。）

【相关知识】

报告是向上级汇报工作、反映情况、答复询问及报送材料时使用的陈述性公文。

一、报告的种类

1. 工作报告

向上级汇报某一项或某一阶段工作的进展、成绩、经验、存在问题及打算等，如《××××关于全省抗旱工作的报告》。

2. 情况报告

向上级反映工作中的重大情况、特殊情况和新动态等，如《××××关于家乐福沙坪坝区店发生踩踏事件的报告》。

3. 答复报告

答复上级询问的事项，如《××××关于××煤矿瓦斯爆炸事故善后处理情况的报告》。

4. 报送报告

向上级报送物件或有关材料，如《××××关于报送我县村办企业财务检查整顿工作总结的报告》。

二、报告的格式

由标题、主送单位、正文、落款组成。

(一) 标题

由发文单位＋事由＋文种组成，如《福建省××水力发电厂关于“5.2”特大洪水调洪情况的报告》。

注意：标题中不要再出现“呈报”“上报”“申报”等词语。

(二) 主送单位

一般只有一个主送单位。如果需要同时报送几个上级单位，要注意排列次序。

(三) 正文

正文的内容一般由导语、主体、结语组成。

1. 导语

导语指报告的开头部分，起着引导全文的作用，要运用概括的语言，直接陈述报告内容的概况、背景、过程及其目的等。不同类型的报告，其导语的写法也有较大不同。概括起来，报告的导语有以下几种类型。

(1) 背景式导语。交代报告产生的现实背景。

(2) 根据式导语，交代报告产生的根据。

(3) 目的式导语，阐述报告发文的目的。

(4) 叙述式导语，概括交代事件的基本情况。

导语结束后，用“现将（就）有关问题报告如下”“现将有关调查情况报告如下”“兹报告如下”等导入正文的主体部分。

2. 主体

主体是报告的核心部分，要抓住报告事项的逻辑线索，按照其逻辑顺序逐层逐项、详细具体地进行陈述。由于报告的目的不同，不同类型报告主体内容的侧重点也有不同。

工作报告：包括基本情况、主要成绩、存在的问题、今后的设想与措施。

情况报告：着重于某个情况发生全过程的始末、原因、后果以及处理意见。

答复报告：写明答复的具体内容。

报送报告：写清楚报送的材料（或物件）的名称、数量即可。

3. 结语

根据报告种类的不同，有不同的习惯用语。工作报告和情况报告的结束语常用“特此报告”；答复报告多用“专此报告”；报送报告则用“请收阅”等。

（四）落款

在正文右下方署上报告制发单位，在其下一行右空4字用阿拉伯数字写明年、月、日，报告制发单位的公章盖在日期上。

三、写作注意事项

（1）真实具体。要深入调查研究，尽可能亲自调查了解，掌握第一手材料，绝不能编造虚假情况，欺骗上级。材料要具体，既有概括性的材料，也有典型的具体事例。

（2）重点突出。报告的内容要根据主题的要求来安排，分清主次轻重。同时，要注意处理好点和面的关系，做到点面结合，眉目清楚，说服力强。

（3）报告中不能夹带请示事项。受文单位对报告不用答复；如果报告夹带请示事项，不但不便处理，还会贻误工作。

⌛【相关链接】

××供电所2011年春季安全大检查情况报告

县公司：

根据公司《关于开展2011年春季安全大检查的通知》要求，为确保电网安全、稳定运行，确保全乡的生产和生活用电，保障工农业生产和重要活动场所的安全、可靠供电，提前做好电网安全度汛的各项工作，我供电所于近期开展了春季安全大检查。现将此次春季安全大检查情况报告如下：

一、春季安全大检查内容

1. 全面检查供电所各电压等级电力线路的安全隐患和缺陷情况。

2. 全面检查辖区内的配变及配电设备存在的安全隐患和缺陷情况。

3. 全面检查和清除辖区内电力线路两旁的树木、竹子等线路障碍。

4. 全面检查供电所的安全工器具和消防设施的定置管理、试验检定和完好情况。

二、存在的问题

（一）电力线路问题

1. 10kV线路：电杆偏斜较多，横档等金具锈蚀严重，部分拉线被盗或被破坏，部分电杆杆体有裂纹和裂损，个别地段对地安全距离不足。

2. 户表改造台区的0.4kV、0.22kV线路：一期、二期农网改造台区的电杆普遍较低，造成部分跨越道路地段对地距离难以达到要求，也给供电所清理线路树障竹子等带来困难。

3. 用户产权的电力设施，因用户都在等待公司进行农网改造，难于配合供电所实施整改，以至于安全隐患长期存在或整改难于到位。

（二）配变及配电设备问题

1. 大多数配变型号老旧、运行年限长，难于保证正常运行。我所管辖的21台公变中，S7型的就有8台，由于农网改造时未更换，平均都已使用20年以上，急需更换。61台专变中，除了几个通信机站外，其余未改造村全部都是S7型，由于缺乏维护管理，运行情况也不容乐观。

2. 高压避雷器和跌落式熔断器陈旧老化严重。我所辖区内的公变和专变高压避雷器和跌落式熔断器多数陈旧老化严重，去年全所的10kV线路故障有一半以上就是因为高压避雷器和跌落式熔断器击穿损坏造成。

3. 部分配变无可靠接地引下线，接地电阻值超标。专变经外观检查就有7个配变接地引下线已锈蚀断开，对公变的地电阻测量有8台均在10欧以上，需进行降阻处理。

4. 多数专变计量箱直接安装在配变上，由于计量箱和引出线陈旧，箱体和低压出线距高压侧距离不足，存在安全隐患。

（三）电力线路通道巡视检查和清理情况

1. 10kV线路：10kV线路山区地段树木茂盛，清理地段较多，通过请小工已完成了树障清理。其余10kV线路树木相对较少，计划在本月底完成线路树障清理。

2. 0.4、0.22kV线路：按计划在本月底前完成对各台区的低压线路通道清理工作。

三、采取的具体措施

1. 对检查发现的隐患和缺陷记录详细，要求有图片、资料记录，位置清楚，内容清晰，按缺陷隐患的紧急程度制定出相应的整改计划，逐项进行消缺整改。

2. 已将接地电阻超标的8台公变做出降阻消缺计划上报公司生产技术部，列入了公司今年的反措计划，统一进行降阻处理。

3. 及时安排人员进行了整改消缺工作。我所已开始对专变计量箱进行整改，计划到月底前完成5台，其余下月进行。

4. 对10kV线路加杆、换杆等消缺项目制定相应方案，将材料、费用等进行预算后交公司生技部审批，安排施工队协助整改。

四、下一步改进的工作

下一步的安全生产工作，我所计划着重在找准方向、结合实际、多想办法、坚持落实上下功夫。

1. 加强安全学习，坚持开展安全活动。（略）

2. 加强安全工器具的管理。（略）

3. 加强现场作业安全管理，严格执行“两票三制”和施工“三大措施”。（略）

4. 加强安全宣传活动。（略）

特此报告

××供电所（章）

二〇一一年三月二十日

（选自中国电力资料网 *http：//www.52data.cn*，略有修改。）

（编者注：本例文成文于2012年7月1日实施新的公文格式国家标准之前，按照当时的公文格式规范，成文日期用中文数字。施行新国标后，应改用阿拉伯数字。请学习本例文时注意。）

任务三　请　　示

【教学目标】

掌握请示的性质特点和结构内容，了解请示与报告的区别，能够写作格式规范的请示。

【任务描述】

企业调研结果显示，请示是企业管理实际工作中使用频率较高的主要公文之一。以供电系统为例，从供电所的普通员工、工区班组长到市供电公司办公室主任……在实际工作中都经常要写请示。请示的使用范围如下。

（1）对上级单位的有关政策、法规、决定、指示等有不理解之处，或上级有关政策、法规、决定、指示等不适应本单位情况需要处理时，应请求上级予以解释、指示或认可。

（2）请求上级单位审批或批转本单位制定的重要规章、重大决策等。

（3）请求上级单位批准人员编制、机构设置、干部任免、经费预算以及对重要人员或事故的处理。

（4）请求上级单位协调与解决本单位无法解决的困难或问题。

（5）根据规定必须履行审批手续的事项。

现在××镇供电所由于供电抢修工具老化，影响正常工作，需要购买螺丝刀、扳手、钳子、试电笔、绝缘胶布等日常供电抢修器材，请你向上级单位拟写一份购置相关抢修器材的请示。要求：

（1）理由充分，要求明确，材料真实。

（2）格式规范，结构完整，语气诚恳。

（3）书写工整，标点准确，文面整洁。

【任务准备】

问题一：

请示的缘由很重要吗？

参考答案：

拟写请示的最终目标是能够及时得到上级的帮助、指示和批准，也就是发文愿望能够得到满足。所以，请示缘由的拟写是请示能否被批准的关键。缘由的写作要突出必要性和紧迫性：一是要写出客观需要，使上级感到请示事项有需要解决的必要性；二是写出亟待解决的程度，使上级有尽快解决该请示问题的紧迫感。

问题二：

有了充分的理由后，发文愿望就一定能够得到满足吗？

参考答案：

即使请示缘由充分合理，还要注意请示事项的具体明确，否则会给上级的批复造成困难。如果说请示缘由回答的是“为什么请示”的问题，那么请示事项回答的则是“请示什么”的问题。要明确、清楚地写明要求指示、批准、解答的是什么事项，如请求资金要直接写明数额，请求物资要写明品名、规格、数量。如果模棱两可，含糊其辞，意见不明确，要求不具体，就会影响上级的批复，发文愿望就难以得到满足。

问题三：

请示事项明确后，正文可以结束了吗？

参考答案：

明确请示事项后，还应该有恰当的结语。请示的结语是请示正文的重要组成部分，具有收束全文、显示文种、表达愿望等作用。请示结语的作用是在陈述请示缘由、表明请示事项的基础上，更进一步地强调请求的目的，敦请上级指示或批准。请示结语谦和恳切的语气，有助于强化请示的语体特色，也能使上级乐于尽快批复。在实际写作中，请示结语用词非常讲究。要避免不分种类、不分内容而一律用“请批示”作结，也不要使用诸如“复示、核示、审示”之类的生造词作结。

【任务实施】

首先，认真学习【相关知识】中请示的格式规范，按照“发文单位＋事由＋文种”的格式，居中写上“××××关于××××××的请示”的标题。标题既要写得凝练，又要能够反映请示的主旨，达到“观题明文”的效果，以引起上级机关注意，及时处理。

其次，在标题下空一行顶格写明主送单位。必须明白供电所的直属上级是县电力公司，不要越级和多头请示。

随后转入正文。先陈述缘由。要强调供电抢修工作的重要性，突出抢修工具的老化程度以及对线路抢修工作的影响，以显示请示事项的合理性。接着要写清楚请示事项。为了简化正文，可用统计表的形式详细说明要购置的抢修器材的种类、型号、数量、价格，放在附件位置。

最后另起一段，以惯用语“妥（当）否，请批复”作结。在右下方署名具时盖章。

拟写之后，对照任务要求和【参考例文】进行分析修改，直至满意为止。

【参考例文】

××镇供电所关于购置供电抢修器材的请示

县公司：

电是千家万户日常生活不可缺少的，因自然灾害等原因断电，供电人应当及时抢修，才能更好地履行人民电业为人民的职责。现在，我们线路检修班的一部分抢修工具由于使用年代已久，老化程度相当厉害，已严重影响供电线路的抢修工作。为此，我们急需购置螺丝刀、扳手、钳子、试电笔等抢修工具以及绝缘胶布等抢修材料（具体数量、型号、费用见附件），望批准。

以上请示妥否，请批复。

附件：购置抢修器材明细表

××镇供电所（章）

二〇一一年五月六日

（编者注：本例文成文于 *2012* 年 *7* 月 *1* 日实施新的公文格式国家标准之前，按照当时的公文格式规范，成文日期用中文数字。施行新国标后，应改用阿拉伯数字。请学习本例文时注意。）

【相关知识】

请示是有隶属关系的下级向上级就某项工作或问题请求给予指示或审核批准时使用的期

复性公文。

一、请示的种类

1. 求助性请示

请求上级解决本单位无力解决的问题。在开展某项工作或办理某项事情时，知道该怎么做，也有权去做，但因各种条件的限制，本单位无力办理或解决，需要上级单位的帮助和支持。

2. 审批性请示

请求上级解决本单位无权解决的问题。对某个问题的解决有了自己的初步打算和方案，本单位也有能力去解决问题，但缺少的是权力——万事俱备，只欠“授权”。

3. 政策性请示

请求上级明确或答复某种问题。发文者在具体执行上级的某些方针、政策、任务时对其中政策界限、指示精神等不甚清楚，领会不透，或有不同的理解，或缺少先例，或事关重大，或需要作变通处理，因此请示上级。

二、请示的特点

1. 行文目的的期复性

请示是向上级单位请求指示或批准的呈批性公文，对于是否同意、如何指示、能否解决，上级必须回复。

2. 行文时间的事前性

必须事前行文，得到上级机关批准后才能实施，不可“先斩后奏”或“边斩边奏”。

3. 行文对象的限定性

请示必须是有隶属关系的下级向直属上级呈送，一般不能越级请示。

4. 行文内容的单一性

遵循“一事一报”的原则，不能将两件或两件以上互不相干的事情放在一份请示当中。

三、请示的结构与写法

请示的结构由标题、主送单位、正文、落款四部分组成。

(一) 标题

发文单位＋事由＋文种，如《××学院关于修建学生宿舍楼的请示》。

注意：仅以“请示”作为公文标题是错误的，只有发文单位与文种的标题（如《××××公司请示》）也是不行的，且请示标题中一般不采用“申请”“请求”等词语。

(二) 主送单位

即负责受理和答复该请示的单位。必须是有隶属关系的直属上级单位，且只能有一个，不可多头请示，也不能送领导者个人。

(三) 正文

包括请示的缘由、事项、结语。

1. 请示缘由

不同类别的请示，其缘由的构成内容不同，陈述缘由的方式方法也不同，写作时应区别对待，突出重点。

(1) 求助性请示在陈述缘由时通常以发文者的实际情况、实际困难为主要写作内容，紧紧围绕“依本单位的力量难以解决和克服，根据工作的需要又必须解决和克服”这个基本意思来写。要抓主要矛盾，突出“无力”二字，以显示请示事项的合理性。

(2) 审批性请示陈述缘由通常以“阐释相关请示事项的意义、目的、根据和开展这一事项已具备的主、客观条件”等为主要写作内容，着重突出开展某项工作的必要性、可行性。

(3) 政策性请示：如果是对方针、政策或法规条文等在理解上存在问题，陈述缘由时就要详细引述条文并讲清疑问之所在；如果是工作中对某一问题的处理有不同意见，而又缺乏处理的依据，则要把对这一问题处理的不同意见及请示者自身的倾向性意见都分别写清；如果是工作中遇到新情况、新问题，处理起来没有把握，陈述缘由时就要以新情况、新问题是如何出现、有何具体表现等，作为主要写作内容。

2. 请示事项

指请求上级机关批准、帮助、解答的具体事项。撰写要求如下。

(1) 要符合法规，切合实际，做到材料真实，数字准确，建议合理，具有可行性和可操作性。

(2) 要分清主次，重点突出，力求言简意赅，脉络清晰，表意明白。

(3) 要具体明确，条项清楚，写明想在哪些具体问题、哪些方面得到指示和帮助。

(4) 要语气谦恭，态度诚恳，既不要以指令的口吻表述，也不要低声下气，过于谦卑。

3. 请示结语

求助性请示、审批性请示可以用“妥（当）否，请批复”“妥（当）否，请审批”这样的结语，“政策性请示”往往用“妥（当）否，请指（批）示”作结。

(四) 落款

在正文右下方署上请示制发单位，在其下一行右空 4 字用阿拉伯数字写明年、月、日，请示制发单位的公章盖在日期上。

四、请示与报告的区别

请示与报告同属上行文，但又是两个截然不同的文种，既不能相互代替，也不能互相混淆，必须严格加以区分。

(1) 公文性质不同：请示是期复性公文，报告是陈述性公文。

(2) 发文目的不同：请示以请求批准或请求指示为主要行文目的，报告则以汇报工作、反映情况为主要行文目的。

(3) 行文时间不同：在机关工作中，有“事前请示，事后报告”的说法。请示必须事前行文；而多数报告都是在开展了一段时间的工作之后或是在某种情况发生之后，才向上级作出汇报。

(4) 主送单位不同：请示只能有一个主送单位，报告可以多头报告（不只一个主送单位）。

(5) 内容含量不同：请示只能一文一事，报告可以一文多事。

(6) 处理方式不同：上级对相关请示事项必须用“批复”予以书面答复；而对报告所反映的情况，上级可以不答复。

⌛【相关链接】

××市电业局关于220kV×新变增加生活生产设施的请示

××省电力有限公司：

220kV×新变按无人值班设计，目前只有一间休息室、一间卫生间（不分男女），没有其他生活生产用配套设施。根据省公司生产部新下达的集控所规划（×电生产〔2006〕1164号文《关于印发2007—2011年变电运行集控所滚动规划审查意见的通知》），××县南部的220kV变电站群（目前有×寨变与×新变），集控所所在地设置在×新变（原设置在×寨变），故×新变需要增加生活生产用房间，主要有休息室三间（考虑一班六人，加一管理人员及一司机共八人，共需休息室四间），检修间一间，安全工器具房一间，卫生间一间（男女分开）。根据现场勘测，建议在主控联合楼西侧增加一座三层附属楼共六间房间，具体见附图。建筑面积120平方米，约需资金××万元，我局拟从220kV×新变基建工程的资金中给予考虑解决。

妥否，请批示。

附件：附图.doc

××市电业局（章）

二〇〇七年×月××日

（联系人及电话：×××　×××××××××××××）

（选自何建民、洪薇编著的《电业应用文写作120例》，中国电力出版社2008年2月版。）

（编者注：本例文成文于2012年7月1日实施新的公文格式国家标准之前，按照当时的公文格式规范，成文日期用中文数字。施行新国标后，应改用阿拉伯数字。请学习本例文时注意。）

任务四　函

【教学目标】

了解函的特点和类型，懂得请批函与请示的区别，掌握函的格式与写法，能正确写作商洽函。

【任务描述】

商洽函是平行单位或不相隶属单位之间联系工作、商量问题或洽谈事务（如寻求合作、联系参观学习、请求帮助、商量人事调动等）的文书，承担着在各种单位之间协商办理公务的重任，是公文的函中使用最广泛的一种。函的写作水平高低，直接影响着所商洽公务的办理是否顺利、成功。只有规范地写好商洽函，才能使所商洽事项获得最佳的办理结果。

××职业学院2012届酒店管理专业毕业班学生20人准备进行毕业实习，系里与位于本市的东方大酒店（曾经接受该学院毕业实习的单位）接洽，希望安排这些学生到该大酒店实习，时间为期两个月（2011年12月15日－2012年2月15日）。请你以××职业学院管理系的名义代写一份商洽此事的函。

【任务准备】

问题一：

商洽函的正文包括几部分内容？

参考答案：

正文包括三部分。

(1) 商洽原由。写明为什么要提出商洽，陈述原因、背景、依据、目的。

(2) 商洽事项。写清楚商洽的具体事项，必要时应写明本单位对该事项的倾向性意见，特别要写清对对方有什么要求。如果有几方面的内容，可以分条列出，以便对方考虑。

(3) 结语，可用“贵方意见如何，望复函”等惯用词语作为结尾。

问题二：

根据商洽函写作内容，你能归纳出它的一般格式吗？

参考答案：

××××关于商洽××××的函

××××（主送单位）：

目前，××××××（事实依据）。为了××××××（目的主旨），我们拟××××××（商洽的事项）。恳请××××××（希望对方所作的事项）。

妥否，请函复。（意图主旨兼结语句）

××××（印章）
××××年×月×日

问题三：

有人说，商洽函既是“处事的艺术”，又是“语言的艺术”，请谈谈你的理解。

参考答案：

所谓“处事的艺术”，是指发函者对如何才能办成所要商洽的事项并达到尽可能满意的结果，必须具有高超的分析和解决问题的能力。撰写时，应该认真分析双方在所商洽事项中所处的地位和关系、各种有利和不利的因素以及本方函达对方后对方可能的反应，从而构想出恰当的商洽方略。在分析时，要懂得换位思考，揣摩对方心理；切忌只站在本方的角度，一厢情愿地考虑和处理问题。

所谓“语言的艺术”，是指在形成函文时要通过准确恰当的语言表达来体现商务函的“处事艺术”。由于主旨目的不同、商洽事项不同、双方地位不同等因素，商洽函的具体语言及其风格态度也大不相同。比如，根据【任务描述】可以看出，本任务所要求写的商洽函是一份求助于他人的函，那么我们就应该态度诚恳，礼数周到，请求合理，讲究分寸，在求助时充分肯定对方的作用和影响力。

✿【任务实施】

首先，标题采用“××××关于商洽××××的函”这一格式，居中写明。

受函单位是东方大酒店，应该顶格写出。

正文开头是缘由部分，主要突出东方大酒店在该系毕业实习工作中的帮助和作用，借此来联络双方感情，增进合作的可能。然后进入正文主体，说明商洽事项和要求对方所做的事。其中，最重要的是写明白希望对方在此次实习工作中所做的事项。结语部分，用“妥否，请函复”来表达得到答复的愿望。文后还应该提供“实习生情况一览表”和“实习大纲”，以帮助对方掌握情况。

最后，在右下方署名具时盖章。

拟写之后，对照任务要求和【参考例文】进行分析修改，直至满意为止。

【参考例文】

××职业学院管理系关于商洽学生毕业实习事项的函

东方大酒店：

酒店服务与管理的专业实习是专业教学计划中十分重要的实践性教学环节。我系酒店管理专业毕业生实习工作，多年来一直得到贵酒店的大力支持和热情帮助。通过在贵酒店的实习，我系毕业生的实践能力得到了很大的提高，在此我们深表感谢。

今年，我系酒店管理专业毕业班学生共20人（名单见附件），仍希望前往贵酒店实习。根据教学计划，本次实习共安排2个月（2011年12月15日—2012年2月15日）时间。随函附上该专业本次实习大纲，供贵酒店了解学生实习实践的目的要求，以便管理和指导。如蒙接受学生实习，我们恳请协助的事项是：

1. 尽可能考虑学生专业和特长，安排适当的实习岗位和实习指导老师。

2. 希望能在学生思想、业务、生活等方面严格要求并给予充分指导。

3. 毕业生完成毕业实习，请贵酒店为其出具毕业实习鉴定，对其实习工作内容、工作能力、工作表现以及所反映出的职业素质做出评价。

4. 请在我系专业老师巡查实习时对我们的实习环节提出宝贵建议。

可否，请复函。

附件：1. 实习学生情况一览表

2. ××职业学院酒店管理专业学生实习大纲

××职业学院管理系（章）

二〇一一年十二月七日

（编者注：本例文成文于*2012*年*7*月*1*日实施新的公文格式国家标准之前，按照当时的公文格式规范，成文日期用中文数字。施行新国标后，应改用阿拉伯数字。请学习本例文时注意。）

【相关知识】

函是不相隶属单位之间商洽工作，询问和答复问题，请求批准和答复审批事项时使用的文种，属于典型的平行文。函的使用功能非常多样。

（1）向有关部门请求批准事项。

（2）向有关部门请求协助或商洽解决某一问题。

（3）向有关部门询问有关方针、政策和工作中遇到界限不明确的问题。

（4）答复来函单位的询问事项。

（5）平级或不相隶属单位之间相互通知事项。

一、函的种类

按照内容可分为如下几类。

1. 商洽函

不相隶属单位之间商洽工作、联系有关事宜的函。

2. 询答函

不相隶属单位之间相互询问和答复有关具体问题的函，可分为“询问函”和“答复函”。

3. 批请函

用于不相隶属单位之间请求批准和答复审批事项的函，包括“请批函”（请求批准）和“审批函”（答复审批）。注意：向有隶属关系的上级单位请求指示、批准、答复有关事项要用“请示”，向没有隶属关系的业务主管单位请求批准和答复有关事项则用“请批函”。

4. 告知函

告知不相隶属单位有关事项的函。

二、函的特点

1. 沟通性

函用于不相隶属单位之间洽谈工作、询问问题、答复事项，是一座很好的沟通协调桥梁。

2. 平等性

函“用于不相隶属单位之间”的行文特点体现了其平等性，发函要使用平和、礼貌、诚恳的语言，字里行间要充分体现平等、尊重的文风。

3. 广泛性

函对发文单位的资格要求很宽松，党政机关、社会团体、企事业单位，不论级别高低，均可发函。

4. 单一性

函一般内容单一，主旨集中，一函一事。

三、函的结构

由标题、主送单位、正文、落款四部分组成。

（一）标题

发文单位＋事由＋文种，如《××市劳动局关于工伤确认等问题的函》《××公司关于商品运输被损索赔的复函》。

（二）主送单位

函的行文对象一般情况下是明确、单一的，所以多数函的主送单位只有一个。但有时内容涉及部门较多，也有排列多个主送单位的情况，如《国务院办公厅关于羊毛产销和质量等问题的函》的主送单位就有七个之多——国家计委、经贸办、农业部、商业部、经贸部、纺织部、技术监督局。

（三）正文

一般包括缘由、事项和结语三层。

1. 缘由

去函：概括交代商洽、请求、询问或告知事项的目的、依据、背景、原因等。

复函：先引用对方来函的标题、发文字号，说明复函缘由。

缘由结束后，常用“现将有关情况说明如下”“现就有关问题函复如下”等习惯用语转入下一部分。

2. 事项

去函：写清楚商洽、请求、询问或告知事项的主要内容，并向对方提出希望或要求。

复函：有针对性地作出具体明确的答复。

3. 结语

去函：如要对方回复，一般用“特此函询，请函复”“即请函复”“敬请大力支持为盼”；如无须对方回复，一般用“特此函达”“特此函告”等。

复函：一般用“此复”“特此函复”。

（四）落款

在正文右下方署上发函单位，在其下一行右空4字用阿拉伯数字写明年、月、日，发函单位的公章盖在日期上。

【相关链接】

××电力公司关于××县××村居民反映交费不便问题的复函

××××处：

贵处《关于转办××县××村×××反映取消供电所人员下乡收费存在诸多不便问题的函》（××〔××××〕××号）收悉，我公司责成××供电支公司对此事进行了落实，并与反映人沟通，反映人对处理结果和解释非常满意。现函复如下：

××县供电所营销自动化系统于××××年×月×日全部上线。根据国网公司抄核收管理标准中对于收费环节要求除特殊边远地区外尽量采用坐收方式的相关规定，针对××县的营业面积相对较小、用电户相对集中的具体情况，我公司对收费方式进行了改革，实行电费坐收，定点缴费。对于这一改革，我们在8月底9月初进行了广泛的宣传，家家户户印发宣传资料，在电视台播放通告，并在各台区和居住集中区张贴告示。

采用营销自动化系统后，收费情况良好，9月份居民用户收费率达到95%，取得了多数客户的理解与支持。但由于营销自动化系统刚投入使用，难免出现一些问题，××村居民×××在交电费时，遇到了网络不通的问题，缴费未成功。

接到反映问题后，我公司高度重视，对收费过程中存在的相关问题进行了落实整改：一是对于提出的网络中断问题，专门下发《网络中断缴费的应急预案》，使用手工开票的办法，确保客户能够一次交费成功。二是××支公司在缴费期内营业时间向后延迟一小时，以方便群众缴费。三是针对缴费系统已实现电子记账到户的功能，再次印发宣传资料进行广泛宣传，让客户放心地进行电费预付，以减少往返缴费的次数。四是对于确有缴费困难的客户，可电话预约，安排上门收费。10月9日，我公司派人专程到反映人家中道歉，并对相关问题进行了沟通。反映人对我们的处理结果和解释非常满意。对于确属交费不便的偏远山区，我公司将相应调整为走收模式，使矛盾在当地及时解决，为广大群众提供更加便利的交费服务。

特此复函

××电力公司（章）

××××年×月×日

（选自××电力公司内部资料）

任务五 纪　　要

【教学目标】

掌握纪要的特点和写作要点，了解纪要和会议记录的区别，能写作符合要求的纪要。

【任务描述】

纪要是贯彻落实会议精神、指导工作、解决问题、交流经验的重要工具，是传达会议信息的主要媒介之一。它通过记载会议基本情况、会议成果、会议议定事项等，综合概括地反映会议精神。党政军机关、社会团体、企事业单位召开的比较重要的会议，一般都要制作纪要。纪要向上级单位呈报，可以汇报会议情况，以便得到上级对工作的指导；向同级单位发送，可以通报会议情况，以便得到同级单位的支持配合；向下级单位发送，可以传达会议精神，以便统一认识，贯彻执行。

进入大学以后，上学目的、就业前景、身份使命、学习态度等问题常常困扰着许多学生，为此，2012 年 4 月 6 日上午××学院历史系在东区教学楼 239 教室召开了大学生热点问题座谈会，历史系的 36 名同学参加了此次会议。与会同学从自身经历出发，踊跃发言，大胆质疑，认真反思，用心剖析，会议取得了圆满成功。对这些大学生热点问题，你有什么看法？本任务要求你们班也召开一次这样的会议，以达到“聆听心声、正确引导、规划生活、定位人生”的目的。会上要做好记录，而后形成一份纪要。要求：

（1）真实反映会议情况，内容符合会议宗旨。

（2）突出重点，简明精练。

（3）层次分明，条理清楚。

【任务准备】

问题一：

为了写出一份高质量的纪要，写作前应该做好哪些准备工作？

参考答案：

（1）了解会议情况。撰写纪要需事先清楚会议的背景目的、议题议程、参会人员等情况；如果有书面的会议材料，应在会前仔细阅读。对于自己初次接触或不了解的业务工作、专业技术以及会议拟议事项的基本情况，要请教相关人员，收集有关资料信息，做到心中有数。

（2）做好会议记录。会议记录是将会议的组织情况和会议内容，包括会上的报告、发言、讨论、决议等记录下来所形成的书面材料。纪要是在会议记录等相关材料的基础上，围绕会议的中心议题和指导思想，经过加工、整理、概括、提炼而形成的公文。由此可见，会议记录质量的好坏是写好纪要的先决条件。好的会议记录应该做到“三求”：一“求全”，即记录必须体现会议的实际议程、发言的主要内容和形成的表决意见，不能有所遗漏；二“求快”，即记录时要耳灵手快，迅速感知发言内容并尽快转换成文字形式；三“求准”，即确保记录内容不变质、不走样，为撰写纪要提供准确依据。

（3）明确会议宗旨。一次会议涉及的问题往往很多，在写纪要时必须抓住会议所集中解决的几个主要问题，形成纪要的中心，切不可面面俱到。在会议的具体讨论中经常会产生几种不同意见，不能把这些意见都纳入纪要，而应根据会议的宗旨，分析综合各种意见，集中反映符合会议中心要求的意见。

(4) 学会归纳概括。围绕会议议定事项，逐一分类、分层、分序地加以分析归纳，总结提炼。分类就是对会议议定事项分出相应的类别；分层是指对同一事项描述要分清轻重、主次、大小关系；分序是指对不同类但具有一定联系的事项要分清先后，对同类但有明确次序关系的事项要按次序描述。

问题二：

怎样写好纪要的正文部分？

参考答案：

首先要写好正文的内容要素。纪要的正文一般包括四个部分的内容，即“会议认为”“会议决定”“会议要求”“会议强调”。“会议认为”部分，写工作的基本情况分析、重要意义、主要原则等；“会议决定”部分，写要做什么、怎么做等内容；“会议要求”部分，写各单位要承担的工作任务；“会议强调”部分，写加强领导、加强宣传、加强督查等内容。

其次要运用恰当的结构方式。根据纪要的内容情况，可以采用下列方式。

(1) 条文式，把会议议定的事项分点写出来。办公会议纪要、工作会议纪要多用这种写法。

(2) 综述式，将会议所讨论、研究的问题综合成若干部分，每个部分谈一个方面的内容。较复杂的工作会议或经验交流会议纪要多用这种写法。

(3) 摘记式，把与会人员的发言要点记录下来。一些重要的座谈会纪要，常用这种写法。

问题三：

纪要在语言表达上有哪些要求？

参考答案：

(1) 采用第三人称写法。纪要以整个会议的名义表述，反映的是与会人员的集体意志，必须概括会议的共同决定，常以“会议”作为表述主体，如“会议认为”“会议指出”“会议决定”“会议要求”“会议号召”“与会代表一致表示”等。

(2) 讲究用语。按照纪要的不同用途，恰当地使用不同的用语。例如：要上报的纪要可以使用“会议讨论了××问题”“会议考虑××问题”等词语；平行发送的纪要可以使用“会议商讨了××问题”“会议达成××共识”等词语；下发的纪要可以使用“会议决定了××事项”“会议要求”“会议强调”“会议号召”等词语。

(3) 选词炼字要准确。作为公文，纪要必须写得清楚明确、句稳词妥、通体通畅，以更准确、有效地传达会议精神。另外，句式安排要善用短句、陈述句和祈使句，这样才能使纪要的内容既便于阅知又便于操作，更好地发挥其作为管理工具的作用。

✿【任务实施】

第一步：形成轮廓。在撰写前进行通篇考虑、全盘谋划，以会议讨论的问题为单位，分条理、分层次、划项目，逐一展开，布好写作格局，形成写作框架，为进一步充实内容拟好提纲。

第二步：分门归类。根据与会者发言的顺序和实际内容，按照发言内容的不同，将各与会者发表的看法和交流的意见，依次分类填充到写作框架中。

第三步：去粗取精。对纪要内容的详略取舍以及文字表述等方面进行加工，深入推敲，使其脉络畅通，明快犀利，逻辑严密，条理清晰。

第四步：参照【相关知识】中介绍的纪要的格式、写法和写作注意事项，完成初稿的写作。

最后，对照任务要求和【参考例文】对初稿进行分析修改，直至满意为止。

【参考例文】

历史系大学生热点问题座谈会会议纪要

历史系大学生热点问题座谈会于2012年4月6日上午在学院东区教学楼239教室召开，36名同学参加了会议，×××教授主持会议。会议主要就“上大学的目的”“大学生就业”“大学生的身份和使命”“大学教育”等热点问题展开了充分的讨论。与会同学从自身经历出发，踊跃发言，大胆质疑，认真反思，用心剖析。会议取得了圆满成功。现将本次座谈会的内容综合纪要如下：

一、本次座谈会的主要收获

从与会人员的发言和大会交流的情况来看，同学们都结合实际，就预定议题进行了深入分析和探讨。会议期间，主持人从多角度多方面对议题进行阐释，并进行了深刻的剖析，帮助同学们认清了问题的本质。主持人还对与会人员的发言进行了归纳和总结。

会议认为，大学生上大学不仅是为了学习书本知识，为了获得一张文凭，或为了谋取一份较好的工作，更重要的是为了提高自己的综合素质，通过学习，不断“转识成智”，提高认识世界和改造世界的能力。

会议指出，大学生应该认清自己的身份和地位。就目前而言，大学生是拥有较高素质的劳动者。因此大学生在就业方面，不能眼高手低，过分高估自己；也不能妄自菲薄，随意看轻自己。总之，大学生由于拥有较高的素质，具有较强的适应能力，只要肯吃苦、肯上进，保持积极乐观的心态，其前景将一片光明。

会议肯定，大学生是有使命的人。明代张载说过读书是“为天地立心，为生民立命，为往圣继绝学，为万世开太平”，这在今天都是有积极意义的。在当代，大学生的使命一是继往开来，建设中国特色社会主义；二是勇于创新，实现中华民族的伟大复兴；三是积极努力，为世界和平发展、人类社会进步事业做贡献。其中最重要的，就是继承和发扬中华民族优秀的传统文化。

二、本次座谈会的争论部分

会议总体在友好融洽的交流和讨论氛围中进行，但其间也出现了小范围的争论。争论主要是围绕大学扩招政策、技工比大学生工资高、本科高校与专科学校的区别等问题进行，最后在主持人×××教授的全面分析和耐心解读下，大家逐步达成共识，即大学生要不断提高自身的专业素质，打好专业基础，同时也要提高自己的思想修养和道德水平，并加强社会实践，使自己“内外兼修”，这样才能提高自己的社会竞争力，进而实现自己的人生理想。

大学生是社会人才储备力量，是民族未来中坚力量，会议倡议广大学子始终做到谦虚谨慎、不骄不躁，艰苦奋斗、勇往直前，海纳百川、自强不息！

（选自新浪博客，略有改动。）

【相关知识】

纪要是用于记载、传达会议情况和议定事项的公文。

一、纪要的特点

1. 纪实性

纪要是对会议基本情况的忠实反映，必须传达会议议定的事项和形成的决议；不能更改会议议定的事项，更不能随意改动会议上达成的共识和形成的决定，一般也不对会议内容进行评论。

2. 概括性

纪要必须对会议的所有内容进行综合、概括、选择和提炼，不能原原本本地照抄会议记录，不能像记流水账一样事无巨细一律照录。

3. 指导性

纪要对议定事项作出的安排、提出的贯彻要求，对相关单位和人员的实际工作具有很强的指导作用和约束力。

二、纪要的写法

1. 标题

（1）由事由、文种两个要素构成，如《电力工程安全会议纪要》。

（2）由单位名称、事由和文种构成，如《××省教育厅关于2012届大学毕业生就业工作的会议纪要》。

（3）由正、副标题构成，正标题体现会议的主题，副标题说明事由和文种，如《坚决关停小火电机组，确保实现全年节能减排目标——××发供电企业联席会会议纪要》。

2. 正文

通常由导言、主体、结尾组成。

（1）导言。记述会议的基本情况，包括会议召开的形势和背景，会议的指导思想和目的要求，会议的名称、时间、地点、与会人员、主持者，会议的主要议题，对会议效果意义的总体评价。

（2）主体。概括会议的主要精神，包括会议研究的问题、达成的共识、布置的工作和提出的要求等。

（3）结尾。提出会议的希望，要求有关单位认真贯彻执行会议精神，努力完成会议提出的各项任务。有的纪要不用结尾，主体内容完结，纪要就自然结束。

三、纪要和会议记录的区别

（1）文体性质不同。纪要是依据会议情况综合而成的法定机关公文，会议记录是在会议现场将会议有关情况如实记录下来的事务类文书。

（2）写作要求不同。会议记录是对会议内容最直接、最初始的反映，内容有点庞杂，语言较为随意，强调原汁原味、真实客观；纪要则是在会议记录基础上的进一步升华，加入了撰写者分析、判断等个人因素，把口语化的语言加工成了公文语言，强调精要凝练、准确规范。

（3）形成过程不同。会议记录是随着会议的进行过程同步产生的；纪要则要在会议后期甚至会议结束后，通过选择归纳、加工提炼之后才能形成。

（4）作用功能不同。会议记录是存档备用的内部资料，无须传达或传阅；纪要通常要在一定范围内传达或传阅，要求贯彻执行。

【相关链接】

2006特高压输电技术国际会议纪要

（*2006* 年 *11* 月 *29* 日）

2006年11月27日至29日，来自世界19个国家和地区的电力企业、研究咨询机构、协会组织、大学、金融机构、设备制造企业的代表，参加了在中国北京举行的“2006特高压输电技术国际会议”，深入讨论了电力工业发展面临的挑战，探讨了电网发展的目标和方向，交流了特高压输电技术研究的成果，达成广泛共识。

会议介绍指出电的发现和应用是人类历史上最重要的成就之一。电能作为经济、方便的清洁能源，其消费水平的高低是社会文明程度的重要标志。电力工业是经济社会发展的重要基础，对推动世界经济发展和人类社会进步发挥了巨大作用。技术创新是电力工业发展的动力源泉。人类有电100多年来，一代又一代的电力工作者，积极创新，不懈追求，推动了电力发展的伟大进程。电网规模不断扩大，电压等级不断提升，电力系统运行的经济性、可靠性不断提高，有力地支撑了经济社会发展。上世纪中后期，人类社会开始面临资源与环境的双重压力，给电力工业带来新的挑战。为了满足持续快速增长的电力需求，世界有关国家先后开展了1000～1600千伏特高压输电技术研究，其中前苏联、意大利和日本建成了特高压工业试验工程。

会议认识到，特高压输电具有输电容量大、送电距离长、线路损耗低、工程投资省、走廊利用率高和联网能力强等特点，是输电技术的重要发展方向，对推动世界电力工业的创新发展具有重要意义。

会议认为，已有研究成果和工程经验充分表明，特高压输电在技术上不存在无法逾越的障碍，已进入工程应用阶段，具有广泛的应用前景。

会议注意到，中国电力需求持续高速增长，能源资源和用电负荷分布极不均衡，需要建设大规模、远距离的交直流电网。建设特高压电网，可推动中国能源资源的高效开发与利用，促进中国能源工业的可持续发展。

会议赞赏中国国家电网公司在发展特高压输电方面所作的努力。近年来，中国积极推动特高压输电技术研究，取得了重要突破，进一步发展完善了特高压输电技术。中国建设1000千伏特高压交流、±800千伏特高压直流试验示范工程，加快发展特高压电网，不仅对于中国，而且对于世界许多国家和地区都具有重要意义。

建设电网，发展电力，服务全球经济增长和社会进步，是我们面临的历史任务。会议倡议，建立特高压输电技术的交流沟通机制，加强技术交流与合作，共享经验和知识，推动国际特高压输电技术的研究与应用，共同应对新世纪电力工业可持续发展的挑战。

（选自国家电网公司网 *www.sgcc.com.cn*，略有改动。）

任务六　规　章　制　度

【教学目标】

了解规章制度的分类，掌握规章制度的结构与写作要求，能写作简易的规章制度。

【任务描述】

俗话说："没有规矩，不成方圆。"人类一切正常有序的活动都与规章制度有关。规章制度可以建立秩序，维持社会生活的正常运转；可以加强管理，提高工作活动的效率；可以明确标准，保证行为目标的质量。在生活中，我们遵守交通规则，可以保证车辆、人流的通畅及安全；在企业里，各种规章制度可以使企业经营有序，增强企业的竞争实力；在校园中，各项规章制度是学生学习、生活的行为准则，是对学生在校期间的一切活动具有指导意义和规范的约定。

在几年的大学生活中，寝室生活占据了同学们一半的时间。寝室就是一个家，是同学们学习、生活与思想交流的主要场所之一。建设和谐寝室，对于加强学生思想政治教育、促进学生成长、构建和谐校园等具有重大意义。建设文明寝室的方法有许多，其中很重要的一项就是建立合适的制度，以促进寝室和谐，减少寝室矛盾，增进同学情谊，增强寝室凝聚力。请根据你们寝室的实际情况，制定一份《文明寝室公约》。要求：

（1）内容明确具体，格式规范正确，便于检查和执行。

（2）层次清楚，言简意赅，朴实通畅。

（3）注意共性和个性的统一，富有创意。

【任务准备】

问题一：

公约有什么特点？

参考答案：

（1）公众约定性。公约是订约人自愿协商缔结的公共约法，不是正式的法律和法规，对参与者只有道德约束力，没有法律效应。

（2）基本原则性。公约的内容在多数情况下都是一些基本道德准则和精神文明建设的原则要求，不像细则那样详尽具体，因而公约大多短小精悍。

（3）一致认同性。公约是在公共协商的基础上拟订的，应得到每个缔约者的认同。

（4）集体监督性。公约一经公众认定，就是订约人的行为和道德规范，每个人都有履行公约的义务，不得违反。同时，它也是人们互相监督的依据，每个人都有以公约为准则监督别人的义务。一旦发现有违背公约的行为，大家都有权进行批评和谴责。

（5）长期适用性。公约所涉及的内容一般都具有长期的稳定性，制定公约时应该充分考虑到这一点，要选择大家共同关心的、有长期意义的原则性事项写入公约。

问题二：

制定寝室公约的原则是什么？

参考答案：

寝室公约是在遵守学校规章制度和充分尊重每个寝室成员个性的前提下，经寝室全体成员友好协商、普遍认可，由每个寝室自主规定，充分尊重学生选择权的寝室公共准则。寝室的每名学生都要从珍惜同学感情、珍视同学缘分的角度，本着相互理解、相互尊重的原则，一起参与讨论、认真制定寝室公约，并自觉遵守公约的内容。只有这样，制定的寝室公约才能真正有效，真正为创建良好的寝室环境发挥切实的作用。

问题三：

寝室公约包括哪些内容？

参考答案：

寝室公约可以包含校规校纪、文明礼貌、寝室安全、环境卫生、公共道德、诚实守信、寝室团结、作息时间、学习习惯、生活习惯等方面的内容，制定时要求重点突出，内容具体，可操作性强。

问题四：

制定寝室公约的实施步骤都有哪些？

参考答案：

(1) 宣传动员阶段。召开主题班会，把制定寝室公约的目的、意义及对学生自身发展的影响等传达到每一名学生，同时要充分发挥学生的积极性、主动性、创造性，让每位同学围绕如何建好自己的寝室积极献策出力。

(2) 讨论制定阶段。每个寝室由寝室长牵头，寝室全体成员共同参与，结合本寝室的实际情况，讨论制定出能够反映寝室全体成员意愿，有自己的特点并有约束力的公约。

(3) 辅导员审定阶段。辅导员应对各寝室制定的公约逐个审定，要求公约内容积极向上，用语文明规范，格式符合要求。

(4) 张贴实施阶段。将公约在寝室张贴实施，要求寝室各成员相互监督、遵照执行。辅导员老师要对寝室公约执行情况进行跟踪检查。

✿【任务实施】

首先撰写标题，可以采用“寝室名＋性质＋公约”的格式，标明公约的名称。

其次，套用“为了……特制定本公约”的固定格式撰写引言部分，写明制定公约的目的、意义。

再次，转入公约的核心部分，即公约的具体内容。运用条文式写法，将参加订立公约的成员要遵守的具体事项一一列出。除了保留学生寝室的一般要求外，公约还应该突出针对性，即针对本寝室的一些弱点，显示努力的方向，让每一位室友扬长避短，让每一个寝室和谐发展。

最后署上寝室名，表明遵守公约的承诺和意向，并注明成文时间。

将写好后的初稿和室友们交流讨论，并对照【参考例文】和【相关知识】反复修改，直至满意为止。

【参考例文】

×××寝室文明公约

寝室是大学生学习、生活的主要阵地，也是建立和谐人际关系的平台。良好的寝室文明氛围是大学生学习、生活的重要保障，因此，我们要构建良好寝室氛围，使寝室成为一个温暖的家。

我们的寝室文明基本原则是：宽容、自律、真诚、互助。

一、顾家篇

1. 进出门时主动与室友打招呼；室友回寝室，要帮忙拿东西。
2. 出门时要告知以免大家担心，晚归要打电话报平安。
3. 注意安全，寝室无人时要锁门，不随便接待陌生人，不使用违章电器。
4. 节约能源，养成随手关水关电的好习惯。

二、尊重篇

1. 彼此平等尊重，开玩笑要适度，不要伤害他人感情。
2. 尊重室友隐私，不随便翻看他人物品，不过分打听别人的私事。
3. 做可能影响到室友的事情（例如开窗、关灯等）前，先征得室友同意。
4. 保持安静，门轻推轻关，物品轻拿轻放，休息时间切忌大声喧哗。
5. 保持良好的个人卫生和公共卫生。

三、沟通篇

1. 彼此信赖，有事大家同商量。
2. 有错时主动真诚地道歉并求得谅解，也学会大方地接受室友的歉意。
3. 虚心接受室友善意的批评与指正。
4. 有误会或矛盾时要及时沟通。
5. 不要让自己的坏情绪影响到别人。

四、友爱篇

1. 团结互助，友爱照顾。
2. 共同打扫寝室卫生，共同布置寝室。
3. 学习、生活中要互相帮助，团结友爱，营造良好的学习气氛。
4. 物质同分享，精神共交流，一起共成长。

祝大家在大学四年里，享受一个好的寝室文化，获得一帮很铁的室友、知己。

×××寝室

20××年×月

（选自搜狐博客 *http*：//*swufeenglish. i. sohu. com/blog*）

【相关知识】

一、规章制度概述

规章制度是国家行政机关、社会团体、企事业单位为建立正常的工作、生活、学习秩序，依照国家法律、法令和政策，在自己权限范围内制定的具有法规性、指导性与约束力的规范性公文。

规章制度是一个泛称，可以分为行政法规、章程、制度和公约四大类。具体文种有：条例、规定、办法、细则、章程、制度、规程、规则、守则、公约等。

行政法规是根据国家宪法、法律、法令和方针、政策而制定的履行行政职责的规范性公文，包括条例、规定、办法、细则。

章程是政党、团体、企业或其他组织依据法律法规，对本组织的性质、宗旨、任务、组织原则、成员条件及义务、权利、机构设置、职权范围、行为规则、纪律措施等作出规范要求的规章。

制度是国家机关、团体、企事业单位为了加强对某项工作的管理而制定的要求有关人员共同遵守的管理操作规程和行为准则，包括制度、规程、规则、守则等。

公约是社会组织或团体为了维护公共利益，通过讨论协商而制定出的共同遵守的规则。

一般说来，规章制度具有如下特点：一是执行上的强制性。规章制度是人们在某一方面的行为规范，具有法规性和约束力。二是内容上的严密性。规章制度必须与党和国家有关的方针、政策、法律、法规保持一致。三是表达上的条款性。条文要明确具体，不能含糊其辞。

二、规章制度的格式

一般由标题、正文、落款组成

1. 标题

一般有以下几种形式。

(1) 制定单位、事由、文种组成，如《中华人民共和国商标法实施细则》。

(2) 适用对象、事由、文种组成，如《供电营业员工文明服务行为规范》。

(3) 适用对象、文种组成，如《高等学校学生守则》。

(4) 事由、文种组成，如《技术改进奖励条例》。

2. 正文

规章制度的正文一般都要分条列目。写作时先总纲，后细目；先一般，后个别；先概括，后具体；先原则，后例外。基本上可分为三个组成部分。

(1) 开头。一般是说明制订本规章制度的依据、目的或背景，有的还阐述了本规章制度的基本原则。

(2) 主体。具体叙述规章制度的内容，是规章制度的核心。如果内容较多，可以分章，章下分条、款。

(3) 结尾。结尾一般称附文，又叫附则，是主体部分的补充和说明，如本规章制度适用范围、具体实施办法的制定权、解释权以及有关事项的说明、实施日期等。

3. 落款

具名和日期。

三、规章制度的写作要求

(1) 要符合党和国家的政策。制定规章制度必须有法律依据和政策依据，绝不能与党和国家的政策法令相抵触，这样才能确定和保证规章制度的法规效力。

(2) 要符合本单位本部门的情况。任何一项制度都有其特定的针对性，同样的制度在不同的单位里都各有侧重点和要求。只有根据本单位的情况，写出它的特点，写的东西才有生命力，才能言之能行，行之有效。

(3) 注意体式结构的规范化。规章制度好几个文种之间既有联系又有区别，写作时应准确把握其不同的体式特点，根据其各自的适用范围、制定权限与效力，正确地选用。在结构安排上，要对条文的先后顺序与内容的主次进行精心设计，做到结构完整，层次分明，布局合理。

(4) 重视定稿过程的完整性。规章制度的写作通常都要经过多次反复认真的推敲、修改、酌定或试验、实证。一些重要的规章制度成型后，先要制成讨论稿，发给有关部门、单位，经认真讨论、逐条审议修改后，方能定稿。

【相关链接】

调度操作票管理制度

1. 电网倒闸操作，必须根据值班调度员的命令执行，未得到调度指令不得擅自进行操作。

2. 调度操作指令票分逐项操作指令票和综合操作指令票两种：

(1) 综合操作指令票（即综合命令票）：其倒闸操作仅在一个操作单位内进行，此票仅提出操作任务和主要的注意事项。

(2) 逐项操作指令票（即操作命令票）：其倒闸操作涉及两个或两个以上操作单位，此票的操作内容要按顺序分项填写，可不写检查项目。操作项目中的注意事项，应注在有关项目的备注中。

运行单位应根据调度下达的操作指令票要求，立即填写倒闸操作票，填好后即向调度汇报。严禁用综合指令票或逐项操作指令票代替现场倒闸操作票。

下达操作票是操作前的准备阶段，操作票填好后不能立即操作，正式操作必须接到值班调度员发布的操作命令后方可执行。

3. 下列各项操作可以不用操作指令票，但须作好详细记录：

(1) 事故处理（不包括事故处理完后的恢复送电操作）；

(2) 断开、合上开关的单一操作；

(3) 拉开接地刀闸或拆除一个操作单位仅有的一组接地线；

(4) 继电保护及安全自动装置的投退或定值调整；

(5) 开停机炉。

4. 值班调度员在指挥操作前必须考虑：

(1) 操作正确性，严防非同期并列、带地线合闸、带电合地刀、带负荷拉合刀闸等误操作；

(2) 能否合环，是否存在相位差；

(3) 系统接线方式改变后的功率平衡，以及操作所引起的潮流、电压、周波的变化，设备是否过载；

(4) 继电保护配合及自动装置的调整；

(5) 系统中性点接地方式及消弧线圈的补偿度调整;

(6) 停用电压互感器对保护、自动装置的影响;

(7) 线路有无"T"接负荷;

(8) 可能出现的过电压;

(9) 可能出现异常情况的事故预想和运行方式变化后的事故处理;

(10) 正常情况下,保证设备检修按计划时间开工;

(11) 操作后对通信、远动、计量等的影响。

发布调度指令,发、受令双方均应启用录音机,发令人应向受令人讲清任务和操作目的,并按操作票逐项下达,严格履行复诵制,双方应确认无误。

5. 填写操作指令票应以检修票、运行方式通知单、继电保护通知单和有关规定为依据。

6. 操作票填写要求整洁、简明、字迹清楚,不得任意涂改,内容简明,设备名称应使用双重编号,使用统一调度术语,填写完毕应对照调度模拟图仔细检查,经同值人员审核无误后提前两小时下达给操作单位;如遇复杂操作,应提前四小时下达给操作单位;特殊情况除外。一张操作票只能填写一个操作任务。

7. 拟写逐项操作指令票时,电气设备状态的转换应遵循"逐级转换",严禁跨状态,即遵循:运行状态⟷热备用状态⟷冷备用状态⟷检修状态的原则。

8. 操作指令票应经过拟票、审票、下票、执行四个环节。

9. 逐项操作指令在执行中应坚持逐项发令、逐项执行、逐项汇报的原则。在不影响安全的情况下,如遇连续几项由同一个单位操作,则可将几项一次按顺序下达,操作单位则逐项执行,一次汇报。

10. 值班调度员对下达的操作指令的正确性负责,受令人对操作的正确性负责。

11. 各站在操作过程中发生疑问时,应立即停止操作,向值班调度员报告,不得擅自更改操作票,操作完毕及时向调度汇报。

12. 调度员只有接到操作单位汇报后,方可认为该项操作完毕;操作票执行完毕后,应仔细检查一遍,并加盖"已执行"印章。

13. 作废操作票加盖"作废"印章,并注明作废原因;某一项不执行,应注明"不操作"及其原因。

14. 地调直接向各站下达的操作任务,各站在执行完毕后,除向地调汇报外,还应报告县调值班员。

15. 受令人在操作中如听到电话铃响,应停止操作,并迅速接听调度电话。

16. 值班调度员在下令倒闸操作前应与有关单位联系,一般操作应避免在高峰负荷或交接班时进行。事故及特殊情况除外。

17. 严禁"约时"停、送电。

(选自何建民、洪薇编著的《电业应用文写作 *120* 例》,中国电力出版社 *2008* 年版。)

【学习项目总结】

本学习项目主要通过学习和实践,掌握通知、报告、请示、函、纪要等机关公文与简易规章制度的写作方法。每一种机关公文虽然在行文目的、种类范围、格式要求等方面都有各自的特点，但是通过本项目的学习，我们发现机关公文的写作是有规律的，可以根据“干什么”“为什么”和“怎么样”的逻辑划分，将公文正文分为“主旨”“依据”和“事项”三个要素。

这三个要素各有一套恒定的表达特征以便区别，同时按照“内容集中、先后有序、详略得当”的结构标准和“主旨明确、正确、切实，依据真实、切题、充分，事项具体、周密、可行”的内容标准组合在一起，传递着各种各样的公务信息。

在具体写作时，我们往往按照“明确写作主旨——给写作定位”“收集信息资料——供写作参考”“拟定结构提纲——搭写作框架”“完成正文草稿——填写作内容”“认真修改检查——定写作终稿”这样的写作步骤，完成一篇公文的写作。

机关公文是国家党政机关和社会团体、企事业单位实施领导与管理的重要工具与手段，公文写作是各级机关、各个单位公务活动的重要组成部分，是一项政治性和政策性很强的工作。所以，我们除了要掌握公文的格式写法外，更要注重公文写作内在素养的提高。要有一定的政策理论水平，熟悉相关业务和管理工作情况，要有较宽的知识面、较好的文字功底，还要有积极认真的写作态度与爱岗敬业精神。只要我们与时俱进，勇于创新，不断学习，勤学苦练，就一定会写出高质量的机关公文。

规章制度属于规范性公文的范畴，其内容要素、格式写法与机关公文有许多相似之处，对写作者综合素质的较高要求则完全一样。

【复习思考】

1. 根据以下内容提示，拟写公文标题。

(1) 某市人民政府发文要求所属单位认真贯彻执行省政府关于政务公开的规定。

(2) 某县工业局为申请购置防暑设备的经费，向该县财政局制发文件。

(3) 某省农业厅就 2012 年春季抗旱救灾问题，向省政府请求急拨救灾款 1 亿 5000 万元。

(4) 某市教育局在高考结果揭晓之后，研究总结此次高考中的经验和问题，告知省教育厅。

(5) ××铁路局柳州供电段请××县安全生产监督局协调解决影响线路供电安全事项。

2. 请将以下各题的错误之处改正过来。

(1)（公文标题）××学校申请搬迁校园经费的请示报告

(2)（公文标题）××公司关于完全彻底地开展增收节支活动的通知

(3)（公文标题）××交通局关于××水电站施工期间严重影响我们水运的汇报请示

(4)（公文标题）××大学优秀学生评奖的通知

(5)（发文字号）渝教高（2011）第 036 号

(6)（公文导语）您单位《关于搬迁校园经费的请示》已收到，经研究，现批复如下。

3. ××电力公司根据今年的培训计划，决定举办文秘人员公文写作与办公自动化系统培训班。培训内容为：规章制度等规范性公文的特定格式及写作，讲话稿等常用文稿的写作，公文制发过程中常见问题辨析，办公自动化系统中发文管理、收文管理、合同管理和签报管理等流程的上机操作等。要求所属各单位派文秘人员 1～3 人，于××××年×月×日—×月×日到×××电力公司高培中心（××市××街 21 号）参加培训。培训期间食宿统一安排，费用自理。假设你是负责这项工作的××电力公司人力资源部负责人，请你为此拟写一份通知。

4. 请根据下列材料，以××职业技术学院工会名义撰写一份通知。

甲：如今的生活节奏越来越快，工作忙、压力大、应酬多、锻炼少，“亚健康”人群越来越多。就拿咱们学校的老师来说吧，普遍患有“疲劳综合症”，很多年轻教师也有颈椎病。

乙：那是运动太少了。坚持打羽毛球不仅可以预防颈椎病，还可以缓解压力、消除烦恼，培养乐观、平和的心态，让身体灵活、思维敏捷，有助于提高工作效率。

甲：那我们策划一次教职工羽毛球比赛吧，在强身健体的同时，也丰富教职工的业余文体生活，促进交流，增进友谊，是一种很有意义的活动。

乙：现在正是秋高气爽的季节，非常适合运动。咱们就在11月份以校工会的名义搞一个“和谐杯”羽毛球团体赛，要求学院各分工会组团参加。各分工会只报一个团体队参赛。每支队伍为运动员最多7人，领队1人，同时请各分工会主席担任领队。至于竞赛项目，就分男子双打、女子双打、男女混双3项。竞赛规则采用国际通行的最新羽毛球竞赛规则。

甲：那我就赶紧拟一份通知发下去，希望各个系部和机关处室都能重视这项活动，踊跃报名参加比赛。

5. 一场50年一遇的寒潮雪灾袭击了某地，致使房屋、庄稼、牲畜、交通受损，经济损失很大（全市有126个乡镇、1394个村、35万人不同程度受灾，直接经济损失达5360万元）。在当地政府的组织领导下，灾区群众全力开展抗灾自救，生产生活问题都得到妥善解决，灾区社会秩序恢复正常。请你以某市人民政府救灾办公室的名义，就此向上级政府拟写一份情况报告。

6. 下面这份请示在结构、内容、语言等方面存在许多错误，请加以修改。

关于成立××区环保局团委的请示报告

××区人民政府、区直属机关团委：

目前，我局团总支已不能适应形势发展和工作需要，我局打算成立××区环保局团委。其原因是我局近年来人员结构发生较大变化，年轻人逐年增多，截止2004年底全局共有35岁以下年轻人201人，其中团员125人。按照我局2005—2007年人才储备计划，我局利用3年时间从高校毕业生中每年招聘100名本科生或研究生，这样，年轻同志的比例还会有较大提高。正因为如此，成立××区环保局团委势在必行，现将我们的想法汇报如下：

一、团委直属我局领导，拟设副科级建制。

二、团委拟设行政编制2名，其中团委书记1名（副科级），团委副书记1名（科员级）。编制由局内调配解决。

三、由于我局财力紧张，难以添置办公设备，请上级拨给办公设备购置费2万元。

请务必批准！

××区环保局

2005年2月28日

7. 下面是一篇病文，请指出问题并加以修改。

关于联系教师进修的函

××大学教务处：

首先让我们以××市公关学校的名义，向贵处表示衷心的感谢，过去为我校办学给予了很大的帮助。目前我校又面临一个很难解决的问题。

原来事情是这样的：我校开办不久，师资力量很差，决定派××位年轻教师到贵校旁听进修一年。我校与有关部门多次商量，但××位教师进修住宿问题，至今也没有得到解决。提高教学质量的关键是师资。为提高我校教育质量，恳请贵处设法在贵校给解决住宿问题。但不知贵处是否有什么困难。如果需要我校给贵处办什么事情，请尽管提出，我校会竭力去办。再说一句，贵处如能解决我校进修教师住宿问题，我们以我校领导的名义向贵校领导深深地表示谢意。

致以崇高的敬礼

××市公关学校（章）

××××年×月×日

8. 为了丰富课余生活，增强班级凝聚力，4 月 20 日晚上，发电××班全体同学在本班召开会议，筹备五一期间游览××植物园的活动。请你撰写一份本次会议的纪要。

9. 门卫管理制度是一种岗位性制度，规范的是对外来人员、内部人员及物资、车辆的管理。请根据你的观察积累，拟写一份适应你所在学校的门卫管理制度，要求条理清晰，规定明确，针对性强，便于执行。

10. ××电力职业技术学院团委决定在假期组织各系优秀学生团员到××县开展电力知识宣讲、家电维修等下乡便民服务。要使这项活动顺利开展，必须取得学院党委的支持与批准，并需要一定的活动经费，还需要与下乡所在地政府部门取得联系。为此需要写作以下公文。

(1) 为了获得学院党委的批准，并得到经费的支持，请写一份请示。

(2) 学院团委为此召开会议，研究如何具体开展这项下乡便民服务活动，请写一份纪要。

(3) 为了此项活动落到实处，需要事先与下乡所在地政府取得联系，请以校方的名义起草一份函。

学习项目六

经济活动应用文的写作

【学习项目描述】

通过学习和实践，掌握经济活动应用文的写作方法。

【教学目标】

掌握企划文案、市场调查报告、经济合同、广告文案、商务信函等经济活动应用文的写作方法，适当关注和参与一些经济活动；在实践活动中，不断提高分析与综合能力、解决实际问题能力、人际交往能力以及创新能力，同时培养严谨细致、一丝不苟的职业素质与吃苦耐劳精神、团队协作能力。

【教学环境】

多媒体教室，黑板，投影仪，PPT 课件，相关案例，时新资料及专业课教师的协助等。

任务一　企　划　文　案

【教学目标】

了解企划文案的概念、作用、类别，掌握企划文案的格式、内容及写作要求，能够根据需要写作正确、规范而又富有创意、切实可行的企划文案，在实践中提高做企划的创意能力和企划文案写作能力。

【任务描述】

大学生在校期间经常组织一些活动，有的同学还主动参与社会实践，能够接触到一些企业的活动开展和执行过程。学习企划文案的写作，了解有关企划的概念及一项企划形成的过程、意义，可以对一些需要做企划的活动项目进行整体策划，可以提高策划活动的思维能力、组织能力及文案编写能力。如果切实具备了策划活动并写作企划文案的能力，就能够更加主动地参与到活动中，甚至成为活动的策划者和组织者，实现素质的全面提升。

请你根据自己的实际，选取希望参与的某项活动，确定活动主题之后，精心为该活动做一份企划文案。要求：

(1) 有一定创意，又切实可行。

(2) 按照规范格式写作，各部分具体内容考虑周密，主次分明，详略得宜。

（3）语言得体，文从字顺，标点正确。

（4）行文规范，书写工整，文面整洁。

【任务准备】

问题一：

什么是企划与企划文案？

参考答案：

企划，就是为了实现某一目标或解决某一问题，激发创意，有效地运用手中有限的资源，所产生的独特想法或良好构想。

企划文案，一般是指企业策划部从事文字工作的职员，按照企划人员的思路将企划内容撰写成文字，形成可行方案。

问题二：

“企划”与“计划”有哪些不同？

参考答案：

企划必须有创意，计划不强调有创意；企划可以无中生有标新立异，计划要在一定范围内按部就班；企划是掌握原则后决定方向的，计划是处理程序与细节的；企划是设计要做些什么，计划是体现怎么去做；企划属于开创性思维，计划偏于传统型思维；企划的挑战性较大，计划的挑战性较小。

问题三：

企划文案有哪些种类？

参考答案：

单就企业的观点而言，最常见的企划文案大致有以下十种。

（1）一般企划文案。

（2）行销企划文案。

（3）新产品开发企划文案。

（4）广告企划文案。

（5）员工培训企划文案。

（6）公共关系企划文案。

（7）销售促进企划文案。

（8）投资可行性企划文案。

（9）年度经营企划文案。

（10）企业长期发展企划文案。

【任务实施】

首先，认真学习【相关知识】中关于企划文案的特点、分类及规范格式，选定一个活动项目进行企划，并居中写明企划文案的标题。

其次，运用多种创新思维方式，对所企划的项目进行创意思考、创意可行性分析等，然后着手写作。写作时要注意参照【相关知识】中关于企划文案正文各部分的内容格式与写作注意事项。

最后，逐一对照【任务描述】提出的4点要求，对初稿反复检查修改，直至满意为止。

【参考例文】

河南××学院学生会换届的选举方案

新一届的学生会干部采用公开竞聘、选聘的方式选出，具体方案如下：

一、报名方式（3种）

1. 院学生会主席团推荐；
2. 系团总支、学生会推荐；
3. 自我推荐。

二、报名条件

1. 热爱祖国，拥护中国共产党，思想积极要求上进，政治立场坚定；
2. 遵守校纪校规，有较强的组织纪律观念和团队意识，在同学中有较高的威信；
3. 学习成绩优良，无不及格情况；
4. 积极参加体育锻炼，身体素质好，心理健康，面对困难、挫折具有一定的承载能力和自我调节能力，勇于挑战自我、超越自我；
5. 工作积极主动，具有吃苦耐劳的素质，有较强的开拓创新意识和团结协作精神，具有较强的语言表达能力、组织协调能力和沟通能力；
6. 对学生会的性质、任务及定位有较深的理解，有强烈的为同学服务意识；
7. 竞选主席团的同学必须在系学生会担任部长及其以上职务或在院学生会、大学生社团联合会、青年志愿者协会等组织工作一年以上，且担任副部长以上职务或在其他组织担任主要职务者；
8. 竞选部长的同学不限年级，但要求综合素质高，责任心强，对工作积极热情。在院、系学生会，社团联合会，青年志愿者协会等学生组织工作过并表现良好的优先。

三、公开竞聘、选聘原则

公开、公平、公正、民主集中、透明、择优选用。

四、竞聘岗位

主席团：

主席1名，副主席6名。

部长级：

办公室主任1名，副主任2名；宣传部部长1名，副部长1名；

文艺部部长1名，副部长1名；学习部部长1名，副部长1名；

生活部部长1名，副部长1名；女生部部长1名，副部长1名；

体育部部长1名，副部长1名；信息部部长1名，副部长1名；

综治部部长1名，副部长1名；外联部部长1名，副部长1名；

社会实践与调研部部长1名，副部长1名。

五、竞聘程序

1. 报名者根据院学生会换届的时间及要求，填写申请表并于12月6日前将申请表和个人入学以来成绩单（加盖系部教学公章）一起上交至院团委办公室；建议系部推荐的统一收齐后一并上交；东校区参加竞选者请将申请表在规定时间交给院学生会办公室徐×（联系电话：187××××××××）。申请表由申请人自行到院团委网站下载，也可以到系团总支领取。

2. 对报名人进行资格审查，通过审查者确定为预备候选人。

3. 预备候选人应准时到达指定地点参加竞聘演讲，演讲时间不得超过三分钟。竞聘演讲结束后，按照个人得分情况，并结合个人综合素质和平时表现，经过集中评议，确定候选人。

4. 主席团候选人确定后，召开河南××学院第一届学生会第二任主席团选举大会，由学生代表选举产生第二任主席团成员。新的主席团产生后进行各部部长换届，竞选各部部长的候选人，通过竞聘的方式，择优录取。

六、确定新一届学生会干部

根据选举结果，经院团委研究确定新一届学生会干部，上报院党委，公示三天；换届大会结束后使用一个月，合格者被聘任相关职务，并按照相关程序办理聘任手续。

（选自百度文库网，略有修改。）

【相关知识】

企划是为理性决策提供按效益化原则设计的方案。规避风险和追求效益最大化是企划的两大功能。企划是一种程序，本质上是运用脑力的理性行为，是针对未来要发生的事情的当前决策，即预先决定做什么、何时做、如何做、谁来做。大到企业的发展战略、品牌战略，细化如企业的营销管理、广告策略和员工培训等，都需要企划。“企划”就犹如一部有趣的戏剧，企划人是编剧、导演，企划文案就是剧本。

一、企划的三要素

企划有别于构想与创意，它应包括下列三个要素。

1. 必须有崭新的创意

企划的内容必须新颖、独特，令人拍案叫绝，使人产生新鲜、有趣的感觉。

2. 必须是有方向的创意

再好的创意，若缺乏一定的方向，势必与目标脱节，就不能称之为企划。

3. 必须有实现的可能

在现有人力、财力、物力的限制之下有实现的可能，才是企划。否则，再好的创意均属空谈。

二、企划文案的种类

企划文案包罗万象，种类繁多，不胜枚举。单就企业的观点而言，常用的企划就包括企业形象企划、产品企划、品牌企划、市场定位企划、价格企划、营销企划、广告企划、服务企划等。这些企划类型还可以进一步细化，例如营销企划就可以细化为市场营销调研企划、营销渠道企划、网络营销企划、关系营销企划、整合营销传播企划、促销企划、营销管理等。

根据企划的方向、范围和难易程度等，可以将企业最常见的企划文案大致分为十种，具体请见前面【任务准备】中“问题三”的参考答案。

三、企划文案的生成程序

一份成功的企划文案，通常需要经过以下过程。

1. 界定问题及策略

拟定企划文案的第一步骤就是界定问题。界定问题的第一个方法是专注于重要问题，第二个方法是细分问题，第三个方法是改变原来的问题，第四个方法是运用“为什么”的技巧。

2. 搜集现有的资料

有几种资料来源：一是书籍与报纸杂志；二是现成的企业内部资料，包括营业部门的客户资料、制造部门的生产资料与其他部门的相关资料；三是政府机构出版的有关统计资料。

3. 进行市场调查

当所搜集的现成资料不足，无法满足需要时，就得依赖市场调查，即直接向消费者、经销商、竞争同业、原料供应厂商等进行调查，以获得所需之资料。最常用的市场调查方法有两种：询问法与观察法。询问法通常得先拟妥问卷后再进行访问，包括人员访问法、电话访问法、信函访问法。观察法就是用肉眼、仪器或两者兼用，查看事实并记录下来，以获得资料的方法。

4. 分析并统计资料

整理现有资料可运用分析与综合的方法。分析是“同中求异”，就是从别人看起来相同的事物中分析出不同或不相关；综合是“异中求同”，就是从别人看起来不同的事物中看出其相同或相关。整理市场调查资料必须先审核问卷的有效性，然后分类登记，再列表进行分析。

5. 讨论并激发创意

在充分占有资料并深入分析的基础上，通过团队讨论或运用“头脑风暴法”，激发产生创意。创意也就是“点子”，是企划必备的要素。任何企划文案若无创意，就不是企划文案，而是计划、方案了。

6. 选择可行的方案写作

当企划人得到了足够多的创意之后，必须仔细评估这些方案的优劣，从中选择一个可行的方案，把构想写成企划文案。

7. 实施与事后检讨

写成企划文案之后，虽然撰拟工作告一段落，但还有两个后续工作，就是布局实施与检讨评估。

四、企划文案的格式

虽然企划文案的内容变化多端，多数企划文案还是有着大致相同的格式或架构。以下是两种常见的企业企划文案的格式，供初学者撰写企划文案时参考。

（一）一般企划文案

1. 企划文案名称

企划文案的名称必须写得具体清楚。举例来说，“如何防盗企划文案”就不够完整明确，应该改为“××市××社区防盗企划文案”。

2. 企划者署名

企划文案作者的姓名、隶属单位、职位应一一写明。如果是企划群体的话，每一位成员的姓名、所属单位、职位均应写出。若有本公司以外的人员参与，也应一并列明。

3. 企划文案完成日期

依企划文案完成的年月日据实填写。如果是经过修正之后才定案的话，除了填写“某年某月某日完成”之外，应再加上“某年某月某日修正定案”。

4. 企划文案目标

目标写得越明确越理想。

5. 企划文案详细说明

这是企划文案的本文部分，也是最重要的部分，必须把企划文案的内容，包括企划的缘起、背景资料、问题点与机会点、创意关键等，做详细的说明。实施本企划文案所需的费用与预定的进度，以及必需的人力、设备等，需详细列表说明。

6. 预测效果

根据手中握有的情报，预测企划文案实施后的效果。一个好的企划文案，其效果必须是可期待、可预测的，而且实施结果与事先预测的效果相当接近。

7. 参考文献资料

有助于完成本企划文案的各种参考文献资料，包括报纸、杂志、书籍、演讲稿、企业内部资料、政府机构的统计资料等，均应列出。一则表示企划者负责任的态度，再则可增加企划文案的可信度。

8. 其他备案之概要说明

由于达成目标的方法不止一个，所以在许多创意的激荡之下，会产生若干方案。因此，除了必须把选定此方案的缘由详加说明外，也要将其他备案一并列出，以备不时之需。

9. 其他注意事项

为使企划文案能顺利推展，其他重要的注意事项（例如执行本企划文案应具备的条件，向全体员工说明本企划文案之意义与重要性等）得附在企划文案上。

（二）员工训练企划文案

1. 训练需要

学习要有动机，效率才会高，因此需先评估训练之需要。需要必须兼顾公司与员工两方面。员工的训练需要可经由调查而得之。

2. 上级要求

训练企划文案要获得上级主管部门的支持和大力推动，否则一切皆为空谈。

3. 经费来源

教育、训练都是一种长期投资，公司应每年编列预算，支持各种训练。

4. 训练目标

是达成公司某一要求还是配合新工作之推展，是长期目标还是短期目标，必须让受训者充分了解。

5. 训练时间

有定期训练，也有不定期训练；一般说来，营业淡季是训练的好时期。

6. 训练方式

有传统授课方式、讨论方式、互动方式、角色扮演方式等。

7. 课程设计

课程依照满足训练需要并达成训练目标而设计，必须事先与导师充分沟通；课程应注重务实，避免纸上谈兵，不切实际。

8. 聘请导师

导师从公司优秀干部中挑选或外聘。必须让导师事先充分了解受训对象与训练目标，熟悉授课场所；教材也应请导师事前写妥。

9. 训练场所

自备或外租，必须宽敞、安静、光线好；传统教具有讲台、麦克风、黑板等，现在一般用多媒体教室。

10. 评估训练成果

原则上以训练目标为标准评估训练成果。结训之后应通过测验，了解受训者掌握多少知识技能；其后还应观察受训者的成长进步与工作成效，借以评估训练成果。

11. 奖励制度

测验成绩计入个人考绩。测验成绩优良者，发奖状、奖金以激励之。受训后个人成长进步与工作成效特佳者，优先加薪或晋升职务。

⏳【相关链接】

××公司火灾应急预案

一、目的

公司及各厂点发生火灾以后，为确保受伤人员得到及时救治，防止和控制事故的蔓延，减少环境污染，使事故损失降到最低，特制定本应急预案。

二、适用范围

本应急预案适用于各厂点及施工现场。

三、危险性分析

本公司有的单位存在大量可燃物，同时供电线路老化、电源线短路以及人为火种、雷击等点火源的存在，均能造成火灾事故。库房有机油等易燃物品，遇热源、火源有着火危险。如发生火灾事故，主要危险是燃烧造成人身伤害和设施的破坏，产生的气体及废物污染周边环境。

四、应急准备

（一）应急救援组织机构、组成人员和职责划分

1. 组织机构

公司在安质办设立安全生产事故应急救援总指挥部，董事长、总经理任总指挥，各分管副总经理任副总指挥，负责统一指挥、协调安全生产事故的应急救援工作。总指挥部下设现场处置组、抢险救灾组、警戒保卫组、后期处理组等应急救援工作小组。

2. 应急职能部门及相关人员职责

（1）现场处置组。机电事故由各事故厂点、单位主要领导任组长；消防事故由厂点主要领导和治安主任任组长。主要负责指挥处置现场抢救工作，及时处理突发灾变。

(2) 抢险救灾组。由事故应急救援总指挥部紧急调集的有关人员组成。负责实施事故应急救援总指挥部制定的抢险救灾方案和安全技术措施，以及相关的后勤保障。

(3) 警戒保卫组。由保卫等部门负责人任组长，调集保卫人员或办公室组织的机关人员组成，必要时邀请上级保卫部门协助。负责事故发生后的人员疏散、戒严和维持秩序等工作。

(4) 后期处理组。由安质办主任任组长。负责对事故原因和事故责任进行调查、分析，同时掌握事故态势和处理情况，收集有关信息资料，向有关人员、单位通报情况。

(5) 当班主任、班长职责：负责事故现场的应急处理工作。

(6) 岗位人员职责：负责通知班长，报告事故的情况；负责事故现场的应急设施的操作。

(二) 应急物资准备

应配备灭火器、消防栓、消防带、消防沙袋等应急物资。

(三) 应急人员培训

1. 报警知识

事故初期阶段，在场人员如能采取正确方法，就能迅速控制事故的蔓延。因此事故发生后，首先要靠在场人员自救，力争将事故控制在初期阶段。在立即进行扑救的同时，要及时报警，以便应急部门组织人员前来参加扑救。报警包括：向消防部门报警、向医疗部门报警、向周围报警、向单位领导报警。报警内容包括：事故发生地点、道路交通路线、事故初期部位。事故联系电话：火警 119，急救 120，公司安质办××××××××，公司办公室××××××××。

2. 应急设施使用

(1) 灭火剂。物质燃烧必须具备三个必要条件：可燃物、氧化剂、着火源。相应的灭火方法有四种：隔离法、窒息法、冷却法、抑制法。不管哪种方法，都是为了破坏已经产生的燃烧条件，使连锁反应终止。仓库的灭火剂有水、消防砂。

(2) 消防栓、消防带。水枪的灭火作用包括：冷却作用、对氧的稀释作用、对水溶性可燃液体的稀释作用、水力冲击作用。

(3) 干粉灭火器。燃烧在高温作用下，吸收了活化能而被活化，产生了大量的活性基团。当大量干粉以雾状形式喷向火焰时，可以大大吸收火焰中的活性基团，使其数量急剧减少，中断燃烧的连锁反应，从而使火焰熄灭。使用内装式干粉灭火器灭火时，先拔下保险销，将喷枪对准火焰根部，握住提把，然后用力按下压把，开启阀门，气体充入筒内，干粉即从喷嘴喷出灭火。平时，干粉灭火器应放置在被保护的物品附近、干燥通风和取用方便的地方。要注意防止受潮和日晒，灭火器各连接不得松动，喷嘴塞盖不能脱落，保证密封性能。同时应按制造厂要求的检查周期进行定期检查，如发现灭火剂结块或储气瓶气量不足时，应及时更换灭火器。

3. 应急逃生

熟悉周围环境，了解安全出口的路径。

4. 现场急救常识

(1) 烧伤急救。迅速脱离火源，将伤员搬离现场，尽快脱去着火衣服。如来不及脱衣，就地慢慢滚动或用水浇灭。严禁奔跑呼叫或用双手扑打火烟，以免引起呼吸道和双手烧伤。

如伤员口渴，可饮盐开水、盐豆浆等，不可喝生水或喝过多开水。经初救后，速送附近医院。若多人烧伤，应区别轻重缓急，有条不紊地进行急救。

(2) 触电急救。应迅速拉下开关，切断电源。如条件不允许，可用带绝缘手柄的物体把电线切断。如果导线搭在触电者身上，可用绝缘物把导线挑开。如触电者神志清醒，应将其抬到空气新鲜、通风良好的地方，让他舒适地躺下，并严密观察呼吸和心脏的跳动。如验证触电者呼吸停止时，应及时做人工呼吸。

5. 其他相关知识

(1) 岗位人员必须熟知本岗位《工艺操作标准》《安全作业指导书》详细内容并严格执行。

(2) 仓库内严禁烟火，严禁闲杂人员出入逗留。

(3) 严禁携带危险品进入仓库区域内。

五、应急响应

1. 报告程序

(1) 事故发生后，现场目击人员要立即向本单位报告。如发生火灾，立即拨打火警119；如有人员伤亡，立即拨打医疗急救电话120；同时向我公司安质办、办公室电话报告。

(2) 任何基层（厂点、班、组）领导接到事故报告后，应立即向上级领导报告，不得延误。

(3) 总指挥或应急救援总指挥部其他领导接到事故报告后，要立即向应急救援工作小组通报并组织人员赶赴现场，抢险救援。

2. 人员疏散、现场警戒、受伤人员急救

(1) 抢救人员到达后，应各司其职，协助抢救，警戒区域，疏散人群。

(2) 如果情况危急，由当班班长迅速组织逃生，并设置警戒岗哨，杜绝闲杂人员进入。要派专人等待引导消防车辆，同时迅速疏通安全通道，以保证救援车辆迅速到达事故现场。

(3) 消防人员到达后应迅速进行灭火。抢救小组则做好安全撤退指挥工作。

3. 紧急情况的控制

(1) 如电路、电气设备发生火灾，首先应切断电源，可靠停电。

(2) 迅速使用已备好的灭火器和消防用水灭火。

(3) 在扑救火灾时，要保证人身安全，防止触电或爆炸等意外伤人。

4. 现场恢复

在抢险过程中使用的灭火设施，应及时恢复原始状态，用空的灭火器及时更换。损坏的设备及时更换，破坏的设备严格按照废弃物管理制度执行。通过及时清理，使现场恢复原样。

六、应急演习

1. 演习时间

每年6月份进行。

2. 演习方式

(1)“桌面演习”。以会议方式在室内进行，部门领导、仓库管理员、安全主管、环保主管等参加，由安全主管对演习情景、预案进行口头演习。口头演习结束后，参加人员应讨论应急预案的适宜性和可能存在的问题以及如何改进。

（2）“现场模拟演习”。演习库房着火时岗位人员如何报警、人员急救、紧急处理及现场恢复。

3. 演习方案编制

每次演习要编制演习方案，内容包括时间、地点、参加人员、预定演习过程、预期目的等。

4. 演习参加人员

演习人员、观摩人员和评价人员。

5. 演习评审

演习结束后，对演习组织情况和预案的合理性进行评价，对发现的问题制订纠正措施予以完善。

七、预案修订

事故发生并处置完毕后，及时对预案进行评审，对不合理处进行修订，使其更具操作性。

八、相关记录

1. 演习方案
2. 演习记录

（选自百度知道网，有较大修改。）

任务二　市场调查报告

【教学目标】

了解市场调查的步骤与调查问卷的制作方法，掌握市场调查报告的格式、内容及写作要求，能够根据需要写作正确、规范、实用的市场调查报告。

【任务描述】

市场调查报告是市场调查人员以书面形式反映市场调查的内容及过程并提供调查结论和建议的报告，是调查报告的一个重要种类。市场调查报告以科学的方法，对市场的供求关系、购销状况以及消费情况等进行了深入细致的调查研究，并在此基础上提出建议意见，以帮助企业了解、掌握市场的现状和趋势，增强在市场中的应变能力和竞争能力，从而有效地促进经营管理水平的提高。

本学习任务工作量较大，故以小组形式集体完成。请自由组合，每组3～5人，然后选择某种同学们熟悉的商品，对其在本校的市场销售状况作调查，写出一篇小型市场调查报告。具体要求如下。

（1）必须进行问卷、访谈等实地调查，不得从网上抄袭或瞎编乱造。

（2）对调查所得资料必须进行梳理分析，从中得出合乎实际的观点和结论，进而提出解决问题的对策和措施。

（3）按照规范格式写作，主次分明，详略得宜。

（4）语言得体，文从字顺，标点正确。

（5）书写工整，文面整洁。

（6）字数1500以上。

【任务准备】

问题一：

市场调查报告对企业来说有何作用？

参考答案：

一份好的市场调查报告，能对企业的市场策划活动提供有效的导向作用；同时，对于各部门管理者了解情况、分析问题、制定决策、编制计划以及控制、协调、监督等各方面都能起到积极的作用。如果报告写得拙劣不堪，市场调查所获资料再好也会黯然失色，甚至可能导致市场调查活动的失败。

问题二：

写作市场调查报告之前首先要做什么工作？

参考答案：

"调查"是"报告"的事实基础和依据，写作市场调查报告之前首先要进行市场调查。一般分为三个阶段。

1．调查准备阶段

（1）根据经济活动中发现的新情况和新问题，明确提出调查的目标。

（2）拟定调查方案。根据调查目标和内容确定相应的调查方式、步骤、完成时间、工作进度、费用预算等，列出详细的调查提纲。

2．调查实施阶段

（1）收集现成资料。这些资料主要来源于各种统计资料、文件、计划、总结、分析报告、新闻动态、计算机数据等。收集时要注意资料的准确性、可靠性，以及对本次调查的适用性。

（2）收集原始资料。在市场调查中，依靠收集现成资料是不够的，还必须通过实地调查取得第一手的原始资料。

（3）市场调查的主要内容。一般而言，调查的主要内容包括：①市场商品需求情况；②市场商品资源情况；③消费者情况；④商品流通销售情况；⑤市场竞争情况等。

（4）市场调查的常用方法。有询问法（包括问卷法和访问法）、观察法、实验法、资料研究法等。

3．梳理分析阶段

（1）对调查所得的大量资料进行梳理，去粗取精、去伪存真、由表及里地加工提炼。

（2）对资料进行分类编排，以方便利用。

（3）透过现象看本质，通过对资料的分析与综合，由感性认识上升到理性认识，从中得出合乎实际的观点和结论，进而提出解决问题的对策和措施。

问题三：

问卷调查是最常用的市场调查方法之一，采用这种调查方法的关键是什么？

参考答案：

问卷调查是根据调查目的和要求，用书面形式把有关的调查内容设计成种种问题以及可供选择的答案，然后发给被调查者填写并收集反馈信息。由于它比其他调查方法更为标准化、系统化、指标化，且简便、高效、成本低，因此成为调查报告写作中收集材料的重要手段。问卷调查的关键是科学地设计问卷，一般包括以下内容。

(1) 标题。点明问卷的内容及标识方法。

(2) 前言。说明此次调查的目的、意义、答题要求及注意事项等，并包含适当的感谢语，以调动被调查者的积极性，使之乐意配合。

(3) 主体。这是设计调查问卷的重点和难点，如果拟制不当，材料收集就会出现凌乱而缺乏重点、含糊而不准确、信息量严重短缺等现象。主体的内容主要包括问题设置及答案设置两部分。问题设置一定要把需要和可能结合起来，内容要科学准确，便于进行定量和定性分析；其次，问题要简单明了，语言要通俗易懂，便于填写者理解和解答；再次，问题要集中、明确，内容不要过于繁杂，一份问卷最好不要超过 20 个问题。此外，问题的排列顺序也很重要，一般情况下：容易回答的问题在前，难答的在后；供多数人回答的问题在前，供少数人回答的在后；封闭性的问题在前，开放性的问题在后；概括性的问题在前，具体性的问题在后；逻辑关系相近与相关的问题排在一起，形成一个个问题群。答案设置要做到科学、完备、用语准确。科学，指答案的设置要符合问题的特性与规律，符合本次调查的思路，突出重点，以便为下一步的分析整理并得出正确结论打下良好的基础；完备，指对问题的涵盖要全面而典型；用语准确，则是为了方便填写者准确选择相应项目，从而为调查报告提供准确的资料信息。

【任务实施】

首先，完成市场调查报告撰写前的准备工作：确定调查课题，进行市场调查，分析调查结果。

其次，认真学习【相关知识】中市场调查报告的写作程序、写作格式和写作注意事项等知识，根据调查目的和调查结果，梳理思路，拟定提纲，起草报告。

最后，对照【任务描述】的相关要求，对初稿反复推敲、修改，直至定稿。

【参考例文】

校园内“享受”烟草情况调查报告

一、问题的提出

16 世纪中叶，西洋烟开始传入我国，当时国人吸这种烟不习惯，头发晕，好像喝醉了酒，所以给烟取了个“干酒”的名字。但是这个冒烟的“干酒”，使人慢慢上瘾，以致 400 多年来欲罢不能。

为什么吸烟会让国民欲罢不能呢？为此，我们对校园内吸烟问题进行了调查，希望能了解广大同学的真实看法。

二、问卷情况

见附录（含调查问卷和结果分析表格各一份）。

本问卷共发放 40 份，收回有效问卷 30 份。发放以我们周围的同学为主，基本上做到了随机发放。

三、数据统计和分析

1. 抽烟人数比重

统计结果表明，校内抽烟的人在30%以上，同时，被调查群体认识的朋友内有大量人也在抽烟。对于一个学生群体，这个结果远远超出我们的预测。我们认为，抽烟人数应该低于10%，这才是一个合理的范围。

2. 烟量

调查结果显示，抽烟者中53%的人是一周两包甚至更多，有37%的人一周一包，10%的人则是半个月以上才抽一包。显然，有53%的人平均一天抽烟达到5根以上。据统计，每吸一支烟平均减少寿命5分钟，而长期吸烟可使其寿命缩短5～8岁。据报道，吸烟者的死亡率比非吸烟者高1.7倍；年龄在35～65岁之间，每天吸烟25支以上的人，其死亡率要比非吸烟者高2.5倍。也就是说，这53%的群体他们每天透支生命至少30分钟。

3. 家人了解程度

问卷结果表明，抽烟群体中30%的人家里知道其抽烟，23%的人家里面不清楚，37%的人不知道家里面对其抽烟是否了解。也就是说，30%的人抽烟，家里了解，却没有对他（她）劝止；23%的人是瞒着家里抽烟的，有可能家里人知道后会劝止；37%的人若家里了解也可能对其进行劝止。这就引发一个问题：家庭教育影响下一代的观念选择。

4. 为何抽烟

最高选项（40%）是因为烦恼。大学生活应该是活跃、有动力的，为何会有如此多的烦恼？这就说明大学生的生活压力大——学习压力、就业压力、经济压力、感情压力等。但是有部分人却是因为从众心理、感觉好玩而选择抽烟，于是我们设计了下一个问题。

5. 对烟草危害的认识程度

这个问题的调查结果表明，大多数人都知道烟草对人体危害程度是严重的，从选项“A非常严重”占据了47%就可以看出。这不仅警示那些抽烟的同学应该戒烟，也警示未接触香烟的群体不要因感觉好玩或者迷茫从众就抽烟。抽烟者也有这样的认识，那能否戒掉烟瘾呢？

6. 戒烟的概率

结果显示，抽烟者中有20%的人群可以戒烟，30%的人在50%～80%的程度上能够戒掉，只有10%的人不能戒掉。说明大多数的人还是想戒掉并有决心要戒掉烟瘾。

7. 自我评价

大部分人认为，抽烟有害身心健康，不仅危害自己，还影响身边朋友以及环境，希望自己和朋友们戒掉烟瘾，为身边的人和自己创造一个健康的生活环境。大多数没抽烟的人表示：讨厌身边抽烟的朋友，不认为抽烟是为了搞好人际关系；而且烟味严重影响周遭空气，让人呼吸不舒服。

四、结论与建议

综合以上分析，我们可以看出大学生中有大部分的抽烟人士。这个年轻的群体、国家的未来，他们的心理正处于成长期，受外界诸多因素影响，价值观选择也不同，可以说他们充满的是感性而略掺有理性的抽烟观念。对于这个群体的抽烟，如果不加以劝止，那么在以后的社会里又将增添一批吞云吐雾之士。

对于校园内禁止抽烟，我们提出以下建议：

1. 大力宣传抽烟有害健康的信息，让抽烟者知道抽烟的危害

各系开展各种宣传活动，进行吸烟有害健康的相关报道，让同学们了解抽烟的危害，让他们尽可能少抽烟或者戒烟。

2. 学校超市不要卖烟，少赚黑心钱

学校内部超市要禁售香烟。超市售烟不仅违反相关校规，也在帮助抽烟的同学加重“犯罪”。要让同学们戒烟，就要先解除内忧。同时要致电相关部门，管理校园周围商场，禁止其向学生售烟。

3. 老师做起，为人师表

部分老师不注意形象，在学生面前抽烟，不仅影响学生的思维方向，也在传递校园内随处都可以抽烟的信息，干扰同学的判断。

4. 严格执行相关校规，适度禁烟

要依据校规进行禁烟活动，但是要适度。大学生的心理比较叛逆，强硬禁止有可能适得其反。所以校内禁烟不仅要讲效率和质量，更要讲究方法。

09（三）电子商务班　陈×等

2011 年 4 月 20 日

附录 1：

关于烟草市场的调查问卷

1. 你的性别是？

A. 男　　B. 女

2. 你抽烟吗？

A. 是　　B. 否

3. 你身边的朋友大概有多少人在抽烟？

A. 10%～30%　　B. 40%～60%　　C. 70%～90%　　D. 全部

4. 你或你的朋友烟量多大？

A. 一个月一包　　B. 半个月一包　　C. 一周一包　　D. 一周两包或以上

5. 你或你的朋友抽烟，家里人是否了解？

A. 是　　B. 否　　C. 不清楚

6. 你认为自己或者身边的朋友为什么抽烟？

A. 寂寞　　B. 烦恼

C. 从众心理　　D. 一时兴起，觉得好玩

7. 你认为烟草对身心健康危害多大？

A. 非常严重　　B. 较严重　　C. 严重　　D. 还好

E. 无所谓

8. 自己或者朋友能戒掉烟瘾的概率多大？

A. 不可能　　B. 10%～40%　　C. 50%～80%　　D. 完全可以

9. 对自己或者朋友抽烟有什么看法？

10. 你认为我们校园内为什么会有这么多抽烟的人士？

11. 我们校园是否应该禁烟？为什么？

12. 如果进行校园禁烟，你有什么建议？

附录2：

调查结果分析表

（略）

（选自何建民、刘珍杰主编的《应用写作练习册》，中国电力出版社2011年12月版。）

【相关知识】

市场调查报告是市场调查工作的最终成果，也是市场调研过程中最重要的一环。许多企业管理者并不一定涉足市场调研过程，但他们将利用市场调查报告进行业务决策。

一、市场调查报告的类型

从不同角度进行分类，市场调查报告可以分为以下几种。

（1）按涉及内容的多少，分为综合性市场调查报告和专题性市场调查报告。

（2）按调查对象的不同，分为供求情况的市场调查报告、产品情况的市场调查报告、销售情况的市场调查报告、消费者情况的市场调查报告以及市场竞争情况的市场调查报告等。

（3）按表述手法的不同，可分为陈述型市场调查报告和分析型市场调查报告。

二、市场调查报告的写作程序

（1）定题。报告标题要与调查的主题协调一致，避免文题不符。

（2）加工材料。对经过统计分析与理论分析所得到的系统、完整的调查资料，在写作调查报告时仍需精心选择。首先要选取与主题有关的材料，使主题集中、鲜明、突出；其次注意材料点与面的结合，所用材料不仅要支持报告中某个观点，而且要相互支持；再次要在现有可用材料中比较、鉴别，选择最好的材料来支持作者的意见，尽量使每一材料以一当十。

（3）拟定提纲。拟定提纲的过程实际上就是把调查报告所用材料进一步分类、构架的过程。提纲的主要特点是它的内在逻辑性，必须纲目分明、层次分明。市场调查报告的提纲有两种形式：一种是观点式提纲，即将调查者在调查研究中形成的观点按逻辑关系一一地列写出来；另一种是条目式提纲，即按层次意义表达上的条、款、目，逐一地写成提纲。也可以将这两种形式结合起来制作提纲。

（4）起草报告。根据已经确定的主题、选好的材料和写作提纲，有条不紊地行文。写作过程中，要从实际需要出发选用语言，灵活地划分段落。在行文时要注意对数字、图表、专业名词术语的使用，做到有理有据，才能令人信服。

（5）修改报告。报告起草以后，要认真、反复修改。修改主要是对报告的主题、材料、结构、语言文字和标点符号等进行检查、推敲，进行必要的增、删、改、调。完成这些工作之后，才能定稿，向上报送或发表。

三、市场调查报告的写作格式

市场调查报告一般由如下几部分组成。

1. 标题

一般有两种构成形式。

（1）公文式标题。即由调查对象和内容、文种组成，例如《关于 2011 年全省城市学生服装销售情况的调查报告》。

（2）文章式标题。即用概括的语言直接交待调查的内容或主题，例如《全省城镇居民潜在购买力动向》。文章式标题多采用双标题（正副题）形式，因而更为引人注目，例如《市场在哪里——××地区××牌轻型客车用户调查》（标题将“调查报告”简化为“调查”，是常见情况）。

2. 引言

引言又称导语，是市场调查报告正文的前置部分，要写得简明扼要，精练概括。一般应交代调查的目的、时间、地点、对象与范围、方法等与调查者自身相关的情况，也可概括市场调查报告的基本观点或结论，以便使读者对全文内容、意义等获得初步了解。然后用一过渡句承上启下，引出主体部分。

这部分文字务求精要，切忌啰唆芜杂。视具体情况，有时亦可省略这一部分，以使行文更趋简洁。

3. 主体

主体部分是市场调查报告的核心，也是写作的重点和难点所在。要完整、准确、具体地说明调查的基本情况，进行科学合理的分析预测，在此基础上提出有针对性的对策和建议。具体包括以下三方面内容。

（1）情况介绍。对调查所获得的基本情况进行介绍，是全文的基础和主要内容。要用叙述和说明相结合的手法，将调查对象的历史和现实情况（如市场占有情况，生产与消费的关系，产品、产量及价格情况等）表述清楚。在具体写法上，既可按问题的性质将其归结为几类，采用设立小标题或者撮要显旨的形式；也可以时间为序，或者列示数字、图表或图像等加以说明。无论如何，都要力求做到准确、具体、富有条理性，以便为下文进行分析和提出建议提供坚实充分的依据。

（2）分析预测。在对调查所获基本情况进行分析的基础上对市场发展趋势作预测。它直接影响到有关部门和企业领导的决策行为，因而必须着力写。要采用议论的手法，对调查所获得的资料条分缕析，进行科学的研究和推断，并据以形成符合事物发展变化规律的结论性意见。用语要富于论断性和针对性，做到析理入微，言简意赅，切忌脱离调查所获资料随意发挥，乱唱“信天游”。

（3）意见建议。这部分是市场调查报告写作目的和宗旨的体现，要在上文调查情况和分析预测的基础上，提出具体的建议和措施，供决策者参考。要注意建议的针对性和可行性，要能够切实解决问题。

4. 结尾

形成市场调查的基本结论，也是对市场调查的结果作一个小结。

有的市场调查报告还有附录，内容一般是有关调查的统计图表、有关材料出处、参考文献等。

四、市场调查报告的写作注意事项

（1）力求客观真实、实事求是。市场调查报告必须符合客观实际，引用的材料、数据必须真实可靠。要反对弄虚作假或为了迎合上级意图，挑上级喜欢的材料撰写。总之，要用事实来说话。

（2）保证调查资料和观点相统一。市场调查报告是以调查资料为依据的，即调查报告中所有观点、结论都有大量的调查资料为根据。在撰写过程中，要善于用资料说明观点，用观点概括资料，二者相互统一。切忌调查资料与观点相分离。

(3) 要突出市场调查的目的。任何市场调查都是为了解决或者说明某一问题，撰写时必须围绕市场调查目的，有的放矢。

(4) 语言要简明、准确、易懂。调查报告是给人看的，无论是厂长、经理，还是其他的读者，大多不喜欢冗长、乏味、呆板的语言。因此，调查报告语言要力求简单、准确、通俗易懂。

【相关链接】

2009年度××市区混凝土市场调查报告

刘克义

一、市场背景

2009年上半年受金融风暴影响，××市区房地产新开项目明显减少，国家实施积极的财政政策和宽松的货币政策，实行可控温和的通胀经济策略，投入四万个亿以拉动经济，有效地遏制了经济下滑态势。2009年××市区固定资产投资增长率仍保持在20%以上，公用设施、基础建设投资增多，高架二期、机场改扩建等工程相继动工，下半年房地产有力反弹，两者带动了混凝土市场的繁荣。

二、行业概况

××市现有会员单位22家，非会员单位4家，加上××城建青洋路、高铁等企业，共计28家，80条生产线（新投入生产线4条），1000余辆搅拌车，130余台汽车泵，固定泵约60台。

三、市场概况

1. 方量

不计高铁、青洋路混凝土站，上半年生产混凝土545万m^3，占全年生产总量的43.53%，下半年生产混凝土707万m^3，占全年生产总量的56.47%，合计1252万m^3，较2008年增4.5%。年产量超百万方企业统计有6家，共计660万m^3，占总量52.71%；4家在40万方以上，共计203万m^3，占总量16.2%。总体上方量分布仍较分散，表明业内集约化程度偏低。老企业除××、××因有内部业务一块年生产量略有增加，其余均稍有下降；新企业××、××、××增长势头明显。方量市场结构发生变化，房地产因上半年新开项目减少约占总量40%不到，较上年减少10%左右；道路、基础设施、工业厂房等占60%以上，表明政府投入产生的效果。因价格同比下降，总销售额约为32亿元，较上年略减。总的感觉是老企业已在萎缩整固；三年以内的新企业仍有一冲。带土建、市政、开发商背景的混凝土公司市场较为稳定，相对而言其他企业后劲乏力。2、3年内市场容量仍将高位徘徊，有筑顶的迹象，从国家和地区固定资产投资（政策性拉动其持久性不强）以及房地产政策的变化和建筑市场的周期性考虑，中长期混凝土市场将步入缓慢下降的趋势；从投资角度分析混凝土行业前景不容乐观，投资回报率近两年急剧下降（20世纪初3、5年即可收回投资，近期投产的可能8年以上），企业现在或今后几年扩容可能是不明智的。铁建停业扩容过快是个主要因素，应以为鉴。

2. 价格

年内根据首届理事会第15次会议精神，全面推行区域协作，其目的是稳定价格，扭转两年以来价格低迷局面。由于种种因素，主要是业内信任度下降，各自心态不一，难以采用有效的控制方式，事倍功半。全年混凝土信息指导价呈下滑、探底、回升态势，平均同比2008年下降约8%，较原辅材料价格的下降相差2个百分点左右，业内因上半年项目减少引起方量恐惧（为了保证企业盈亏平衡点），放点数（价格下降百分数）呈冲高之势。下半年高架二期开工，房地产回暖，燃油、水泥、石子、黄砂价格轮番上涨，业内协调协作力度加大，放点数有所回落。故全年总体价格水平较上年降低9%左右，综合平均价格在250～255元之间。方量在百万方以上企业平均价一般低于行业平均价格水平，中小企业多数高于行业平均价格水平，有土建、市政、开发商背景企业及地理条件较好的企业价格更好一些，个别可达270元/m^3左右。总体印象年内价格处于振荡筑底阶段，下滑空间基本封死或相当有限，市场经济价值规律主导价格的动向，业内协调对此有一定的影响作用。毕竟个别项目亏损可以承受，整体企业亏损谁都不愿意发生。令人担心的是价格长期低迷，诱发质量控制的松动，业内混凝土富余强度的普遍下降已表明这一迹象。同时低价对应收款的控制、外部资本的流入和业内扩容的遏制起到明显的正面作用。

3. 应收款

近年来业内对应收款的利弊有较深刻的体验，秘书处于2009年初召开混凝土结算研讨会，对应收款的由来、控制进行全面深入的分析。各企业严格监控应收款动态，始终坚持打击“流窜犯”，并充分利用法律手段维权，使坏账率压至最低点。据粗略统计年底应收款总额11.57亿元，考虑到高架二期收款的不确定，除此因素年平均垫资额应在10亿元左右，春节前有望控制在8亿元以下。年平均垫资强度平均每方90元左右，约为35%，总体状况尚在可接受范围之内。垫资作为市场竞争行为与降价同时运用以争取市场份额，各企业因营销策略、资金状况灵活运用，关键是根据市场流动性、用户资信、相互关系、项目重要程度进行管理，留有余地、谨慎操作是关键。

4. 效益

方量略升但生产线增加，原辅材料价格下滑而信息指导价调整幅度较大，放点数上半年升而下半年企稳，行业效益水平以每方赢利而言较上年相比进一步下降。各企业股东背景、设备新旧、规模大小、营销策略以至地理位置的差异，致使企业效益水平有一定区别。一般来讲销售利润率达4%以上的少数，大部分在2%～4%之间，低于2%的为数有限，混凝土行业的投资回报率最近两年新企业在10%左右。市场进入对外部资金的吸引力已相当小。

5. 市场行为

纵观全年企业市场行为逐步趋于理性，遵守国家、地方有关政策、法规，基本上遵循商业道德和游戏规则。存在问题依然是合同意识不强，供方之间项目争夺中缺乏契约精神，过分相信营销员，业内沟通不足，竞争意识过强等致使区域合作价格协商难以深入，项目矛盾时有发生，项目协商承接不能达到预期目标等。深层次因素为市场规律占绝对主导地位，商品混凝土供应订单生产、周期短等特征，出于盈亏平衡点的考虑和对基本利润的追求，方量优先、适量垫资、价格弹性的市场策略依然占主流地位。表现在行为上依然是争夺项目扩大覆盖率，个别项目高比例垫资接近零利润价格。此外，在反对恶意拖欠认识相对一致行为较为同步，在争夺项目中，确保退出一方结清混凝土款的做法尚能坚持。

四、协会市场作用

混凝土协会实际上是混凝土商会，自主成立，自我管理，以服务企业、反映诉求为己任，同时尽力通过自律、互律以规范企业行为。具体表现在高架二期的任务争取，高架二期的价格测定协调，10余个项目的矛盾调解，几十个项目的收款通报合作等。协会的市场作用对于维护行业利益，减少同行竞争力度，在2009年继续体现。

五、2010年市场展望

2009年市场因国家采取救市策略，出乎多数业内人士预料。2010年市区混凝土市场展望不确定性少一点，现简略从以下几点分析：

(1) 市场容量取决于当年在建施工面积，上溯涉及固定资产投入、房地产动向以至流动性的宽裕等。考虑到国家继续实施积极的财政政策和宽松的货币政策，政府积极招商引资、扶持民营企业等，对市场容量有一定稳定作用。

(2) 房地产回暖，公用设施的结转延续，年内将对混凝土市场起正面作用，但明年以后刺激政策的回归将起负面作用。

(3) 业内扩容预计年内处于低水平，但2009年内新在建即将投产的4条生产线，将分摊部分市场份额。由于土地、环保政策的从紧，估计新开混凝土站很少。

综上所述预估2010年市场容量略降或持平，在1200万～1260万 m^3 之间（除青洋路混凝土站等）。价格方面：信息指导价现处于相对合理水平，对供方的负面调整将告一段落，业内放点数受供求关系、利润水平影响将保持稳定，若加强业内协作，可望有所好转。应收款方面：企业从实际出发，坚持相互协作配合，仍可保持年平均10亿元水平。

总之，××市区商品混凝土市场是充分竞争的市场，处于自由竞争的第二阶段，超利时代（7年前）已经过去，经两年多的市场洗礼，合理利润阶段逐渐走近，从市场容度角度分析2010年及以后几年业内应有一定的危机感；从市场状况来看，有明显的亚健康特征，还须多方共同努力才能健康发展。

（选自《商品混凝土》*2010* 年第 *2* 期，略有修改。）

任务三 经 济 合 同

【教学目标】

掌握经济合同的格式、内容及写作要求，提高对合同签订的必要性、严谨性的理解，能够根据需要写作正确、规范、合法、可行的经济合同。

【任务描述】

企业进入市场参与竞争，其经济往来日益频繁，涉及的经济关系越来越复杂，使用合同文书的类型与数量也越来越多。为了适应经济发展的需要，国家对合同关系进行了有效的调整。中华人民共和国第九届全国人民代表大会第二次会议于1999年3月15日通过了《中华人民共和国合同法》(以下简称《合同法》)，1999年10月1日起实施。

《合同法》明确规定：合同是平等主体的自然人、法人、其他组织之间设立、变更、终止民事权利义务关系的协议。依法成立的合同，受法律保护。因此，各类企业要依据国家的一系列法律、法规规范自己在经济活动中的行为，加强经济合同的管理，以维护自己的合法权益不受侵犯；有关的人员应掌握合同文书的写法，以胜任其工作。大多数高职院校学生将来极有可能在各类企业工作，所以在步入社会之前有必要了解经济合同并掌握其规范写法。

请根据下面提供的材料，写作一份条款式经济合同。要求：

(1) 采用条文的结构形式，款式规范，结构完整。

(2) 内容周密、具体，语言准确、严谨。

(3) 书写工整，标点正确。

××超市代表×××与××纺织品公司代表×××经过协商，决定由纺织品公司向超市供应下列商品：彩条毛巾，货号211，规格330克，单位10条，数量100，单价18元，金额1800元；提花枕巾，货号212，规格1100克，单位10条，数量50，单价42元，金额2100元；印花枕巾，货号210，规格1000克，单位10条，数量50，单价39元，金额1950元；彩条浴巾，货号213，规格l650克，单位10条，数量50，单价53元，金额2650元。以上4个品种合计金额8500元。双方商定，4个品种按上述顺序分别在今年7、8、9、10月，每月15日前，由纺织品公司送货到超市后街仓库交货，运费由超市负担。货到验收后3天内付款，由工商银行托收承付。双方商定，产品质量及技术标准按部颁标准执行，检验以纺织品公司自检为主，超市在货到时抽检。产品包装质量应符合统一规定的针织品包装标准，费用由纺织品公司负担。双方还商定，如果不按规定交货，延期交货一天，纺织品公司应向超市偿付延期供货部分货款总额千分之五的罚金。如果超市未按规定付款，每延期一天，应向纺织品公司偿付延期部分货款总额千分之五的罚金。双方提出，根据这些内容即日签订一份合同，如有未尽事宜由双方协商解决或另订协议附件。双方一致同意，合同签订后请本市街坊路工商行政管理所鉴证，从鉴证之日起到本年12月31日为有效期。××超市地址是××市××路××号，电话：×××××××××，开户银行：工商银行××路办事处，账号：×××××××××××××××××××。××纺织品公司地址是××市××路××号，电话：×××××××××，开户银行：工商银行××路办事处，账号：××××××××××××××××××××。双方在××××年×月×日正式签订合同，并于×月×日由街坊路工商行政管理所进行鉴证，都盖了公章。合同共五份，正本一式两份，双方各执一份；副本三份，鉴证机关一份，分送双方主管机关各一份。

【任务准备】

问题一：

什么是经济合同？

参考答案：

如前所述，“合同是平等主体的自然人、法人、其他组织之间设立、变更、终止民事权利义务关系的协议”，经济合同是合同的一种，是以经济活动为内容、显示一定经济目的、调整财产关系的一种合同。

问题二：

订立合同应该遵循哪些原则？

参考答案：

(1) 合法性原则。合同的订立和履行，应是当事人受到法律保护和监督的合法行为。订立合同时必须遵守法律和行政法规。如果订立的合同符合当事人双方的意愿，但损害国家利益和社会公共利益，也是违法的。

(2) 合意性原则。合同是双方或多方当事人意思表示一致的法律行为，不是单方面的法律行为。当事人在合同关系中的地位是平等的。订立合同，应当遵循平等互利、协商一致的原则。任何一方不得把自己的意志强加给对方，任何单位和个人不得非法干预。

(3) 公平性原则。合同是一种以公平为取向的法律行为。合同的公平性首先表现在当事人的法律地位平等，不允许一方有超越他方的法律地位；其次表现为双方应采取自愿协商、自主的方式来达成合意。显失公平的合同，或乘人之危情况下签订的合同，都是有瑕疵的合同，存在着被撤销的可能。当事人任何一方不履行合同，都要承担由此引起的法律后果。

例如河北省××县政府采购中心与××果蔬公司签订了一份无公害蔬菜购销合同。该县为全国贫困县，县政府采购中心以财政困难为理由要求对方将所有产品低价出售。××果蔬公司在履行合同一段时期后，发觉亏损惨重，拒绝继续履行。县政府采购中心认为果蔬公司不守信用，便对其进行处罚。此案就是明显违反公平性原则的一个实例。在一般行政活动中，政府是管理者，企业须按照政府的有关规定来做，二者的地位不是平等的。但就这则合同来说，二者之间是买方和卖方的民事法律关系，地位是平等的。政府（买方）不得以行政管理的身份强迫对方低价出售产品，订立显失公平的合同；更无权对其进行任何处罚。

问题三：

合同语言须准确、周密，以防止产生歧义，造成纠纷。请指出下列合同语言中不确切的地方，并加以修改。

(1) 某公司从国外进口原木，合同中规定的质量标准为“直径 50 厘米以上”。

(2) 某合同中规定：“交货地点：北京。”

(3) 某合同的“违约责任”中写道：“乙方不能按期交货，每延期一天，应偿付甲方 5% 的违约金”。

(4) 某建筑工程承包合同中的“甲方在合同签订后尽快付给乙方全部建造费的百分之六十，其余百分之四十在厂房竣工并验收合格后抓紧结清。”

参考答案：

(1) 进口原木规定的质量标准“直径 50 厘米以上”应改为“胸径 50 厘米以上”。

(2)“交货地点：北京”应改为“交货地点：北京××区××货场”。

(3) 违约责任中的“5%的违约金”指代不明，应写明哪一部分款项的 5%。

(4)“甲方在合同签订后尽快付给乙方……”应改为“甲方在合同签订后×日内付给乙方……”；“其余百分之四十在厂房竣工并验收合格后抓紧结清”应改为“其余百分之四十在厂房竣工并验收合格后×日内结清”。

✿【任务实施】

首先，认真学习【相关知识】介绍的经济合同的规范格式及写作要求，居中写明合同标题。

其次，根据【任务描述】提供的材料及写作要求，起草一份条款式经济合同。

最后，逐一对照【任务描述】提出的要求，对拟写的经济合同初稿反复检查修改，直至没有问题和漏洞。

【参考例文】

销售合同书

合同编号：××

买　　方：××超市

卖　　方：××纺织品公司

签订时间：××××年×月×日

签订地点：×××××

根据《中华人民共和国合同法》及有关规定，为明确买卖双方的权利义务关系，经双方协商一致，签订本合同。

第一条　买卖货物的名称、货号、规格、单位、数量及价格

彩条毛巾，货号211，规格330克，单位10条，数量100，单价18元，金额1800元；提花枕巾，货号212，规格1100克，单位10条，数量50，单价42元，金额2100元；印花枕巾，货号210，规格1000克，单位10条，数量50，单价39元，金额1950元；彩条浴巾，货号213，规格l650克，单位10条，数量50，单价53元，金额2650元。以上4个品种合计金额8500元。

第二条　交付方式

4个品种按合同第一条规定顺序分别在今年7、8、9、10月，每月15日前，由纺织品公司送货到超市后街仓库交货，运费由超市负担。货到验收后3天内付款，由工商银行托收承付。

第三条　质检方式

产品质量及技术标准按部颁标准执行，检验以纺织品公司自检为主，超市在货到时抽检。产品包装质量应符合统一规定的针织品包装标准，费用由纺织品公司负担。

第四条　违约责任

如果不按规定交货，延期交货一天，纺织品公司应向超市偿付延期供货部分货款总额千分之五的罚金。如果超市未按规定付款，每延期一天，应向纺织品公司偿付延期部分货款总额千分之五的罚金。

第五条　其他说明

本合同未尽事宜，一律按《中华人民共和国合同法》的有关规定，经合同双方共同协商，作出补充规定，补充规定与本合同具有同等效力。

本合同正本一式二份，合同双方各执一份；合同副本三份，鉴证机关一份，分送双方主管机关各一份。合同签订后请本市街坊路工商行政管理所鉴证，从鉴证之日起到本年12月31日为有效期。

买方（章）：××超市	卖方（章）：××纺织品公司
单位地址：××市××路××号	单位地址：××市××路××号
法定代表人：×××	法定代表人：×××

委托代理人：×××	委托代理人：×××
电话：×××××××××	电话：×××××××××
传真：×××××××××	传真：×××××××××
开户银行：工商银行××路办事处	开户银行：工商银行××路办事处
账号：××××××××××××× ×××××××××	账号：××××××××××××× ×××××××××
邮政编码：××××××	邮政编码：××××××

鉴（公）证意见：

鉴（公）证机关：（章）

经办人：

××××年×月×日

（选自何建民、刘珍杰主编的《应用写作练习册》，中国电力出版社 2011 年 12 月版。）

【相关知识】

一、合同的作用

1. 有利于保护当事人的合法权益，维护社会经济秩序

《合同法》规定，依法订立的合同，对当事人具有法律约束力，其合法权益受到法律的保护。合同当事人既是合同的执行者，又是合同的直接受益者。当事人既要按照约定履行自己的义务，同时也享有合同规定的权利。这有利于社会经济活动的正常运转，有利于维护社会的经济秩序。

2. 有利于加强经济核算，提高管理水平

合同一经签订，双方当事人都将承担经济上、法律上的责任。为了保证合同的履行，双方当事人都必须千方百计地做好经营管理工作，加强经济核算，降低成本，提高劳动生产率。这样，在履行合同的过程中，也就能不断地提高管理水平，提高经济效益。

3. 有利于主管部门的监督管理

合同是国家运用经济手段和法律手段管理经济的重要措施。企业执行合同的好坏，直接反映企业的经营活动和管理水平。上级主管部门和金融、税务等职能部门可以通过对合同的审查、监督，及时发现经营管理中的问题，加以指导，改进工作。

4. 有利于促进和加强社会生产的专业化协作和经济联合

在相互协作的基础上，社会分工正朝着越来越细的专业化方向发展。合同正是开展经济活动、进行经济往来、发展市场经济、获得经济效益的有效形式。签订合同，有利于优势互补，扬长避短，加强协作，横向联合，使社会生产形成良性循环。

二、合同的种类

根据《合同法》“分则”规定，按照合同的性质和内容，合同一般可分为以下 15 种：买卖合同；供用电、水、气、热力合同；赠与合同；借款合同；租赁合同；融资租赁合同；承揽合同；建设工程合同；运输合同；技术合同；保管合同；仓储合同；委托合同；行纪合同；居间合同。

因为合同的类别实在太多，《合同法》中不便逐一加以阐述，因此除了上述 15 种合同之外，还有出版合同、旅游组团合同、房屋装修合同等种类。制定这些合同，仍要以《合同

法》的总则为据。

三、经济合同的规范格式

一份较完整的合同文书应具备首部、正文、签署三个部分。

(一) 首部

由标题和当事人名称组成。为便于保管和查阅，有些合同还在首部按合同的种类编号。

1. 标题

一般由合同的性质及文种组成。形式有：

(1) 直接用合同的种类作为标题，如《技术合同》。

(2) 内容范围加“合同”，如《商品房买卖合同》。

(3) 时间加合同种类，如《2010年运输合同》。

(4) 签约单位名加合同种类，如《恒发公司仓储合同》。

2. 当事人名称

当事人名称要写明法定全称。在标题下面，顶格写“订立合同单位”或“订立合同人”，然后并列写上双方当事人的单位全称或个人姓名。为了行文方便，可在名称后用圆括号注明“以下简称甲方”“以下简称乙方”，或“买方”“卖方”，或“供方”“需方”。（注意：不可写“我方”“你方”，以免引起混乱和误解。）

(二) 正文

包括引言和主体两部分。

1. 引言

引言是签订合同的依据和目的，常见的写法有“根据《合同法》有关规定，经双方协商一致，签订本合同，以资共同恪守”或“为了……，经双方充分协商，特订立本合同，以便共同遵守”。

2. 主体

主体是合同的具体条款，由当事人约定。一般包括标的，数量，质量，价款或者报酬，履行期限、地点和方式，违约责任，解决争议的方法等条款。因为合同事项千差万别，所以当事人协商之后，还可以另加附则，如在什么特殊情况下不能履行合同的处理办法，以及补充办法“本合同未尽事宜，经双方商定均可补充。补充的条文与本合同具有同等效力”等。

如有表格、图纸或其他附件，应在正文后面标注“附件”字样，然后使用序码一次写清附件的名称和份数。

(三) 签署

包括署名、日期和附项。

1. 署名

即双方当事人单位名称、法定代表人的签名，并加盖公章或合同专用章。用印要端正、清晰。如果需要主管机关或鉴（公）证机关审批，需写上主管机关、鉴（公）证机关名称、意见、审批日期，经办人签名，并加盖印章。

2. 日期

以签订合同的日期为准。签约日期关系到合同的效力，必须写清楚。表格式合同常将签订时间、地点写在标题下方。

3. 附项

分别写明双方当事人的单位地址、邮编、电话、传真、开户银行、银行账号等项内容。

四、经济合同的写作要求

1. 内容必须合法

《合同法》是签订合同的根本依据。当事人订立、履行合同，必须遵守《合同法》等法律和行政法规，尊重社会公德，不得扰乱社会经济秩序，损害社会公共利益。《合同法》规定，有下列情形之一的，所签合同无效：一方以欺诈、胁迫的手段订立合同，损害国家利益；恶意串通，损害国家、集体或者第三人利益；以合法形式掩盖非法目的；损害社会公共利益；违反法律、行政法规的强制性规定。而依法订立的合同，受法律保护。

2. 格式必须规范

撰写经济合同时，一定要按规定的文本格式和要求进行。可向当地工商行政管理机关或业务主管部门购买合同纸，也可按照示范文本格式自行印刷使用。

3. 条款必须完备

合同条款应该明确具体，除了主要条款之外，各种不同类型的合同有各项不同的具体内容，订立时不能缺漏。合同条款越具体，越有利于合同的履行。例如购销合同，应明确到产品规格、产品质量、技术标准、包装要求、价款、运输方式、交货日期和地点、何种货币结算等，以有章可循。

4. 语言必须准确

不允许出现含糊不清或模棱两可的句子或语言，以避免在合同的履行中出现不必要的争执和纠纷。合同中使用的概念，当事人应该有一致的理解，忌用模糊概念，以防歧义产生。合同中的语义应该准确，不得使用"希望""尽可能""争取"等模糊性用语，不说空话、套话。合同中的数字应核对无误，金额应大写。同时还要注意正确使用标点符号，防止句号、逗号用错或点错而造成不必要的纷争或损失。

5. 不得随意涂改

合同的撰写要严肃认真，不得随意涂改。合同如有错误或遇到特殊情况确需修改时，应将双方均同意的修改意见作为附件附上。如在原件上修改，应加盖双方印章。

【相关链接】

安装工程施工合同

发包方（甲方）：贵阳××电力实业总公司

承包方（乙方）：贵州省遵义市××电气安装工程有限责任公司。

第一条 合同依据

本合同的法律依据是中华人民共和国《合同法》和《建设安装工程合同及施工条例》；工程内容及工程量是按贵州××电力设计有限责任公司设计的《×镇××岭 110kV 变电所新建工程电气部分第一卷第六册全所照明及第一卷第七册防雷接地》施工图为依据进行计算及核定。

第二条 工程名称、地点和范围及内容

一、工程名称：×镇××岭110kV变电所全所接地及照明安装工程。

二、工程地点：×镇××岭110kV变电所内。

三、工程范围及内容：

1. ×镇××岭110kV变电所防雷接地安装。

2. ×镇××岭110kV变电所全所照明安装。

第三条　承包方式

本工程甲方将工程以“包工包料、按实结算下浮×%”的方式承包给乙方施工。结算定额采用2001年北京地区价目本；装置性材料预算价格执行贵州电力公司黔电定字〔2004〕04号文件颁发的《关于发布贵州省电力建设装置性材料综合预算价格（2003年价）的通知》；费用构成执行《电力工业基本建设预算管理制度及规定》（2002年版）；根据贵州省电力公司电技经〔2004〕43、44号文件，其他相关费用依据其他相关资料计算。

第四条　工程价款支付及结算方式

1. 该工程以贵州省遵义市××电气安装工程有限责任公司编制的《×镇××岭110kV变电所全所接地及照明工程预算书（其中工程款××××××元）》为依据签订施工合同。

2. 预付款方式：按工程预算书的工程款××××××元的××%即×万元付给乙方。

3. 结算方式：工程竣工验收合格后，按审计后的结算工程款将余款在一个月之内付给乙方。

第五条　工程质量标准、验收和保修条件

本工程参照国家《110kV及以下电气安装规范》进行施工，相关验收标准执行国家及电力行业规定，并通过相关职能部门验收，本工程的保修期一年。

第六条　双方协作事项

一、甲方负责

1. 甲方应协调好该工程与有关单位的联系，确保该工程的施工进度。

2. 甲方应根据乙方施工进度及隐蔽资料及时组织有关部门进行中间验收。

二、乙方负责

1. 乙方在施工中发现问题应及时向甲方反映。

2. 乙方应按期完成该工程内的所有工作内容，不得影响其他工程。

3. 竣工资料报有关部门审核。

第七条　违约责任

按国家的相关法律法规追究对方的违约责任。

第八条　发生经济纠纷处理方式

如发生经济纠纷，双方应本着实事求是的原则，协商解决，若不能达到目的，可向人民法院申请仲裁。

第九条　施工工期

本工程××××年×月×日前完工。

第十条　工程承包方式

本工程合同价款是该工程的：人工费、机械费、辅材费、主材费。

第十一条　安全责任

施工中的安全责任由乙方自行负责，独立承担相应责任。

第十二条 工程造价

本工程的工程款暂定×拾×万×仟×佰×拾元整（××××××.××），包工包料按实结算。

第十三条 合同份数

本合同正本2份，双方各执1份。

第十四条 本合同经双方代表签字、盖章后生效。

甲 方：（公章） 乙 方：（公章）

负责人：（签章） 负责人：（签章）

日 期：××××年×月×日 日 期：××××年×月×日

（选自贵州电力信息网，略有修改。）

任务四 广 告 文 案

【教学目标】

掌握广告文案的格式、内容及写作要求，习作一则广告文案，培养广告文案的鉴赏能力与写作能力。

【任务描述】

广告主要的用途就是让人们在足不出户的情况下也能了解到被宣传产品的功效，并且下意识地记住所宣传的产品。当今社会市场经济日益繁荣，人们的生产、生活、工作、学习都离不开广告，广告也由于其极强的传播性而被称为人类文明的“第八艺术”。一条优秀的广告，能够拉近产品与消费者的距离，对传递信息、推销产品、指导消费发挥着极为重要的作用。因此，了解并掌握广告文案的写作，已成为商务工作者的一门必修课。

请你选择一款钟爱的产品，认真细致地对其特性、品质、功效、适用范围等方面做全面分析、研究，然后设计一则广告文案。要求：

（1）切合实际，真实可信。

（2）能够使消费者产生浓厚的兴趣。

（3）有艺术性和独创性，不落俗套。

（4）语言优美简洁，标点正确。

（5）行款规范，书写工整。

【任务准备】

问题一：

广告文案的基本要求有哪些？

参考答案：

广告文案的基本要求有：准确规范、生动形象、简洁明晰、便于记忆、追求效益、针对性强。

问题二：

广告文案的基本结构有几部分？

参考答案：

广告文案是广告作品中用以表达广告主体和创意的全部语言文字，一般包括标题、广告语、正文、随文四个部分。

标题是广告的眉目，通常置于广告文案最前面。

广告语又称广告口号、广告标语，是在广告中反复出现的一句简明扼要的口号性语句。

正文是广告文案的核心文本，是广告的主体。

随文又称附文，是广告不可缺少的组成部分，一般放在广告文案的结尾部分。

问题三：

分析以下广告标语的成功之处。

广告标语：由内而外的美丽，朵而胶囊。

参考答案：

(1) 不是直接表白生产企业及产品经销者的心声，而是通过某种观念的提出和表达，创造和引导一种消费方式和消费观。它提出女人的保养应该是由内而外的保养，即通过口服来调整内分泌的失调，排除毒素，补血养颜，达到“细腻，红润，有光泽”。

(2) 自然地将产品特色转化为购买理由——“朵而”能使人由内而外地美丽，这正是女人趋之若鹜的。

【任务实施】

首先，认真学习【相关知识】中关于广告文案的格式、内容、写作要求、修辞手法等知识，选择一款自己钟爱的产品，拟出不同表现形式的几个广告标题，比较优劣后选定一个。

其次，充分发挥创造性和想象力，遵照广告文案的基本写作要求，完成广告语、正文、随文的写作。

最后，逐一对照【任务描述】提出的5点要求，对初稿反复检查修改，直至满意为止。

【参考例文】

一则有关剑南春的广告

从南北朝到盛唐，绵竹的酿酒技术经历了漫长的岁月锤炼后，终于孕育出流誉华夏的名酒——“剑南烧春”。

“天益老号”是剑南春集团现今保存较完整，并且仍在生产的传统酿酒作坊。

“剑南烧春”产生在社会长期稳定，经济、文化十分繁荣的盛唐时代，并作为当时的天下名酒而载入李肇所著的《唐国史补》。剑南春产地绵竹地处川西平原边缘，青藏高原的余脉。千年万年，亿万年不化的高原雪山之水自然渗透成泉，水质至纯至净。

广告语：唐时宫廷酒　盛世剑南春

附文：剑南春酒厂地址：中国　四川　绵竹　电话：(0838) 6202206　传真：(0838) 6202221　邮编：618200

（选自百度文库网）

【相关知识】

广告文案所传达的是广告作品中深具说服力的主题信息，是对广告创意的深化，能有效地提高受众对广告作品的记忆度。写作广告文案需要较深厚的文化素养和文字功底。

一、广告文案的格式与内容

广告文案通常包括标题、广告语、正文、随文四个部分。

（一）标题

标题为整个广告提纲挈领，让广告最重要、最吸引人的信息在创意的表现中得到展现，以最醒目的方式对应受众的内在需求，以引起他们的关注。

1. 标题的功能

（1）吸引注意。例如节能冰箱的广告标题“0.8”，密封胶的广告标题“1＋1＝1”。

（2）选择受众。例如“佳能打印，万众瞩目”。

（3）诱读正文。例如广告标题“320元买广告大师的一生”，正文“只要320元，全球最伟大的广告人毕生的经验和智慧全是你的”。这则广告在标题部分采用了夸张的手法，富有悬念；正文中又将320元与广告大师奥格威一生的经验和智慧巧妙地联系在一起，让消费者感觉到买这本书既经济实惠又受益匪浅。

（4）表达概念。例如“除非汽车可以凌空飞驰，轮胎的重要性依然不可忽视”。

（5）承诺利益。例如“康师傅方便面，好吃看得见”“味道好极了”。

（6）提供新特性。例如标题“从12月23日起，大西洋将缩短20%”，正文“从这一天开始，以色列航空公司飞越大西洋航线的飞机全部换用新式喷气客机，速度比原来快20%”。

（7）促进联想。例如正标题“再次受到冷落”，副标题“可能是因为粉刺的作用……”。

2. 标题的类型

（1）按标题构成分。

单一标题：单一的句子形成一个标题，在字体、位置方面标题的各个部分是统一的。例如“情浓酒更浓，野力干红”“衡水老白干，喝出男人味”。

复合标题：由几个不同句子构成，在内容和形式方面都有变化，有三种形式：①引题—正题—副题，例如《南方日报》广告标题“春江水暖你先知（引题），南方日报（正题），每天三大张，天天有彩板，信息量更大，可读性更强（副题）”；②引题—正题，例如海南养生堂龟鳖丸广告标题“疲劳过度，神经衰弱，体弱多病者（引题），理想的滋补品（正题）”；③正题—副题，如润迅通信广告标题“润迅概念（正题），点滴美好，构成美好人生（副题）”。

（2）按本体性质分。

直接性标题：如“叩开新一代电梯大门”（三菱电梯）。

间接性标题：如“这头猛兽的低吼响在多少男人的睡梦中”（BMW跑车）。

（3）按标题写作方式分。

利益型标题：标题主动劝说或暗示读者去做某事或对某事物进行思考，直接言明产品的用途或方法，直接表达利益点，例如“自动对焦，毋需半秒”（佳能相机）。

悬念型标题：制造悬念，吸引注意，例如“只有7个小时供您复习法语”（美国飞往法国航线的广告）。

提问型标题：例如“蚊子跟人走，怎么办呢？”（六神高效驱蚊水）。

叙事型标题：分析产品具体利益点，介绍产品使用功能、方法等，例如“驱虫良药——肠虫清”“花红片，两盒一疗程”。

新闻型标题：例如“苹果专卖店今日开张”“每个星期三，欢乐大放送”。

祈使型标题：例如“家里该换电话了”“请喝可口可乐”。

情感型标题：例如“静静世界，只有宝宝在和他梦中对话”（春兰空调）。

寓意型标题：借助受众本身的知识、修养、情操等，给标题以合理的想象，使广告语言增添趣味性和哲理性，例如“聪明不必绝顶，愿你慧根常留”（台湾某生发剂）。

炫耀型标题：例如“百分百好牛，百分百好奶”（光明牛奶）。

标语型标题：语气很重，强调性很强，例如“我的选择”（欧米茄手表）。

3. 标题的创作原则

关注受众利益，适时传达承诺；写法新颖，长度适中；避免使用概括性语句和否定词。

（二）广告语

也叫广告标语、广告口号等，是为了加强受众对企业、商品或服务等的印象，在广告中长期反复使用的一两句简明扼要地表现商品特性或企业理念的口号性句子。

1. 广告语的作用

（1）是企业、商品、服务与受众之间的认知桥梁。

（2）加强受众对企业、商品和服务的一贯印象。

（3）通过多层次传播，形成口碑效应。

（4）传达长期不变的观念，在改变消费指向的同时，产生长远的销售利益。

2. 广告语的特征

（1）信息单一，内涵丰富。

（2）生动形象，意味深长。

（3）准确定位，吸引目标。

（4）相对固定，强化传播。

3. 广告语的分类

（1）按内容类型分：形象建树型，观念表现型，优势展示型，号召行动型，情感唤起型。

（2）按结构类型分：单句形式，对句形式，前缀式句型，后缀式句型。

（3）按表现类型分：普通形式，联想形式，幽默形式。

4. 广告语的创作原则

（1）简洁明了，如“好空调，格力造!”

（2）朗朗上口，如“晶晶亮，透心凉!”

（3）阐明利益，如“卓然出众，彰显尊荣。”

（4）经久耐用，如“喝了娃哈哈，吃饭就是香。”

（5）个性独特，如“农夫果园，喝前摇一摇。”

（6）号召力强，如“IBM 意味着最佳服务。”

（7）嵌入品牌，如“爱是正大无私的奉献。”

（三）正文

1. 正文的类型

（1）描述型正文。以客观、正面地描述商品服务的特点为主的正文，生产资料商品广告较为常用。例如：

美国超奥扬声器，采用独特的连贯音设计，低音丰满自然，中高音华丽清晰，加上无形幅射式低音，效果更上一层楼，超奥扬声器，全世界获奖最多的喇叭。

（2）解释型正文。有针对性地提出问题，然后提出解决办法的正文。例如美旅游者保险公司宣传“出差旅行事故保险”的广告正文：

要是你商行里的一位重要雇员恰好遇上一次严重事故，医生对你说：这位为你经营销售、检查账目和担任其他重要职务的雇员将住院数月。你就必须另聘一位雇员来接替他的工作，是吗？你还得付给这位新雇员与那位受伤的雇员相等的薪金。于是，你就面临着为一项工作付出双倍薪金的被动局面，因为你终究不能停发那位受伤雇员的工资吧！要防止这种非常生产的额外工资负担，你可以为你的重要雇员购买：出差旅行事故保险。一旦你的重要雇员……

（3）证文型正文。以权威性的证据和权威机构、权威人士的语言为主的正文。例如香港爱碧身国际健美中心在其杂志广告以香港女主持人健明证言作为广告正文：

我一直都不相信减肥可以不用运动，不用节食。本着一贯凡事睇真的精神，在朋友的介绍下我亲身尝试这个爱碧身健美旅程。参加之前，我的体重是120磅。经过一阶段的3天清毒疗程，便轻易减去6磅。这令我对这个健美旅程更有信心！……

（4）对话型正文。例如：

母：佳佳，快！帮我到楼下买包盐。

女：来了，妈妈！

母：记住要买平衡健身盐。

女：盐，不都是一样的吗？

母：不一样，平衡健身盐采用科学配方，对各种元素有平衡保健作用。哎，快去买回来再说。记住，看清楚是翠竹牌平衡健身盐。

女：放心吧！妈妈，我一定把翠竹牌平衡健身盐买回来。

（5）故事型正文。以叙述故事的形式作为正文主体。例如：

马爹利金燕传奇

在法国近郊马爹利干邑世家一望无际的酒库上空，散发着一股醉人芳香，流传着一个动人故事。

每年，有超过一百万公升的上等干邑白兰地在漫长的酝酿过程中不断升华到空气中，成为对天使的奉献。

大约三百年前，这种芳香，将一只燕子深深吸引，依恋不舍。最后，他终于化身金燕，超越平凡。

每年初春，数以千计的燕子都在这里悠然翱翔，而今燕子也依然不断出现在每一瓶马爹利干邑白兰地之上，标志着法国马爹利。

干邑世家，经典无价。

(6) 幽默型正文。例如菲律宾一则旅游广告“十大危险!”的正文：

小心购物太多，因为这里的货物便宜；小心吃得过饱，因为这里的食品物美价廉；这里阳光充足，小心被晒黑；小心潜入海底太久，记住勤出水换气；因为名胜古迹太多，小心胶卷不够用；上山下山要小心，因为这里风光、云影常令人不顾脚下；小心爱上了友好的菲律宾人；菲律宾的姑娘热情美丽，小心坠入爱河；小心被亚洲最好的酒店、餐馆宠坏；小心对菲律宾着了迷而舍不得离开……

(7) 诗歌型正文。例如：

友 谊 的 箭

——让微笑和箭牌口香糖打开友谊的门扉

不论什么时刻，
不分任何地点，
一个微笑，
可包含多少的友谊！

一片箭牌口香糖，
便能带来多少的欢乐时光，
让微笑和箭牌口香糖
打开友谊的门扉！
使你们成为好朋友。

2. 正文写作注意事项

(1) 注意由广告标题向广告正文转化时，针对目标受众，将企业、服务或观念的特色转化为购买理由。

(2) 尽量运用实证方式说服受众。

(3) 注意相关细节的有效运用。

(4) 结尾要与前面部分浑然一体并能够促进消费行为的产生。

(四) 随文

随文是正文的附属，又称附文，对广告正文起补充、说明作用。包括广告单位名称、地址、邮编、电话号码、图文传真、网址、银行账号、负责人或业务联系人姓名等。

二、广告文案常用的修辞手法

1. 比喻

（1）明喻，如“包装像胎儿的胞衣一样重要”。

（2）暗喻，如“长途电话是回家最短的路”。

（3）借喻，如“一个只卖280日元的小月亮”。

2. 借代

不直接说出要表达的人和事物的名称，而是借用一个与本体事物有密切关系的名称或事物代替。例如“银燕展翅，翱翔蓝天”（银燕啤酒）；“愿海鸥再接再厉，飞得更远更高”（海鸥表）。

3. 夸张

例如“车到山前必有路，有路必有丰田车”“梁新记牙刷，一毛不拔”“请不要向从这里走出来的姑娘抛媚眼，因为她有可能是你的祖母”（外国某美容店广告）。

4. 比拟

包括拟人和拟物。拟人是把物当人来描述，把人的感情、动作、状态和语言赋予被描写的对象，增强广告的感染力。拟物是把人当物或把此物当彼物来描写，借以深化感情，造成别致的意趣。例如农药“来福灵”的广告：

> 大厅里，各种蔬菜瓜果伴随着悠扬的乐曲，正在翩翩起舞，突然大门被撞开，一群害虫从天而降，气势汹汹地唱着“我们是害虫，我们是害虫”，把蔬菜瓜果吓得东奔西跑。这时“来福灵”来了，挥舞着拳头高唱“正义的来福灵，正义的来福灵，一定要把害虫杀死，杀死！”把那群害虫驱赶得抱头鼠窜。不久，各种蔬菜瓜果又翩翩起舞了。

5. 对照

把两个对立的事物或一个事物的不同方面放在一起加以比较叙述和说明。例如“没有加进什么，不过提出水分”“潮汐进去，污垢出来”“臭名远扬，香飘万里”“不求急进，只求踏实”。

6. 对偶

把结构相同、意义相对或相关的两个语句对称地排在一起。例如“事事保险，岁岁平安”（保险公司）；“柔柔的风，甜甜的梦”（电风扇）。

7. 双关

利用语言文字上同音或同义的关系，使一句话关联到两件事或有两个不同的理解。例如“英雄，英雄，笔中英雄”“京华音响，世界之精华”“几多风华在蜂花”。

8. 排比

把意义密切相关、结构相同或相似、语气一致的语句排列在一起，造成一种强大的声势。例如“特区风貌，侨乡风情，海峡风涛，时代风云”。

9. 顶真

前句的末尾部分词语是后句的起首词语，递接而下形成蝉联形式。例如“汾酒必喝，喝酒必汾”。

10. 仿拟

创作主体仿照现成的诗句、成语、谚语、流行歌曲等语句而予以别出机杼的改动。例如“此时无形胜有形”（博士伦有形眼镜）；“先天下之优而优”（某家电）。

11. 回环

两个句子的构成成分相同或相似，但词序却恰恰相反。例如“清凉一夏，一夏清凉”（娃哈哈绿豆汤）；“万家乐，乐万家”（万家乐热水器）。

12. 镶嵌

将广告信息要素如广告主企业名称、品牌名称等和产品有关的词语，以整体或拆散的形式分别嵌入到文案的某些部分之中，产生一种趣味盎然、巧妙无比的感觉。例如“六神有主，一家无忧”（六神花露水）；“与爱人同行，永久最好”（永久自行车）；“万事俱备，只欠东风”（东风汽车）。

【相关链接】

优秀创意的重要因素

一个真正优秀的创意要具备三个重要的因素：

(1) 创造性。即不墨守成规，能不断创新，以新颖的方式传达信息。创造性被视为创意的灵魂。真正具有创造性的创意，是独特的、新鲜的、出人意料的，能给人强烈刺激，令人产生深刻印象。例如：

高炉家酒《陈、道、明》系列篇

这则系列广告采用《陈》、《道》、《明》三篇平面广告，不但充分运用明星的形象，更巧妙地挖掘出明星与产品本身的戏剧性联系——“陈”“道”“明”被颠覆性地解构为“陈香”“地道”“澄明”三大利益点，实现了传播上的最大化利用；同时，在媒体投放时，高炉家酒选择了接连三版的同一位置刊出，观众读之趣味盎然，感觉这一演绎浑然天成，代言人与产品高度契合。

(2) 简明。即不拖沓、不繁琐，充分把握机会，将信息传达到位。也就是说，创意一定要让广告简洁明了，一目了然。例如：

1492年哥伦布发现新大陆
1978年您将发现西班牙

这是西班牙航空公司为吸引乘客而作的一则广告，文案内容简洁，却含意丰富：第一句话陈述了一个过去的事实，比较平淡；而第二句话依然采用第一句的格式，这样就巧妙地告诉“您”，来西班牙旅游就如同发现新大陆一样令人新奇、激动，有效地刺激了消费者的旅游欲望。

(3) 人性化。即能够与消费者沟通，而不是自说自话。创意的人性化就是顺应人性，善用人性，通过唤起人性共鸣的手法与消费者有效沟通。所以，人性化的广告是生动、形象、通俗、有趣味的。例如：

苏泊尔《爱是天下最美的味道》广告片

该广告片获得第三届中国（三亚）国际电视广告艺术周“最佳广告创意奖”。广告中，一面是儿子在商务应酬中的觥筹交错，一面是母亲在厨房中的悉心操劳，配以深情的文案“有一个人，永远都记得你最爱吃什么，为你尝遍酸甜苦辣，你狼吞虎咽的样子，就是她最大的满足……”在舒缓的音乐中，展示出亲情在家庭生活的地位和力量。广告以“爱是天下最美的味道”作为结语和高潮，朴实的文字，意味深长，耐人寻味。

苏泊尔的这个广告片，不仅在强调功能的广告世界中脱颖而出，更在消费至上的社会大背景下唱出了一曲亲情回归的“咏叹调”，让大众收获了情感的感动。这样，苏泊尔不仅仅是一个产品提供者，更成为家庭和睦、情感和谐的倡导者，更新了产品的市场定位。这样的创意不仅让人倍感温馨亲切，而且符合构建和谐社会的时代潮流。

又如立邦漆的电视广告画面：

几个活泼可爱的幼儿一字排开，光光的身子，背对着观众，每个小屁股上涂着十分鲜亮的颜色，还扭来扭去。

只要看过这则广告的人都会对画面记忆犹新，忍俊不禁。这生动、通俗的画面，让人一看就会对立邦漆鲜亮的色彩留下深刻的印象，使消费者在会心一笑中接受企业传达的信息。这种人性化的创意值得撰写者借鉴。

（选自何建民、刘珍杰主编的《应用写作（第二版）》，中国电力出版社 2011 年 12 月版。）

任务五 商务信函

【教学目标】

掌握商务信函的格式、内容及写作要求，能够根据需要写作正确、规范、实用的商务信函，具备一定的商务交流能力。

【任务描述】

在经济活动中，需要经常、频繁地与业务关联方进行沟通，会使用到大量来往的商务信函，所以商务信函的写作在商务活动中的地位可以说是举足轻重，已经成为现代商务活动者的重要基本功之一。

假设你为一家公司的职员，需要使用商务信函去安排、运作公司事宜，请参照以下情境设计，学习写作商务信函。

（1）公司想要进货（一批衣服），需写作一封询问价格的信函。

（2）公司想要在某地区独家代理某公司的某产品，向该公司写信咨询。

（3）公司生产了一款产品，想推介给某百货公司，需要写一信函。

具体写作要求：

(1) 各部分具体内容考虑周密，主次分明，详略得宜。

(2) 语言得体，文从字顺，标点正确。

(3) 格式规范，书写工整，文面整洁。

【任务准备】

问题一：

什么是商务信函？

参考答案：

商务信函指企业或个人在开展商务往来的过程中，以函件、书信等形式与商务活动关联方进行业务联络、磋商、洽谈等沟通的一种应用文书。

问题二：

情境设计（1）、（2）都是咨询某一事项的信函，这种商务信函的正文应该怎样写？

参考答案：

咨询函是询问商务信息、要求提供样品、价目表等有关买卖业务的信函。信函的正文一般先点明咨询原因，然后直接提出询问或请求托办的事项。如果单纯询问价格、索要目录单，可以将要求用一句话写明（目前不少公司就备有印好的空白询问函）。如果是询问市场情况或价格行情及付款条件等，则需要稍展笔墨，但也要表述简洁。如果是第一次接触，应该在信的开头将自己是如何获悉商品信息及自己的概况作一个交代和介绍。

问题三：

情境设计（3）是一封推销函，其正文又该怎样写？

参考答案：

推销函是商务信函中使用最广泛的种类，其主要目的是激发买方对商品的兴趣，吸引买方对商品的关注。就目前推销函的写作趋势看，行文风格越来越人性化，接近私人信件，语言通俗、活泼，用词简练。

为吸引买方，这类信函开头的文字可使用简短、富有戏剧化的句子（如使用“您知道价格要上涨吗”等设问句）。转入正文时，要把握写信的目的，找出引起买方感兴趣的事实、例证，然后有条不紊地陈述或回答开头提出的问题，力求使对方了解你的商品特征与优点，或指出对方的需求，促使其感兴趣。结尾可以写一些促使对方立即采取购买行动的话语（如提示某一时期之后价格将上涨；或强调存货有限；或表示给予优惠，免费赠送、使用等）。

【任务实施】

首先，认真学习【相关知识】中商务信函的规范格式、正文写法与写作注意事项，写上称谓和问候语。

其次，依照【任务描述】设计的 3 个情境，参照【任务准备】中预习的两种商务信函正文的内容要求，逐一完成 3 封信函的写作。

再次，在正文之后写上祝颂语，然后署上姓名、日期。

最后，对照【任务描述】的情境设计和写作要求，对初稿反复检查修改，直至满意为止。

【参考例文 1】

尊敬的××公司
经理先生/女士：

您好！

在9月10日的××时装展会上，我们见到了贵公司的女士春季外套系列产品。我们认为这套产品中的“踏青”“彩诗”系列比较适合我们的市场。

本公司希望可以在年底前进一批货。您能否把这2个系列的产品目录和进货价格发给我，作为进货的参考？望尽快回复，谢谢！

此致

敬礼

××公司：李明
2011年9月13日

【参考例文 2】

尊敬的刘总经理：

您好！

本公司担任多家厂家的独家代理，专营精制棉织品，包括各等家用亚麻制品，行销中东。与贵公司向有业务联系，互利互惠。贵公司纺织部亦十分了解有关业务合作之情况。盼望能成为贵公司独家代理，促销在巴林市场的货品。上述建议，烦请早日赐复，以便进一步联系合作。

此致

敬礼

××公司：赵军
2012年4月3日

【参考例文 3】

尊敬的××百货公司
经理先生/女士：

您好！

本公司新近推出了三款电冰箱，具体的报价和新品的具体信息可以查看在附件中的文档。如需进货，可以填好进货单回复我。在本月20日之前进货可以拿到进货价格3%的折扣。谢谢！

祝生意兴隆！

××电器公司
2012年2月20日

【相关知识】

商务信函简称商函，是以信函为载体，将相关商务信息通过邮寄或电子邮件等方式，直接传递到目标对象的一种应用文。

一、商务信函的类型

商务信函的内容非常广，可以说是包罗万象，有推销函、询价函、报价函、定价函、还价函、订购函、订单确认函、修改订单函、取消订单函、装运指示函、催款函、索赔函、保险函、申诉函、致谢函、道歉函等类型，以及以传递经济结算单为内容的账单类商函（如信用卡结算单，话费通知单，保费通知单，水、电、气费通知单等）。

二、商务信函的格式

与一般信函写作格式基本相同，由六个部分组成。

1. 称谓

顶格书写在第一行。称谓可以是人，也可以是收函单位名称。对人可以通过加上敬语表示对对方的尊重，如“尊敬的刘总经理”。写单位名称时必须全称写明，如“上海亚明灯具股份有限公司”。如果除了写发函单位名称以外，还要写对方单位的具体负责人时，则应该在单位名称下方另起一行，顶格写上具体负责人的姓名和职务，如“南京运河发展有限公司（另起一行）林方经理”。

2. 问候语

和一般的信件一样，多数商务信函使用问候语。可以采用惯用的问候词语，如“您好”“见信好”；也可以用礼节性的话来表示，如“收到贵公司的来函，非常高兴”“上次会晤，印象深刻”等（可以涉及对以往信件往来中相关内容的回顾，也可以针对对方业务的开展情况写上“关注”或“祝贺”类的词语）。问候语之后，就可另起一行拉出正文。

3. 正文

可以分开头、主体、结尾三部分。

(1) 开头部分。主要写明起因或写信的出发点。

(2) 主体部分。可根据发函的目的、所要表达的具体内容作充分的陈述，如理由、经过、要求、打算、措施等。一般情况下，只要做到表述清楚、突出重点、用词确切、简洁明了就可以了，不必过于拘泥于格式和套路。

(3) 结尾部分。可以是主体自然收结，也可以对全信作扼要的概括，或重申核心内容，使对方对内容要点留有深刻印象。

需要注意的是，在与业务合作方初次交往的商函中，结尾处应将本企业的联络方式或通讯方式写清楚，以便对方能准确地给予回复。

4. 祝颂语

正文结束后，应当另起一行，致以祝颂语。祝颂语可以有许多，“此致　敬礼”多用于正规、严肃的场合；“顺颂　商祺”则更多地出现在商业伙伴之间。选用怎样的祝颂语，可以根据内容和对象的实际情况而定。

5. 附件

指随函附发的相关文件，如报价单、样品图表、收据、协议书等。

6. 落款

即发函者的名称、发信日期、印章、签字的总称。

发函者如果是以单位的名义，应该写清发函单位的全称；如果以个人名义代表单位书写商函的，则应该把发函人的姓名附在企业名称的后面。明确的落款是商务信函写作中的一个要素，在撰写过程中应该慎重。

日期为信件完成日期，应写在发函者名称之下。重要的商务信函，为郑重起见，可以加盖公章。印章应该盖住日期中的年与月，做到“骑年盖月”。

三、商务信函的写作注意事项

1. 简洁

写作商务信函不要求使用华丽优美的词句，而是用简单朴实的语言，准确地表达己方的意图，让对方可以非常清楚地了解。如果是不符合主题或者对信函的目的不能产生利益的内容，应毫不留情地舍弃它们。

2. 真诚、有礼貌

不管是生活中的交往还是生意上的合作，真诚是最重要的，所以商务信函必须能够充分体现作者的真诚。假设此时对方正在与自己通话，把写好的信函读一遍，要能够感受到自然和真诚。当双方观点不能统一时，首先要理解并尊重对方的观点。如果对方的建议不合理或者对自己的指责不公平时，可以据理力争，说明观点，但要讲究礼节礼貌，避免使用冒犯性的语言。同时也要注意，礼貌过了头可能变成阿谀奉承，真诚过了头也会变成天真幼稚；所以要把握好“度”，才能达到预期的效果。

3. 精确、有针对性

当涉及数据或具体的信息时，比如时间、地点、价格、货号等，要尽可能做到精确。这样会使交流的内容更加清楚，更有助于加快办理事务的进程。要在信函的抬头直接称呼收信人，让对方知道这封信是专门给他的，而不是群发的通函。如果无法确定收信人，就在称呼一栏里写“先生”或“先生/女士”。

4. 回复及时

回复信函要迅速及时。因为对方通常只看最先收到的几封复函，从中去选择合适的商务伙伴。如果回复不及时，就可能失去商机。

【相关链接】

商务邀请函

××××公司：

经与贵公司就××项目合作事宜进行初步洽谈后，我公司对合作事宜进行了研究，认为：

1. 该项目符合国家的产业政策，具有较好的市场前景和发展空间；

2. 该项目不仅将极大地促进双方发展，而且还将极大地促进两地合作，具有较大的经济效益和社会效益；

3. 该项目在我地区有很好的资源优势，具备合作的基本条件。

因此，本项目具备进行商务合作洽谈的基础，具体的合作事宜须经双方更进一步详细洽谈。请贵公司法人代表收到本邀请函后，派代表赴我公司作商务考察并就实质性框架合作进行洽谈，我公司将承担本次商务考察的全部费用。

敬请告知准确时间，以利安排。我公司法人将亲自与贵公司面议合作事宜。

致

商祺

××电力有限公司（章）

××××年××月×日

（选自何建民、洪薇编著的《电业应用文写作 120 例》，中国电力出版社 2008 年 2 月版。）

【学习项目总结】

在经济活动应用文这一学习项目的学习和训练中，可以了解“企划文案”“市场调查报告”“经济合同”“广告文案”“商务信函”五种经济活动应用文的写作知识。

学习企划文案，使我们了解到“企划”及形成“企划文案”是一项理性决策活动。企划的三要素是：有崭新的创意，有方向的创意，有实现的可能。企划的种类很丰富，因而企划文案的种类也繁多，常见的就有十种。企划文案的写作生成是需要一定程序的，一份成功的企划文案，通常需要经过以下过程：界定问题及策略，搜集现有的资料，进行市场调查，分析并统计资料，讨论并激发创意，选择可行的方案写作，实施与事后检讨。

市场调查报告是调查报告的一个重要种类。写作市场调查报告之前首先要进行市场调查。问卷调查是最常用的市场调查方法之一，采用这种调查方法的关键是科学地设计问卷。因本学习任务工作量较大，故以小组形式集体完成。每个小组必须选择某种同学们熟悉的商品，对其在本校的市场销售状况进行问卷、访谈等实地调查，对调查所得资料进行梳理分析，从中得出合乎实际的观点和结论，进而提出解决问题的对策和措施，然后写作一篇小型市场调查报告。

在经济活动中还会涉及签订经济合同的问题。经济合同是合同的一种，是以经济活动为内容、显示一定经济目的、调整财产关系的合同。订立合同应该遵循合法性原则、合意性原则、公平性原则。合同语言必须准确、周密，以防止产生歧义，造成纠纷。在这一学习任务中，要掌握经济合同的格式、内容及写作要求，提高对合同签订的必要性、严谨性的理解，能够根据需要写作正确、规范、合法、可行的经济合同。

广告文案是广告作品中用以表达广告主体和创意的全部语言文字，一般包括标题、正文、广告语、随文四个部分。写作广告文案的基本要求有：准确规范、生动形象、简洁明晰、便于记忆、追求效益、针对性强。本学习任务要求掌握广告文案的格式、内容及写作要求，习作一则广告文案，培养广告文案的鉴赏能力与写作能力。

商务信函是企业或个人在开展商务往来的过程中，以函件、书信等形式与商务活动关联方进行业务联络、磋商、洽谈等沟通的一种应用文，在当今社会中被各类企业广泛使用。作为高职院校学生，在步入社会之前通过社会实践提前接触一些商务活动，学习写作商务信函，有一定的必要性。所以，本学习任务要求掌握商务信函的格式、内容及写作要求，能够根据需要写作正确、规范、实用的商务信函，具备一定的商务交流能力。

【复习思考】

1. 企划文案的生成需要经过哪些程序？

2. 请搜集有关“6S”管理的相关资料，为某公司开展的“6S”管理活动做一份企划文案。

3. 2004年，全国各省市电视台曾播出了名为《恐惧斗士》的最新Nike篮球鞋广告片，随后这则广告遭国家广电总局紧急“封杀”。请阅读以下对这则广告的画面描述，分析一下该广告遭到封杀的原因。

男主角NBA巨星勒布朗·詹姆斯进入一个五层高的建筑，逐级挑战对手。首先他击败了身穿长袍的中国人模样的老者，将其打倒在地。然后遇到身穿中国古代服装的妇女（与敦煌壁画中的飞天造型极其相似），她暧昧地向詹姆斯展开双臂。随着詹姆斯扣碎篮板，“飞天形象”随之粉碎。紧接着，篮板旁出现了两条吐出烟雾的中国龙的形象和阻碍詹姆斯的妖怪，但詹姆斯还是取得了最后的胜利……

4. 根据已给出的五大连池“火山泉矿泉水”的素材，进一步查找相关产品的资料，创作一则广告文案。

产品名称：五大连池“火山泉”矿泉水

产品介绍：世界三大著名冷矿泉：法国“维希”，俄罗斯“高加索”，中国“五大连池”。火山泉牌天然矿泉水系列产品，其水源取自五大连池南饮泉，天然绿色，保健时尚，品质超群。其特点：

（1）低温含气，矿化度高，可达1500/L，具有浓重的矿化口感，消爽中略带微微苦涩，饮之清凉可口，深层解渴，系国际流行口味，也是本产品独特之处。

（2）富含多种重碳酸盐和钾、钠、钙、镁四种宏量元素以及钡、锡、氟、硅、铁、锌、钴、钼、硒、镍十余种微量元素，天然含有二氧化碳气体，满足人体健康需求，有抑菌作用，饮用更卫生、更安全。

（3）由于独特的理化作用，长期饮用火山泉矿泉水，可以有效地改善机体生物酶的活性，促进病理组织恢复，提高机体免疫力。科学研究证实，火山泉重碳酸矿泉水，对人体胃肠、神经、血液循环和内分泌系统具有良好的保健作用，特别是对慢性胃炎、缺铁性贫血等具有神奇功效。

（4）是世界少有组合型矿泉水，人工无法复制。

（5）“火山泉”牌火山冷矿泉，饮、医并用，生产加工环境安全符合ISO 14000环境标准，生产过程严格执行ISO 9001质量保证体系，无任何添加剂，具有高贵的品质，既是天然绿色、保健时尚的高档次饮用矿泉水，又是天然良药。

5. 选择题。

（1）撰写市场调查报告一般采用（　　）。

A. 第一人称　　B. 第二人称　　C. 第三人称

（2）市场调查报告的语言一般不采用（　　）的语言。

A. 通俗　　B. 专业性　　C. 简单

（3）经济合同正文的要素之一是（　　）。

A. 标题　　B. 标的　　C. 日期

(4) 经济合同的卷首部分必备的项目包括（　　）。

A. 双方约定　　B. 作者　　C. 标题

(5) 在经济合同签订中，不可以使用的语句是（　　）。

A. 尽量付清　　B. 务必于×日　　C. 货到后付款

6. 判断题。

(1) 经济合同的订立者必须是法人。（　　）

(2) 经济合同的语言要十分准确严密，不能有模棱两可或含糊不清的表达出现。（　　）

(3) 没有标的，合同就不能成立。（　　）

(4) 经济合同在盖单位公章或合同专用章后才算生效。（　　）

7. 兰州思雅商厦（甲方）向广东鹤山华真床上用品公司（乙方）订购拉舍尔毛毯 1200 条，其中 180×120 规格的 600 条（单价 260 元），150×200 规格的 600 条（单价 280 元）。由乙方在两个月内送到甲方所在地，运费由甲方承担。甲方在订立合同 10 天内先付 30%货款作为订金，余款在货物交收当天付清，付款方式均为合同银行托付。请拟定合同一式两份，双方各执一份。

8. 请对本校或本班同学每月某项支出的金额分若干档次进行调查，然后确定主题，拟写一份学生某项消费情况调查报告，字数 1000～1200。

9. 简述商务信函的一般格式及写作注意事项。

10. 根据下面的材料，为该公司草拟一份商务信函。

某公司因在产品促销活动中违反了《中华人民共和国反不正当竞争法》中的有关条款（设立有奖销售，而且最高奖项的实物折合价值超过了人民币 5000 元）的限定，受到行业中主要竞争对手的指责。竞争对手还向市消费者协会进行了举报。

该公司在接受有关部门查处的时候，需要撰写一封商务信函，发送对象为上海市消费者协会，同时抄送给行业中的主要竞争对手。信函主要目的在于承认本次促销活动的不妥之处，并把责任有意地引向承担这次促销活动的专业营销公司。

学习项目七

科技、生产应用文的写作

【学习项目描述】

通过学习和实践，掌握科技、生产应用文的写作方法。

【教学目标】

通过学习和实践，掌握实验报告、毕业论文、毕业设计说明书、工作票与操作票等科技、生产应用文的写作方法与格式要求；了解相关生产现场和生产实践，熟练填写格式化的实验报告单和工作票、操作票；结合专业实际，培养查找、利用资料的能力，尝试撰写毕业论文或毕业设计说明书；培养严谨细致、一丝不苟的职业素质与条理清楚、精密敏捷的思维能力。

【教学环境】

多媒体教室，黑板，投影仪，PPT 课件，相关案例，时新资料及专业课教师的协助等。

任务一　实　验　报　告

【教学目标】

掌握实验报告的写作方法与格式要求，能够区分实验报告单和科技实验报告，熟练填写本专业某项实验的实验报告单。

【任务描述】

在科学技术研究工作中，往往要进行一些实验，而撰写实验报告是实验工作不可缺少的重要环节。高等职业院校的学生在学习中，实验是重要的学习环节和必须掌握的基本技能，填写实验报告单是经常性的学习任务。

本任务从案例入手，要求根据自己所学专业的实际，学习实验报告写作的相关知识，填写本专业某项实验的实验报告单。具体要求：

（1）严肃认真，一丝不苟，把实验的内容和数据真实记录下来，不能虚构。

（2）采用说明为主的表达方式，层次清楚明白。

（3）语言严谨规范，使用专业术语，不能口语化。

（4）准确反映实验报告各个项目的内容，具备科学性和客观性。

【任务准备】

以下是一份格式化的实验报告单，要素基本齐备，格式规范。在教学实践中，一般都使用这种格式化的实验报告单，以便于学生填写。实验报告单的格式基本相似；但不同的实验报告单由于实验的内容和要求不同，填写的项目有所差异。

实　验　报　告

班级：　　　　　　　　姓名：　　　　　　　　学号：

组别：　　　　　　　　指导教师：　　　　　　日期：

实验名称	
实验目的	
实验器材	
实验步骤	
注意事项	
实验结果	
实验结论	
备　　注	

【任务实施】

根据所学专业和教学计划，提前两周布置任务，提供格式化的实验报告单，要求认真填写某项专业实验情况，并呈请专业课教师批改。

课前上交实验报告单（应有专业课教师批改的内容）。

学习相关的知识要点，对照、评析实验报告单的填写效果。

【参考例文】

实　验　报　告

班级：　　　　　　　　姓名：　　　　　　　　学号：

组别：　　　　　　　　指导教师：　　　　　　日期：

实验名称	木材的干馏
实验目的	认识木材干馏的方法、过程及干馏后的生成物
实验器材	仪器用具：带升降夹头的铁架 1 具、支管试管 2 只、试管 2 只、烧杯 1 只、喷灯 1 只。 试剂物料：木屑、冷水、石蕊试纸、费林试剂、三氯化铁溶液、覆有一层氧化铜膜的铜片。

续表

实验名称	木材的干馏
实验装置与步骤	1. 按图示装配实验仪器。(略) ① 支管度管，内装干屑。 ② 收集木焦油的试管。 ③ 收集挥发性产物的试管。 ④ 尖嘴导气管。 ⑤ 盛冷水的烧杯。 2. 先微热盛有木屑的试管①，然后加热。 3. 当尖嘴导气管末端开始逸出干馏生成的气体时，用火柴点着，检验其可燃性。 4. 当试管③里收集到 2～3 毫升液态馏出物，试管①中收集到可察知量的煤焦油时，即可停止加热。 5. 取出液态馏出物样品，用石蕊、费林试剂、氧化铜膜片进行检验。 6. 取出木焦油样品，用三氧化铁进行检验。
实验结果	1. 木屑在加热时，变黑并逐渐碳化，先出现木材在高温时分解的气态产物，后出现液态产物和焦油。 2. 气态产物燃烧时，形成无色无烟的火焰。 3. 液态馏出物对石蕊显酸性，与费林试剂共热，所出为黄色及红色沉淀；滴在氧化铜膜上，可以使氧化铜还原为铜，这说明液态馏出物中有醛和醇。 4. 木焦油与三氧化铁作用加热时，显现酚的特有的颜色反应，说明其中有酚存在。 5. 试管①里呈黄色的残余物是木炭。
实验结论	木材在隔绝空气加热时，发生复杂变化，结果生成了系列新物质。有可燃性气体 CO、H_2、CH_2OH 等；液态产物醛、酚；固态产物木炭等。

【相关知识】

在科学技术研究活动中，人们为了检验某种学科理论或假设，进行创造发明和解决实际问题，往往都要进行实验。通过观察、分析、综合、判断，如实地将实验过程和结果记录下来并写成文章，就是实验报告。它兼有“实验”与“报告”两种性质，是实践环节的理性回归，是实验工作的全部总结和系统概括，具有情报交流与资料保存的作用。

实验报告多用于理论、假设、原理的实验，因此必须在科学实验的基础上进行。成功或失败的实验结果的记载，都有利于不断积累研究资料，总结研究成果，提高实验者的研究能力和分析问题、解决问题能力，培养理论联系实际的学风和实事求是的科学态度。

完成实验报告是科学理论进入技术开发、产品开发、实现工业化生产的重要环节。根据性质的不同，实验报告可分为检验型实验报告和创新型实验报告两种。

检验型实验报告通常称实验报告单，其内容大多重复前人已做过的实验，反映的项目单一，只需要以固定的格式填表，书写简单，缺少保存价值，一般用于教学实验。

创新型实验报告也称科技实验报告，具有明显的创造性：或者描述一个从过程到结果都是全新的实验；或者得出了更精确的结论，对前人的结论作出修正；或者是用新的实验方法，重新论证原有的结果等。科技实验报告多用于技术性开发、新产品开发及工艺、工程等方面的试验。

科技实验报告和科技论文较为相似，只是内容上有所不同。科技实验报告主要报告实验的过程、方法及结果，分析与讨论较为简略；而科技论文的主要内容是理论探讨，且不一定都论述实验。

一、实验报告单的一般格式与写法

实验报告单一般为格式化形式；但具体项目并无统一要求，可以根据实验内容和要求设置各个项目的内容，填写的项目可多可少。

实验报告单的结构一般包括以下几个部分：

1. 实验报告基本情况

包括报告的作者及实验的时间、地点等内容。

2. 实验名称

即标题，要用最简练的语言反映实验的内容。如验证某程序、定律、算法，可写成“验证×××”“分析×××”。

3. 实验目的

要求短小精悍，简明扼要。实验的目的要明确，例如：在理论上验证定理、公式、算法，使实验者获得深刻和系统的理解；在实践上掌握使用实验设备的技能技巧，了解实验程序及调试方法等。

4. 实验环境和器材、装置

包括实验用的软硬件环境（配置和器材），要写明实验所用的仪器、物品、装置等。

5. 实验内容与步骤

实验内容是实验报告单的核心和主体部分。要写明依据何种原理、定律算法或操作方法进行实验，以及详细的理论计算过程等。实验步骤要按照操作程序，把实验过程所观测到的各种现象、数据如实记录，做到有条不紊、简明扼要。

6. 实验结果

实验结果是实验现象的描述、实验数据的处理，是实验过程中观测到的各种现象和测知的数据。根据实验过程，用准确的专业术语客观地描述实验现象和结果，要有时间顺序以及各项指标在时间上的关系。

7. 实验结论

结论是针对这一实验所能验证的概念、原则或理论的简明总结，是从实验结果中归纳出的一般性、概括性的判断，要简练、准确、严谨、客观。要经过认真的分析、必要的计算和严密的推理，最后得出实验的结论。

二、科技实验报告的一般格式和写法

从形式上，科技实验报告和学术论文很相似。一份完整的科技实验报告，一般应包括以下几个项目。

1. 标题

标题，是实验内容的高度概括，应力求醒目，集中反映该实验研究的内容。

2. 作者及单位

作者是指该实验的制作者和承担主要工作、做出重要贡献的参与者，应按其贡献大小先后排列；同时署上工作单位、所属地区及邮编。

3. 摘要

摘要是全篇内容的简要概括，具体内容包括实验目的、对象、过程、方法、结果和结论。要求简明扼要、准确完整，能吸引人阅读正文。

4. 引言

即序言，简要说明此项实验的目的、范围、理论分析和依据、研究方法和实验方案等。

5. 正文

包括实验原理和设备、实验方法和步骤、实验结果和结论等。

(1) 实验原理。简要说明实验的理论依据，介绍实验涉及的重要概念，实验的依据和重要定律、公式等。

(2) 实验设备、实验方法和过程。要列出实验器材、设备装置和所需的原材料；一般按操作的时间先后划分成几步，并加上序号，必要时还可以用图表加以说明。

(3) 实验结果。通过文字、数字、表格及图，如实描述和分析实验中所发生的现象。实验结果必须真实、准确、可靠。

6. 结论和讨论

结论就是根据实验结果所作出的最后判断，指出通过实验证实了某一理论。讨论包括对思考问题的回答，对异常现象和数据的解释，对实验方法及装置提出改进意见等。

7. 参考文献

详细列明此项实验所参考的主要科技文献，这样做既为本次实验提供了理论依据，也是对他人的科研工作表示尊重。

有些科技实验报告由于内容的特殊性，可以省略上述中的某些项目。

三、实验报告的写作原则

(1) 要注意客观性。作者在实验中应尽量排除主观因素和外在环境的多种影响，客观、细心观察实验现象，精密地测取各种数据并报告实验结果。绝不允许为了印证一些实验结果而修改数据的现象发生。

(2) 要注意正确性。写进实验报告中的实验结果、实验现象都应是必然的而不是偶然的，任何人在任何地点、任何时间再进行同样的实验，都可以观察到完全相同的实验现象，取得完全相同的结果。同时，还应在表述的范围、程度方面做到恰如其分。

(3) 要注意分析性。科技实验报告在获得真实、可靠的材料的基础上，还应进行科学分析，这样才能找到材料背后所隐藏的规律性，抓住事物的本质。没有科学分析，报告只能是一堆不会说话的数据和现象。

(4) 要注意可读性。实验报告要遵循一定的格式，在叙述过程时要条理清晰，富有逻辑性；语言表达上做到严明准确，适当采用专业书面语说明问题；一般不追求语言的形象性，尽量避免产生歧义的现象。

⌛【相关链接】

关于电子自旋共振实验的报告

摘要：叙述一个经济实用的电子自旋共振实验。采用频率为 20 至 40 兆赫连续可调的边限振荡器，配合能产生 0 至 20 高斯恒定磁场和 50 赫 0 至 2 高斯交流调制磁场的螺线管，测得自由基 DPPH 样品中未偶电子的 Lande 因子值为 2，004±0.027，并且给出当地磁场的水平分量为 0.39 高斯、垂直分量为 0.36 高斯。

一、引言

电子自旋共振（Electron Spin Resonance）现象是 1944 年 3aBОЙСКИ 发现的。它是测定物质或分子中未偶电子的唯一直接方法，目前在化学、物理、生物和医学等方面都获得了极其广泛的应用，因而在近代物理实验教学中成为不宜缺少的项目之一。通常观测 ESR 现象，是在微波波段，波长 3cm 左右，数千高斯的磁场范围，由专门的电子自旋共振波谱仪来完成。这种大型设备并非一般高校都能具备，况且大量学生在这样大型仪器上做实验，目前也不切实际。

我们采用自制的射频振荡器、检波器、放大器等，配合小型螺线管产生的弱磁场，可以观察 ESR 信号，测定样品的 lande 因子，并能给出地磁场各分量数据。对两届学生开设了这一实验，取得了比较满意的结果。

二、原理

自由电子具有自旋量子数 $S=12$，自旋磁矩 μ_e，具有

$$\mu_e = g_e\mu_B S \tag{1}$$

此处 g_e 为一无量纲的因子，称为 lande 因子，μ_B 为 Bohr 磁子。

当电子处在磁感应强度为 B 的外磁场中，它的自旋将有 $2S+1=2$ 种可能的取向。不同的取向对应不同的能级，相邻二能级的能量差为

$$\Delta E = g_e\mu_B B \tag{2}$$

若垂直于 B 和 μ_e 组成的平面加一频率为 V 的交变电磁场，其量子能量即为 hv，此处 h 为 Planck 常数。

$$hv = \Delta E = g_e\mu_B B \tag{3}$$

当满足关系时，电子就吸收电磁场的能量，由低能级跃迁至高能级，此现象便称为电子外旋共振吸收。由（3）式给出

$$B = hg_e\mu_B V$$

即当发生共振吸收时，辐射电磁场频率 V 与外磁场 B 之间有严格的对应关系。对自由电子而言，$g_e=2.0029$；$\mu_B=eh2mc=0.9273\times10^{-20}$ 尔格/高斯，并代入其他有关常数得到

$$B = 0.3567V \tag{4}$$

此处 V 以兆赫为单位，B 以高斯为单位。

测出共振吸收时的辐射电磁场频率 V，即可由（4）式计算磁场 B，因而此法可用来测量磁场。

另一方面，若能在测量辐射频率 V 的同时也测出磁场 B，那么又可用来计算 lande 因子

$$g_e = h\mu BVB = 0.7145VB \tag{5}$$

此处 V、B 单位与（4）式相同，g_e 为无量纲数。

本实验设计同时满足以上两项要求。

三、实验装置与方法

简易的电子自旋共振实验装置如图 1（图略）所示。产生共振所需的外磁场为一小型螺线管，用 ϕ90mm 的硬塑料筒外层密绕四层共 1484 匝，每厘米长度上共有 70.4 匝。当通过线圈的直流电流从 20mA 增加到 200mA 时，螺线管轴线中心处的磁场从 1.5 高斯增加到 15 高斯。为观测吸收信号需加交流调制磁场。本实验采用 50 赫交流电通过绕在直流磁场外层

的短线圈来实现。当交流电压由1伏增到6伏时，交流调制场由1.5高斯增加到3.5高斯。观测信号时使用的交流电压不宜过大也不宜过小，以电压2伏为宜。

射频振荡器为一边限振荡器，发射线圈用ϕ0.51mm高强漆包线绕成内径为4mm的空心线圈8～9匝，配合可变电容改变振荡频率，可使频率在20至40兆赫之间连续变化。

检波器采用二极管倍压检波，放大器为最基本单管放大电路。吸收信号经检波、放大后送入示波器观测。

共振信号的观测采用吸收法，即以射线圈同时又是探测线圈。样品用粉末状、带有一个未偶电子的稳定自由基DPPH（二苯基若哇酸联氨），装在外径不超过3.5mm的薄壁玻璃管中，振荡器的发射线圈就绕在玻璃管上。

实验的具体做法是先选定通过螺线管的直流电流值I_0，缓慢调节振频率V，在示波器上能观察到如图2（图略）所示的波形，其中［B］图所示为符合要求的共振信号。这时只有直流磁场对共振起作用，记录振荡器的频率。根据公式（4）可计算出螺线管直流场磁值B。此实验内容即为测量弱磁场。如果用记录的螺线管中通过的直流电流值来计算线管心处轴向的磁场，或用高斯计直接测量磁场值，就可通过公式（5）计算lande因子。

本实验用PS—2101型数字频率计测量振荡器的频率，用经过校对的毫安表测量直流电流。经过重复多次测量，得到DPPH的lande因子值为2，004±0.027。

四、实验结果与分析

通过本实验，测量了螺线管垂直方向放置时，由于地场垂直分量影响，当通过螺线管的电流方向不同时，产生共振所需的电流值也不同，从而计算出合肥地区地磁场垂直分量为0.36高斯（编者注：本文作者均为中国科技大学的教师，中国科技大学地处合肥市）。将螺线管水平放置，轴线取南北方向测出地磁场分量为0.39高斯；而东西方向基本为零。并测出地磁场方向的合成矢量为0.51高斯。

应该指出，在如此简单、经济的设备上做出这样的结果是令人满意的。

（选自任文贵主编的《最新应用文写作指南》，台海出版社1998年版。）

任务二 毕 业 论 文

【教学目标】

了解毕业论文的含义、特点及对于高校毕业生的意义，掌握毕业论文格式的基本要素，尝试撰写本专业某领域的合格论文，为完成学业时撰写毕业论文作准备。

【任务描述】

毕业论文是高等院校学生在专业课教师的指导下，于毕业之前完成的带有总结大学阶段学习成果性质的一份大型综合性独立作业。目前，高等职业院校对于工科、工艺类专业要求毕业时做毕业设计，对文经管类毕业生要求撰写毕业论文。（二者要求基本相同，只是由于专业类别不同，毕业论文更侧重理论，毕业设计更侧重实践。）因此，高职高专院校许多专业的毕业生必须紧密结合专业实际，经过选题、搜集资料、构思提纲、撰写初稿、修改整理等阶段，最终完成毕业论文的写作，并通过毕业论文的答辩。

毕业论文的撰写，可以考查学生运用已学专业知识分析问题、解决问题的能力，查询专业资料的能力，运用计算机分析和处理数据的能力，以及语言表达能力和文章撰写能力等综合素质，为今后担负专业技术工作和科学研究打下坚实的基础。

本任务要求根据自己所学专业的实际，遵照毕业论文的格式与内容要素，在专业课教师的指导下撰写一份本专业某领域的毕业论文提纲。若有条件，进一步撰写为规范的毕业论文，具体要求：

(1) 反映毕业论文的专业要求，体现论文的科学性和客观性。

(2) 构思严密，详略得当，表达规范。

(3) 严肃认真，一丝不苟，独立完成。

(4) 字数4000以上。

【任务准备】

以下是某职业技术学院对文经管类毕业论文格式所作的要求。

××××职业技术学院专科毕业论文格式说明

引言

制定本标准的目的是为了统一规范我院专科毕业论文的格式，保证毕业论文的质量。毕业论文应采用最新颁布的汉语简化文字，由作者在计算机上输入、编排与打印完成。

毕业论文作者应在选题前后阅读大量有关文献，文献阅读量不少于5篇，将其列入参考文献表。

一、编写要求

1. 页面要求：毕业论文须用A4（210×297mm）标准、70克以上白纸，一律采用单面打印。毕业论文页边距按以下标准设置：上边距（天头）30mm，下边距（地脚）25mm，左边距和右边距为25mm；装订线10mm；页眉16mm，页脚15mm。

2. 页眉：页眉从摘要页开始到论文最后一页均需设置。页眉内容：××××职业技术学院毕业论文，居中，打印字号为5号宋体，页眉之下有一条下划线。

3. 页脚：从论文主体部分（引言或绪论）开始，用阿拉伯数字连续编页，页码编写方法为：第×页，居中，打印字号为小5号宋体。

4. 前置部分从内容摘要起单独编页。

5. 字体与间距：毕业论文字体为小四号宋体，字间距设置为标准字间距，行间距设置为1.5倍。

二、编写格式

(一) 毕业论文的构成（按毕业论文中先后顺序排列）

1. 前置部分

① 封面

② 中文摘要，关键词

③ 目录页（可省略）

2. 主体部分

① 引言（或绪论）

② 正文

③ 结论

④ 致谢（可省略）

3. 参考文献

附录（可省略）

（二）前置部分格式

1. 封面：封面格式按××××职业技术学院文经管类专科毕业论文封面统一格式要求。其中论文题目是以最恰当、最简明的词语反映毕业论文中最重要的特定内容的逻辑组合；论文题目所用每一词必须考虑到有助于选定关键词和编制题录、索引等二次文献可以提供检索的特定实用信息；论文题目一般不宜超过 30 字。论文题目语意未尽，可用副标题补充说明论文中的特定内容。

2. 摘要：摘要是论文内容不加注释和评论的简短陈述，应以第三人称陈述。它应具有独立性和自含性，即不阅读论文的全文，就能获得必要的信息。摘要的内容应包含与论文同等量的主要信息，供读者确定有无必要阅读全文，也供文摘等二次文献采用。

摘要一般为 200 汉字左右，用小四号宋体，摘要一般应包括关键词。

3. 关键词：关键词是为了文献标引工作从论文中选取出来用以表示全文主题内容信息款目的单词或术语。一般每篇论文应选取 3～5 个词作为关键词。关键词间用分号分隔，最后一个词后不打标点符号。

4. 目录页：目录页由论文的章、节、条、附录、题录等的序号、名称和页码组成，另起一页排在摘要页之后，章、节、小节分别采用“一、二、三，（一）（二）（三），1.2.3.……”形式依次标出。如论文篇幅较短，也可不使用目录页。

（三）主体部分格式

1. 格式：主体部分的编写格式由引言（绪论）开始，以结论结束。主体部分必须另页开始。引言（绪论）的目的在于引出论题，主要说明论文（设计）研究的理由和意义。引言应写得言简意赅，不能写得太长。引言只是文章的开头，一般不写序号。

2. 序号

毕业论文各章应有序号，序号的层次格式为：

一、××××（四号宋体，加粗，空两格）

××××××××××××××××××××××××××（内容用小四号宋体）。

（一）××××（小四号宋体，加粗，空两格）

×××××××××××××××××××××××××（内容用小四号宋体）。

1. ××××（小四号宋体，加粗，空两格）

××××××××××××××××××××××××（内容用小四号宋体）。

（1）××××（小四号宋体，加粗，空两格）

3. 论文中的图、表、公式、算式等，一律用阿拉伯数字分别依序编排序号。序号分章依序编码，其标注形式应便于互相区别，可分别为：图 2.1、表 3.2、公式（3.5）等。

4. 注：论文中对某一问题、概念、观点等的简单解释、说明、评价、提示等，如不宜在正文中出现，可采用加注的形式。注应编排序号，以同一页内出现的先后次序单独排序，用①、②、③……依次标示在需加注处，以上标形式表示。

注的说明文字以序号开头。注的具体说明文字列于同一页内的下端，与正文之间用一左对齐、占页面1/4宽长度的横线分隔。论文中以任何形式引用的资料，均须标出引用出处。

5. 结论：结论是理论分析或实验结果的逻辑发展，是整篇论文的结局。它主要是对正文分析、论证的问题加以综合性的概括和总结，从而做出结论。可以在结论中提出建议、研究设想、仪器设备改进意见、尚待解决的问题等。

结论作为文章的结尾，一般不写序号。

（四）参考文献格式

参考文献应是论文作者亲自考察过的对毕业论文有参考价值的文献。参考文献应具有权威性，要注意引用最新的文献。参考文献的具体写作，可参照GB 7714—87《文后参考文献著录规则》和《中国学术期刊（光盘版）检索与评价数据规范》要求来撰写。

1. 参考文献的主要类型标识

专著［M］，论文集［C］，报纸文章［N］，期刊文章［J］，学位论文［D］，报告［R］，标准［S］，专利［P］。对于专著、论文集中的析出文献，其文献类型标识建议采用单字母"A"；对于其他未说明的文章类型，建议采用单字母"Z"。

2. 常见的参考文献书写格式

参考文献以文献在整个论文中出现的次序用［1］、［2］、［3］……形式统一排序、依次列出。参考文献标题（三号，宋体，加粗，居中），参考文献内容（小四号，宋体；英文用五号，Times New Roman），参考文献的序号左顶格，并用数字加方括号表示，如［1］、［2］、……，以与正文中的指示序号格式一致。每一参考文献条目的最后均以"."结束。

3. 各类参考文献条目的编排格式及示例

① 连续出版物

［序号］主要责任者. 文献题名［J］. 刊名，出版年份，卷号（期号）：起止页码.

例如：［1］袁庆龙，侯文义. Ni-P合金镀层组织形貌及显微硬度研究［J］. 太原理工大学学报，2001，32（1）：51-53.

② 专著

［序号］主要责任者. 文献题名［M］. 出版地：出版者，出版年：起止页码.

例如：［3］刘国钧，王连成. 图书馆史研究［M］. 北京：高等教育出版社，1979：15-18，31.

③ 报纸文章

［序号］主要责任者. 文献题名［N］. 报纸名，出版日期（版次）.

例如：［13］谢希德. 创造学习的思路［N］. 人民日报，1998-12-25（10）.

④ 电子文献

［序号］主要责任者. 电子文献题名［文献类型/载体类型］. 电子文献的出版或可获得地址，发表或更新的期/引用日期（任选）.

例如：［21］王明亮. 中国学术期刊标准化数据库系统工程的进展［EB/OL］http://www.cajcd.cn/pub/wml.txt/9808 10-2.html，1998-08-16/1998-10-04.

✿【任务实施】

根据所学专业和教学计划，提前两周布置任务，要求学生搜集专业方面有关资料，试拟一份毕业论文的提纲，必须内容、项目齐全。拟好提纲后，请相关专业课教师审阅可行性。

课前上交毕业论文提纲，上面应有专业课教师批改的内容。

学习相关的知识要点，讨论、评析毕业论文提纲。

布置学生课后修改毕业论文提纲，有条件的则完成毕业论文的撰写。

对照【任务描述】提出的撰写要求，对毕业论文初稿反复检查修改，直至满意为止。

【参考例文】

浅谈计算机病毒与防治

摘要：全球信息网络的建设和发展，对整个社会的科学、技术、经济、文化、军事带来了巨大的推动和冲击，同时也给网络的安全运行带来更多的挑战。资源共享和信息安全是一对孪生矛盾。一般认为，计算机网络系统的安全运行威胁来自计算机病毒的攻击。因此，研究计算机病毒与防治就显得很有现实意义。本文从计算机病毒的研究背景、计算机病毒的定义、特征、类型以及防治等方面进行了简单的分析和探讨。

关键词：计算机病毒　防治　措施

0　引言

计算机网络是信息社会的基础，已经进入了社会的各个角落，经济、文化、军事和社会生活越来越多地依赖计算机网络。然而，计算机在给人们带来巨大便利的同时，也带来了不可忽视的问题——计算机病毒给网络系统的安全运行带来了极大的挑战。2003 年 1 月 25 日，突如其来的“蠕虫王”病毒，在互联网世界制造了类似于“9.11”的恐怖袭击事件，很多国家的互联网受到了严重影响。同样，前两年李俊制作的“熊猫烧香”病毒再次为计算机网络安全敲起了警钟。据美国计算机权威组织报告，全球已发现的计算机病毒总和超过 6 万多种，而且每天还有 100 多种以上的新病毒问世；计算机病毒仅在 2000 年造成的全球经济损失就高达 1.6 万亿美元。因此，研究计算机病毒与防治显得极其紧迫，意义重大。

1　计算机病毒的含义

关于计算机病毒，目前国内外有各种各样的定义，但在《中华人民共和国计算机系统安全保护条例》中是这样定义的：“编制或在计算机程序中插入的破坏计算机功能或者数据，影响计算机使用，并且能够自我复制的一组计算机指令或者程序代码”。因此，像炸弹、蠕虫、熊猫烧香等均可称为计算机病毒。

2　计算机病毒的特征

计算机病毒是一段特殊的程序，除了与其他程序一样，可以存储和运行外，计算机病毒还有感染性、潜伏性、可触发性、破坏性、衍生性等特征。下面简单加以介绍：

2.1　感染性

计算机病毒的感染性也称为寄生性，是指计算机病毒程序嵌入到宿主程序中，依赖于宿主程序的执行而生成的特性。计算机病毒的感染性是计算机病毒的根本属性，是判断一个程序是否为病毒程序的主要依据。

2.2　隐蔽性

隐蔽性是计算机病毒的基本特征之一。从计算机病毒隐藏的位置来看，不同的病毒隐藏在不同的位置，有的隐藏在扇区中，有的则以隐藏文件的形式出现，让人防不胜防。

2.3　潜伏性

计算机病毒的潜伏性是指其具有依附于其他媒体而寄生的能力，通过修改其他程序而把自身的复制体嵌入到其他程序或者磁盘的引导区甚至硬盘的主引导区中寄生。

2.4　可触发性

计算机病毒一般都具有一个触发条件：或者触发其感染，即在一定的条件下激活一个病毒的感染机制使之进行感染；或者触发其发作，即在一定的条件下激活病毒的表现攻击破坏部分。

2.5　衍生性

计算机病毒的衍生性是指计算机病毒的制造者依据个人的主观愿望，对某一个已知病毒程序进行修改而衍生出另外一种或多种来源于同一种病毒，而又不同于源病毒程序的病毒程序，即源病毒程序的变种。这也许就是病毒种类繁多、复杂的原因之一。

2.6　破坏性

计算机病毒的破坏性取决于计算机病毒制造者的目的和水平，它可以直接破坏计算机数据信息、抢占系统资源、影响计算机运行速度以及对计算机硬件构成破坏等。正是由于计算机病毒可怕的破坏性，才使得计算机病毒令人如此恐怖。

3　计算机病毒的类型

对于计算机病毒的类型，不同的范畴有着不同的类型定义。下面简单介绍一种计算机病毒的分类：

3.1　引导区病毒

引导区病毒隐藏在硬盘或软盘的引导区，当计算机从感染了引导区病毒的硬盘或软盘启动，或当计算机从受感染的软盘里读取数据时，引导区病毒就开始发作。

3.2　文件型病毒

文件型病毒寄生在其他文件中，常常通过对病毒的编码加密或是使用其他技术来隐藏自己。

3.3　脚本病毒

脚本病毒依赖一种特殊的脚本语言来起作用，同时需要主软件或是应用环境能够正确地识别和翻译这种脚本语言中嵌套的命令。

3.4　“特洛伊木马”程序

特洛伊木马程序比起其他各种恶意的软件来说都更加了解用户的心理状态——这种程序的创作者用在怎么样使特洛伊木马程序运行的功夫可能和他们创作木马的时间一样多。

4　计算机病毒的发展趋势

传统的计算机病毒是指利用网络进行传播的一类病毒的总称。而现在网络时代的计算机病毒，已经不是如此单纯的一个概念，它被融进了更多的东西。如今的计算机病毒是指以网络为平台，对计算机安全产生威胁的所有程序的总和。

4.1 “间谍”式木马病毒出现

如果说传统木马病毒是个骗子的话，那么现在的木马病毒则更像个活生生的间谍。如今“间谍”式木马病毒一般是指利用系统漏洞进入用户的计算机系统，通过修改注册表自动启动，运行时不被察觉，将用户计算机系统中的所有信息都暴露在网络中的病毒程序。

4.2 可以自我完善的蠕虫病毒出现

如今的蠕虫病毒除了利用网络缺陷外，更多地利用了一些新的骗人技术。例如“密码”病毒就是利用人们的好奇心理，诱使用户主动运行病毒。

4.3 黑客程序

随着网络的发展与人们日益增长的安全需求，必须重新审视黑客程序。黑客程序一般都有攻击性，它会利用漏洞在远程控制计算机，甚至直接破坏计算机。黑客程序会与木马程序相结合，对计算机安全构成威胁，所以黑客程序也是一种计算机病毒。

5 计算机病毒的预防措施

5.1 引导型病毒的预防

引导型病毒一般在启动计算机时优先获得控制权，强占内存。通常情况下，只要不用软盘或者只用“干净的”软盘启动系统，是不会染上引导型病毒的。对软盘进行写保护，则可以很好地保护软盘不被非法写入，从而不被感染上启动型病毒。但要保护硬盘的安全，除了从操作方面注意外，只有采取用软盘来保护硬盘的措施。

5.2 文件型病毒的预防

文件型病毒的预防方法是在源程序中增加自检及清除病毒的功能。这种方法可以使得可执行文件从一生成就具有抗病毒的能力，从而保证可执行文件的干净。自检清除功能部分和可执行文件的其他文件融为一体，不会和程序的其他功能冲突，也使得病毒制造者无法造出针对性的病毒来。可执行文件染不上病毒，文件型病毒就无法传播了。

5.3 个性化的预防措施

计算机病毒的感染总是带有普遍性或大众化，以使计算机病毒范围尽可能地广，所以有时一些个性化的处理可能对计算机病毒的预防或者免疫具有非常好的效果。如：给一些系统文件改名或扩展名；对一些文件甚至子目录加密。使得计算机病毒搜索不到这些系统文件。

5.4 加强 IT 行业从业人员的职业道德教育

对计算机病毒，除了从技术层面加以防治外，加强对计算机从业人员（在此指的是 IT 行业的“精英”，可以制造计算机病毒的高智商人群）的职业道德教育也显得极其重要。如果他们有着很高的职业道德，就不会对网络安全构成威胁，令全世界计算机用户为之紧张。相反，可以在计算机领域为人类作出积极而巨大的贡献。

5.5 完善计算机病毒防治方面的法律法规

在加强对计算机行业高智商从业人员进行道德教育的同时，也应该完善计算机病毒防治方面的相关法律法规，充分发挥法律法规的约束作用。目前我国已经制定了《中华人民共和国计算机信息系统安全保护条例》、《计算机信息系统安全专用产品检测和销售许可证管理办法》等相关法律法规，此外《中华人民共和国刑法》也对危害网络安全的行为作出了规定和惩罚。

5.6　加强国际交流与合作

在经济全球化的宏观背景下，计算机网络世界早已融为一体，跨国进行计算机病毒攻击也已出现。为此，世界各国要站在维护计算机网络安全运行的高度，加强交流与合作，共同打击计算机病毒犯罪。此举已显得刻不容缓。

6　结论

随着计算机网络技术的不断发展，计算机给人类经济、文化、军事和社会活动带来更多便利的同时，也带来了相当巨大的安全挑战。现代信息网络面临着各种各样的安全威胁，比如网络黑客、计算机病毒等。因此合理有效的预防是防治计算机病毒最有效、最经济省力，也是最应该值得重视的问题。研究计算机病毒与预防有利于我们正确认识、感知、防范计算机病毒的攻击，以保护计算机网络安全，使得计算机网络真正发挥其积极的作用，促进人类经济、文化、军事和社会活动的健康发展。

参考文献：

[1] 王群. 计算机网络安全管理 [M]. 北京：人民邮电出版社，2010.

[2] 卓新建，郑康锋，辛阳. 计算机病毒原理与防治 [M]. 2 版. 北京：北京邮电大学出版社，2007.

[3] 程胜利，谈冉，熊文龙等. 计算机病毒及其防治技术 [M]. 北京：清华大学出版社，2004.

[4] 张仁斌，李钢，侯整风. 计算机病毒与反病毒技术 [M]. 北京：清华大学出版社，2006.

[5] 傅建明，彭国军，张焕国. 计算机病毒与对抗 [M]. 武汉：武汉大学出版社，2004.

[6] 吴万钊，吴万铎. 计算机病毒分析与防治大全 [M]. 北京：学苑出版社，1993.

（选自何建民、刘珍杰主编的《应用写作练习册》，中国电力出版社 *2011* 年 *12* 月版。）

【相关知识】

一、毕业论文的概念和特点

毕业论文是高等院校的应届毕业生，针对本学科领域内的某一具体问题综合运用自己所学专业的基础理论知识和基本技能，阐述解决这一问题的见解或表述研究结果的文章。

撰写毕业论文是大学生大学阶段全部学习成果的综合性总结和检阅，是高等院校教学过程的一个重要环节，也是大学生完成学业的标志性作业。毕业论文有如下特点。

1. 客观性

毕业论文必须真实地反映客观世界，客观地评价作者自己和他人的研究成果，尊重科学事实而不能主观臆造，材料真实，不弄虚作假。

2. 创新性

毕业论文的写作应该在前人的探索研究的基础上有所创新、有所发展，或对自己研究的课题提出新的学说、新的构想，或对某些错误、疏漏之处进行必要的修正和完善；而决不是重复、抄袭、模仿前人的劳动。虽然毕业论文在创新的要求上不如科研人员的学术论文那么严格，但是绝对不可重复或者抄袭。

3. 科学性

作者的论题必须正确，应用的材料必须确凿无误，论述必须系统而完整，做到首尾一贯，不能前后矛盾。

二、毕业论文的写作步骤

（一）选题

选题是撰写毕业论文的第一步，实际上是在确定“写什么”，即确定毕业论文所要研究论证的问题。在选题时应该注意以下三点。

（1）选题要大小适中。题目宜小不宜大，尽量“小题大做”。

（2）研究角度要有新意。所选论题应该是前人没有研究过的问题，或者是研究探讨过但说法不一的问题，还可以是前人曾经提出但论证错误的问题。只有论题新，论文的写作才会见出新意。

（3）选题要体现出一定的社会价值。在选题时，要选择亟待解决的课题，或者学科领域内新发现、新创造的课题，或者可以填补空白的课题。从论文的价值来看，选题的理论意义和现实意义是首要的，论文的选题只有不脱离社会实际，才能产生一定的社会价值。

此外，论文的选题还要考虑自身的学术水平和研究条件。

（二）搜集、整理资料

1. 搜集资料

确定了论文的选题，要写出高质量的毕业论文，就必须大量、详细地占有资料。搜集资料时，首先要明确哪些资料是有用的、不可或缺的，哪些资料是必须首先了解的、急需的。一般说来，论文资料的搜集应从以下三类资料入手：与论题直接相关的原始材料；他人对该论题或相关论题的研究成果材料；与论题有关的社会、文化、语言、历史背景等方面的材料。

搜集资料的方法有很多，可以用直接调查的方法获得，也可以通过图书馆或档案馆查阅获得，还可以通过互联网获得。应该说，大多数的资料都存放在高校的图书馆，因此必须学会利用图书馆，善于利用书目和索引查找资料，以此获得多方面有用的信息。进入信息社会以来，获取资料的途径和方法已有许多，关键在于怎样合理有效地利用。

2. 整理资料

有了充足的资料，还要进行整理、分析、比较。首先是“去粗取精”；然后要对资料进行归类，即按照资料的性质不同进行分类；分类之后要对资料进行简单的概括，以便找出资料与观点见解、资料与资料之间的关系，为编写提纲作好准备。

（三）编写提纲

编写提纲的目的一方面在于构思、设计论文的写作框架，疏通思路，全面安排，把材料组织成一个完整的理论体系；另一方面能尽早同指导老师沟通，便于指导老师进行比较具体的指导，保证论文写作的顺利进行，以免耽误时间、浪费精力。

论文提纲的编写可以是简单提纲，也可以是详细提纲。简单提纲只是概括地提示论文的要点；详细提纲则是把论文的主要论点和展开部分较详细地列出来，这样写作时就会更加顺利地完成。

论文提纲可以采用标题式、提要式和图表式三种形式。标题式较为常用：用简洁的标题把论文各部分的内容要点概括出来，同时这些标题可直接作为论文中各部分的小标题。

（四）撰写初稿

根据指导教师的意见和自己拟定的写作提纲撰写论文的初稿，是论文写作过程中最重要的一个环节。起草初稿时，应该先在总体框架结构的基础上打好腹稿，这样一旦发现问题可以及时修改。

初稿的撰写有两种方法：一是从绪论（引言）写起，按照提纲的自然顺序写作：提出问题——明确中心论点、进行论述论证——归纳总结。这种写法自然、顺畅，容易整体把握。二是从本论写起，先写正文、结论，然后再写引言。这种写法比较容易起笔：因为万事开头难，正文写好了，心中已有大局，回过头来写引言，减少了心理压力，就可以写好开头了。

（五）修改定稿

初稿完成后，作者还要对初稿做进一步的修改，精益求精，力争写出佳作。

修改初稿时应重点考虑以下几个方面。

(1) 订正论点。应侧重检查论点是否正确、集中、鲜明、深刻，是否有新见解、新突破。

(2) 验证材料。要验证材料是否确凿、有力，是否能相互配合说明论点，是否发挥了论证的作用，是否符合逻辑关系。

(3) 调整结构。要验看全文详略是否得当，中心是否突出，段落层次的划分是否清楚合理，全文是否构成一个完整而严密的整体。

(4) 锤炼语言。锤炼语言是论文写作必不可少的一个环节，要通过诵读，查看语言是否精练，语句是否通顺，用词是否准确，表述是否到位。要边诵边改，反复进行。

(5) 规范文面。论文的写作有一定的格式要求，而初稿往往比较随意。因此，修改时应注意文面必须符合相关要求，序号统一，注释规范。

三、毕业论文的结构

参照相关国家标准，各个高校对毕业论文的写作格式都有大同小异的规定，可参阅【任务准备】中《××××职业技术学院专科毕业论文格式说明》。

四、毕业论文写作应注意的问题

(1) 要在学习、积累和交流上动脑筋。为了能够写出高质量的论文，必须收集一定的信息，积累足够的资料，具有一定的专业知识水平和理论素养。经常有这种情况：有的人煞费苦心写出的自认为有“创新”的论文，其结果却是别人早已抛弃的旧货色。这就是知识学习和交流不够的表现。因此要有所创新，就必须加强学习和交流，把它作为提高撰写学术论文能力的“基础工程”来抓，这一点至关重要。

(2) 要在研究和探索中做文章。撰写论文的过程是以实践为基础，深入分析和总结工作中的现象，从而深刻揭示其本质规律的过程。通过对实际问题不断思考、积极探索，从而对所研究的问题有较深刻的认识和独到的见解，是写出优质论文的必备条件。

(3) 要在选题和撰稿时下功夫。选题决定着论文的价值。大学几年的学习和积累、研究和探索，为论文写作奠定了基础，创造了条件；而要写出高质量、高水平的论文，十分需要的就是在选题和撰稿方面狠下功夫。

（4）要牢记写作无捷径。通过艰苦的写作训练，掌握撰写论文的技巧，形成独特的写作风格，对于提高论文的质量具有举足轻重的作用。写作中没有捷径，更不能投机取巧，应做到勤、恒、精、新。

五、认真对待论文答辩

论文答辩是毕业论文这一实践教学过程的最后一个重要环节，目的是审查文章的真伪，审查学生掌握知识的深度。通过答辩，使教师、专家进一步了解论文立论的依据，了解论文作者处理课题的实际能力。毕业生应该认真对待毕业论文的答辩，因为毕业论文的成绩是由文章成绩和答辩成绩两部分组成的。

答辩时应该注意：

（1）正确、准确。正面回答问题，不转换论题，更不要答非所问。

（2）重点突出。抓住主题、要领，抓住关键词语，言简意赅。

（3）清晰明白。开门见山，直入主题，不绕圈子。

（4）有辩有答。要有坚持真理、修正错误的勇气，既敢于阐明自己独到的新观点和真知灼见，维护自己的正确观点，反驳错误的观点；又敢于承认自己的不足，虚心接受意见，积极修正错误之处。

（5）讲究技巧。要讲普通话，用词要准确，声音要洪亮，吐字要清楚，语调要抑扬顿挫，可辅以手势说明问题。语言力求深刻生动，有说服力和感染力，力争给教师和听众留下良好的印象。

【相关链接】

浅谈如何提高电网运行的安全稳定性及管理

摘要：电网的安全稳定运行对国民经济意义重大。随着电网的不断互联，电力系统的运行环境更加复杂，对电网的安全稳定运行要求也越来越高。通过分析电网运行中安全稳定性方面存在的问题，对搞好电网安全运行管理的措施进行了介绍：研究新的智能数据分析方法；规范电网调度运行工作；减小系统故障对电网运行的干扰；加强电力设施的保护；充分利用电网内火电机组的一次调频功能。

关键词：电网运行；安全稳定性；管理

1 电网运行安全稳定性分析

在电力系统运行中，保证系统稳定至关重要。如果系统稳定性遭到破坏，可能导致系统瓦解和大面积停电等灾难性事故，给社会带来巨大的损失。随着计算机技术、通讯技术、控制技术以及电力电子技术的发展及其在电力系统中的应用，有关电网运行的安全稳定性也出现了许多需要解决的问题。

1.1 数据提供的信息量不足

电网运行的数据包括数字仿真数据及系统中各种装置所采集的实测数据，如管理信息系统、地理信息系统以及各种仿真软件仿真生成的数据。然而工程技术人员通过这些数据所获取的信息量仅仅是全体数据包含信息量的部分，隐藏在这些数据后的还有极有价值的信息是电力系统各种失稳模式、发展规律及内在的联系，对电网调度人员来说，这些信息具有极其重要的参考价值。

1.2　安全稳定性的定量显示

电力市场的形成发展，使系统运行在临界状态附近，安全裕度变小，调度人员面临越来越严峻的挑战。因此，应深入了解新的市场环境下电力系统全局安全稳定性的本质，找出电力系统各种失稳模式、内在本质及对其发展趋势的预测；同时，使用浅显易懂的信息来定量估计系统动态安全水平，估计各种参变量的稳定极限，为调度人员创造一个简易实用的条件来处理、分析电力系统的安全稳定问题。

1.3　安全稳定性的评价及控制

由于电力系统的不稳定类型极其复杂，无法完全预测，调度人员需要更多的专家、更有价值的信息来预测及采取必要的控制措施来保证电力系统的安全稳定运行，这就对安全稳定评估算法的实时性、准确性及智能性提出了挑战。

2　提高电网运行的安全稳定性及管理措施

2.1　研究新的智能数据分析方法

为解决上面提到的数据提供的信息量不足、安全稳定性的定量显示、安全稳定性的评价及控制等问题，工程技术人员需要掌握系统可能运行空间所蕴含的规律，并使用不断积累的实测数据直接对系统的安全稳定性进行分析。

在这种情况下，单凭人力已无法完成这种数据分析任务，为此，研究新的智能数据分析方法，更多地用计算机代替人去完成繁琐的计算及推导工作，对提高系统运行的安全稳定性具有重要的意义。如，运用数据仓库技术有效利用电力系统中的大量数据，运用数据挖掘技术挖掘电力系统中潜在的有用信息，运用基于风险的暂态稳定评估方法增强对电力系统安全稳定性的评价及控制等。

2.2　规范电网调度运行工作

近年，随着电网迅速发展，计算机保护和高新科技的不断应用，以及调度自动化系统的日益完善，电网调度的现代化程度越来越高，这对电网安全性和经济性的提高发挥着积极的促进作用。但是因为调度员操作不规范、误调度等原因，电网的安全稳定问题依然十分严重。因此，为保证电网安全运行，应认真考虑人的因素，杜绝误调度、误操作的人为事故发生。在电网调度上，应从规范交接班、规范调度操作、提高事故处理能力等方面着手，进一步提升调度员驾驭电网的能力和执行力，促进电网的安全稳定运行和调度运行的规范化管理。

2.2.1　规范交接班制度

交接班是保证电网调度连续性的重要环节，规范的交接班制度是确保交接内容完整、调度思想统一的保证。只有交接清楚，后续工作才能顺利开展。如果交接不清楚，就有可能造成误送电、漏送电的情况，严重时甚至造成电网瓦解、人身伤亡等事故。

2.2.2　规范调度操作命令

值班调度员是电网安全、稳定和经济运行的直接指挥者，通过调度操作命令的形式，改变电网运行方式、设备状态和调整经济运行。无论是日常工作，还是异常事故处理，调度员发布的每道调度操作命令都必须是正确的，这就要求调度员始终贯彻“安全第一”的方针，严格执行各种规程和规章制度，避免误操作和误调度，确保人身、电网和设备安全。

2.2.3　提高调度员的事故处理能力

电网事故有突发性、意外性和不可预见性的特点，这给调度员带来了相当大的考验。所以说调度员素质的高低，直接影响电网的安全稳定运行。电网调度员处理事故不当，造成的后果是极为严重的。作为电网调度员，应该不断提高心理素质和专业素质，做到精心调度，恪尽职守，不断增强责任心和使命感，从根本上杜绝误调度的事故发生。此外，还应建立规范的电网事故预想制度，保证电网的安全稳定。

2.3　减小系统故障对电网运行的干扰

电网在设计和运行时，尽管采取了一系列提高稳定性的措施，但是不可预测的各种的故障冲击，还是会对电网产生不同程度的干扰，大的扰动使电网暂态稳定破坏。因此，采取措施减小电网故障对电网运行的干扰，保持电网运行稳定十分重要。

2.4　加强电力设施的保护

电网是电力系统安全稳定运行最主要的物质基础，加强电网建设是保证电网架构坚强、可靠的最主要方法和手段。但近年来电力设施的破坏，不仅给电力企业造成巨大的损失，而且严重破坏了电网用户正常的用电秩序。电力设施保护是国家经济发展中面临的重要问题，国家相关部门应尽快制定一些可操作性强的办法，在修改现行的《电力法》、《电力供应与使用条例》等有关法规时，增加补充电力执法方面的具体内容，使电力执法进一步有章可循。电力企业要采取多种形式，进一步加大对《电力法》等法律法规的宣传力度，提高广大群众对安全供电重要意义的认识，自觉遵守有关法律法规。此外，要进一步强化舆论引导，充分发挥新闻媒体和网络的作用，广泛宣传电力设施保护方面的法律法规和保护电力设施安全的重要意义，使广大人民群众不断增强依法保护电力设施的意识，提高社会公众维护电力设施安全的自觉性和主动性。总之，采取政治、经济、法律等措施，标本兼治，为电网的安全稳定运行提供良好的环境。

2.5　充分利用电网内一次调频功能

为进一步提高电网运行的稳定性和安全性，降低电网运行波动，增强电网的抗事故能力，提高电网电能质量，必须在不影响发电机组安全运行的前提下，充分利用电网内火电机组的一次调频功能。提高全网发电质量，提高电网稳定性和安全性需要依靠调度侧和电源侧的共同配合，通过完善调度侧的调频策略，丰富调节手段，正确合理地分配调节负荷，提高调度软件智能水平，来改善一次调频质量。与此同时，在电源侧机组配合适当的参数修正，改善调节的品质和调节速度。

3　结束语

电网规模的扩大在带来巨大经济效益的同时，也使电网的运行和管理更复杂，给电网的安全运行带来了很多新的技术问题。作为电网重要组成部分的输电系统，其任务不仅在于正常情况下能将所发出的电源容量全部送出，还在于它是保证电力系统安全运行的物质基础。因此，必须对电网输电系统进行深入的研究分析，发现其薄弱环节，合理地安排运行方式，优化安全稳定控制措施，总结运行和控制规律，以保证电网的安全稳定运行。

参考文献：

[1] 张黎阳. 电网运行状态实时稳定评估预想事故管理研究［D］. 福州：福州大学，2006.

[2] 项真，江文等. 风电并网系统稳态运行的研究［J］. 华东电力，2007（3）.
[3] 杨威. 内蒙古电网运行效率与稳定性分析［D］. 天津：天津大学，2009.
[4] 谭武忠. 矿井供电运行方式对供电可靠性影响的分析［J］. 江西煤炭科技，2010（2）.
[5] 刘新春. “大机组小电网”电力系统和大容量电力系统互联安全稳定性研究［D］. 西安：西安理工大学，2008.

（选自 *http：//biyelunwen. yjbys. com/fanwen/jidian/402584 _ 2. html*）

任务三 毕业设计说明书

【教学目标】

了解毕业设计说明书的含义、分类和特点，掌握毕业设计说明书的格式与内容要素，尝试撰写本专业某领域的合格的毕业设计说明书，为毕业时完成毕业设计作准备。

【任务描述】

毕业设计说明书是高职工科学生必须完成的独立性的作业，其性质同毕业论文基本相同，但更侧重于设计和运用。按照教学大纲的要求，高等院校工科专业学生到了最后一个学期，学校要根据各科专业学习的要求对其下达毕业设计任务书。学生接到学校下达的毕业设计任务书后，要根据具体要求和设计目的，制订具体计划，进入毕业设计的前期准备工作，如搜集资料、调查和实验、阅读文献等，然后，运用在校掌握的基础知识和实验技能，对资料和相关准备工作进行整理、分析、验证等活动，从而得出毕业设计方案，进入毕业设计说明书的写作。

本任务从具体案例入手，要求根据自己所学专业的实际，掌握毕业设计说明书的格式与内容要素，在专业课教师的指导下撰写一份本专业某领域的毕业设计说明书详细提纲。具体要求：

（1）反映设计的专业要求，体现设计的科学性和客观性。

（2）构思严密，详略得当，表达规范。

（3）严肃认真，一丝不苟，独立完成。

（4）字数2000～4000。

【任务准备】

下面是一篇毕业设计说明书的节录部分，形式上符合工科毕业设计说明书的通用格式与写作规范。

回转型蓄热式换热器的设计

××专业××级：××

指导老师：××

一、概述

回转型蓄热式换热器是7021厂为综合利用能源，从生产实际中提出的课题。以本换热器作该厂加热炉空气预热器，回收400℃烟道气中的余热，预热进入加热炉供燃烧用的空气至350℃以上。经试用，每年可节约天然气80万标准立方米，价值17.6万元。总投资可在两年半收回。

二、设计原理

回转型蓄热式换热器是用内置蓄热体的转子在低温和高温气体通道中连续旋转，使蓄热体在高温气体通道内吸收高温气体的热量，在低温气体通道内再把热量放出，传给低温气体，从而达到换热的目的。如图1（从略。编者）

三、工作性能和使用范围

本换热器具有热回收率高、结构紧凑、处理气量大等优点，可以满足防堵塞、防腐蚀的要求。虽然存在着换热气体间的交错污染，但是对于加热炉空气预热而言，可以允许空气烟气之间有一定的交错污染，而且通过密封结构的完善和改进，可以把交错污染控制在10%以下。

以本换热器作为各种加热炉的空气预热器是可行的、有效的和经济的。

四、主要设计要求（从略。编者）

五、结构设计主要参数（从略。编者）

六、主要计算公式

由于本换热器的传热原理不同于传统换热设备，采用NTU法，与转子的蓄热能力匹配，并计入修正系数来进行传热计算。由于因素复杂，需要调整的数据多，可用计算机寻求最优化数据。（以下略去原文附有的七个公式。编者）

七、本换热器采用卧式设计

本设计从实用的角度出发，借鉴吸取了国内同类设备行之有效的结构，如：前后墙板的烟道接头，端板及支承梁的“三合一”结构，转子轴端的迷宫封等。此外，针对本换热器操作温度高、温度效率高、流道较长等特点，将有关部件作了如下改进：

1. 改进后的蓄热体类型和几何尺寸对换热器的性能有决定性影响

本设计先对“强化型”、“引进日本型”、“波带型”、“开孔波带型”四种蓄热体进行传热及充填面积的计算，在计算的基础上提出“改进强化型”作为本设计的蓄热体方案。改进后的蓄热体具有传热量大、引力小、不易积灰、有较好的防腐防堵性能的特点。

为保证蓄热体各传热板的装填质量，把蓄热板的散装改为框装，在转子外筒上用螺钉固紧，以防径向、周向移动。这种框式结构构造简单、可靠，便于安装检修。

2. 完善的三向密封结构

密封结构对换热器的交错污染起控制性作用。本设计蓄热体流道长、气体流动阻力势必增加，烟气侧与空气侧的压力差就会增大，而泄漏量与压力差的平方根成正比。有鉴于此，本设计采用完善的三向密封结构，以减少泄漏。

轴向密封。（内容及3个图从略。编者）

径向密封。（内容从略。编者）

周向密封。（内容及2个图从略。编者）

3. 冷端抽屉门的改进（内容从略。编者）

4. 设置隔热减阻板（内容从略。编者）

5. 合并吹灰管与清洗管（内容从略。编者）

6. 传动系统的改进（内容从略。编者）。

八、结束语

本设计从计算公式、数据选取、结构设计都以可靠性为首要原则。本换热器在技术上完全安全可靠。

由于资料收集尚不完整，加上毕业设计时间有限，所以改进设计的效果有待实践验证。

（选自李振辉主编的《应用文写作》，清华大学出版社 2005 年版。）

【任务实施】

根据所学专业和教学计划，提前两周布置任务，要求学生找来毕业设计方面的资料，试拟一份毕业设计说明书的简要提纲，并请相关专业课教师审阅。

课前上交毕业设计说明书简要提纲（应有专业课教师批改的内容）。

学习相关的知识要点，评析毕业设计说明书简要提纲。

布置学生课后修改毕业设计说明书简要提纲，并扩充为毕业设计说明书详细提纲。

对照【任务描述】提出的要求，对毕业设计说明书详细提纲反复检查修改，直至满意为止。

【相关知识】

毕业设计说明书是对毕业设计进行解释和说明的书面材料，也称毕业设计报告。它是大学毕业生针对某一个具体课题，综合运用自己所学的专业知识、理论知识、基本技能，表述其专业设计情况的一种应用文体，是大学生毕业前的总结性教学作业，在本质上是高校工科毕业生的科技论文。

根据专业的不同，毕业设计包括工程设计、设备（产品）设计、活动策划文案设计、艺术或工艺设计等种类。为规范毕业设计教学管理，提高毕业设计说明书的质量，各高校根据国家及有关行业（部门）制定的相关标准，对毕业设计说明书的写作要求都作了明确的规定。

一、毕业设计说明书的特点

1. 专业性

毕业设计说明书本质上就是高等院校工科各专业的毕业论文，因此必须具备较为系统的专门的学问，学生要在专业上有较深厚的功力，从选题到论证、阐释、说明直至用词，都要体现专业特点。

2. 实用性

毕业设计说明书由应届毕业生撰写，其主要目的是培养学生独立设计的能力，使学生得到工程设计的基本训练。由于应届毕业生实际经验少，设计时间短，因此，一般只要求能运用有关理论原理，正确解决实际问题，偏重于实际应用价值。

3. 创新性

为了提高毕业设计说明书的专业学术价值和实际应用价值，要注意发现和创新，即发现并选择有社会需求的有价值的新课题，采用新的研究方法，从新的角度展开分析论证，以取得新的成果。

当然，高职高专院校重在专业技术的能力培训，在创新性方面对学生要求并不是太高，并不强调其毕业设计的专业学术理论价值，而是偏重于实际应用价值，如某项零件的改造或某项应用技术的革新等。

二、毕业设计说明书的写作要求

1. 严谨细致，真实可靠

设计说明书是一种技术性文件，撰写时必须严谨细致。设计中要尽量使用标准型号的设备、部件和材料；对搜集到的资料及引用的数据要认真进行分析，反复审核验算，确保引用的资料可靠，数据准确无误；绘制的图纸符合国家标准的规范，决不允许出现任何差错。

2. 重点突出，论证合理

由于受应届毕业生工作条件的限制，毕业设计一般只是从该专业某个工程的一个侧面进行，因此在撰写毕业设计说明书时应紧扣这个侧面，进行重点论证。不仅要有条理地阐述清楚，还要作出详尽的论证和计算，从技术上、经济上充分阐明设计方案的科学性、先进性和合理性。由于毕业设计一般都是在参考和继承他人成果的基础上作某些改进和创新，所以在毕业设计说明书中，一般的道理可从略，主要观点则要详细，尤其是对自己设计中的独到之处，要重点论述。

3. 书写规范，清晰工整

毕业设计说明书的各个部分，应该纲目清楚，单位、符号统一。书写要规范，不能马虎潦草。绘制各种图表在确保准确规范的同时，还要注意美观、整洁。图表上的标题要鲜明，比例要恰当，字体一般采用仿宋字体。

三、毕业设计说明书的基本格式

一份完整的毕业设计说明书一般由封面文头、主体、附录、结尾四大部分组成。

1. 封面文头

封面文头包括：封面、扉页、标题、目录、摘要、关键词等内容。

封面上应写明院校名称、专业班级、指导老师、评审人、设计人以及递交的时间等。

扉页上写明毕业设计说明书的标题、作者及指导老师姓名。标题应简短、明确、有概括性。通过标题能使读者大致了解毕业设计的内容、专业的特点和科学的范畴。标题下一行写学生的专业、班别和姓名，再下一行写指导老师姓名。

目录即目次，主要反映文稿的结构和主要内容。

摘要即内容提要，能反映整个内容的精华，应以浓缩的形式概括该设计的内容、方法和观点，以及取得的成果或结论。

关键词标识全文的研究范围和方向，反映全文的主要内容。

2. 主体部分

主体包括绪论和正文。

绪论（前言）对毕业设计的内容作全面的说明，一般包括本设计项目的指导思想及特点，本设计项目的先进性、可行性及实用价值和科学价值等，主要涉及四个方面的内容：本设计项目的性质，本设计项目的目的、效益，本设计项目的原理，本项目的设计过程。有的毕业设计在前言中还写及设计缘由。前言不要求详细展开。

正文是毕业设计说明书的核心部分，主要阐述或说明本设计项目的原理、产品的性能和适用范围、方案的选择、设计要求、结构的设计及其参数、计算公式和计算结果等。在说明上述内容时要注意结合国内外同类先进产品进行分析比较，并注意分析产品能获得的经济效益。应列出本设计的全部投资总额、本设计的主要技术经济指标、建设效果分析和评价的有关基础资料等。正文部分应附工程图纸。不同专业、不同类型的毕业设计说明书，上述内容会有所取舍或各有侧重，结构顺序也不尽相同。

3. 附录部分

附录包括参考文献和附表、注释等内容。在说明书正文后列出本设计主要参考文献的作者、篇名、出版社、出版时间、索引等。与本设计有关的文件、数据表格及某些附图等有关资料也应分类附录于说明书后。

4. 结尾部分

结尾部分一般包括后记和谢辞。后记写的是需要补充说明的相关问题，如：指出该设计因条件所限而未解决的问题，或进一步提出自己的设想与建议等。谢辞则是对为该设计项目和该说明书提供过重要指导和帮助的组织或个人表示感谢。

⌛【相关链接】

××××职业技术学院毕业设计说明书的撰写格式

一、基本要求

1. 毕业设计说明书必须由学生本人独立完成，不得弄虚作假，不得抄袭他人成果。

2. 毕业设计说明书应中心突出，内容充实，论据充分，论证有力，数据可靠，结构紧凑，层次分明，图表清晰，格式规范，文字流畅，结论正确。

3. 毕业设计说明书中所使用的度量单位一律采用国际标准单位。

4. 对说明书中的图或表要给予解释，统一标上编号和图名，安排于相应位置。若同类图表数量过多，也可作为附录列于说明书的参考文献、注释之后。

5. 对于有绘图要求的毕业设计应鼓励学生采用计算机绘图，图纸需标注图名、图号，附于设计说明书适当位置或附录中，图纸要求图面整洁、比例适当。

6. 毕业设计说明书字数不低于2万（文字统计，不含图表、程序和计算数字）。

7. 毕业设计说明书应书写规范、字迹清楚，鼓励学生采用计算机编辑、打印，正文用宋体小四号字（标题除外）、A4纸打印。

8. 参考文献要符合国际标准注录格式。

二、内容要求

1. 题目：要求简洁、明确，字数不宜超过20个字。

2. 目录：写出目录，标明页码。

3. 摘要：扼要叙述设计说明书的主要内容、特点，文字要精练。中文摘要约300汉字，英文摘要约250个单词。

4. 关键词：从毕业设计说明书中挑选3～5个最能表达主要内容的词作为关键词，同时有中、英文对照，分别附于中、英文摘要之后。

5. 正文：包括综述、本论、结论三个部分。

(1) 综述：阐述本设计的目的、意义以及应达到的技术要求；本课题在国内外的发展状况及存在的问题；本设计的研究指导思想；本设计应解决的主要问题。

(2) 本论：

① 设计方案论证：说明设计原理并进行方案选择。说明选择这个设计方案的理由（包括各种方案的分析、比较）；阐述所采用方案的特点。

② 计算部分：这部分在设计说明书中应占有相当的比例。要列出相关设备及零部件的工作条件、给定的参数、计算公式以及各主要参数计算的详细步骤和计算结果；根据此计算应选用什么设备及元、器件或零、部件；对采用计算机进行辅助设计和数据处理的还应包括各种软件及程序设计。

③ 结构设计部分：包括工艺流程设计、机械设计、结构设计、各种电气控制线路设计及功能电路设计、计算机控制的硬件装置设计等，以及以上各种设计所绘制的图纸。

④ 样机或试件的各种实验及测试情况：包括实验方法、路线及数据处理等。

⑤ 方案的校验：说明所设计的系统是否满足各项性能指标的要求，能否达到预期效果。校验的方法包括理论验算、系统分析、实验测试及计算机模拟等。

(3) 结论：概括说明设计的情况和价值，分析其优点和特色、有何创新，研究达到何水平，并应指出其中存在的问题和今后改进的方向。

6. 谢辞：简述自己设计过程的体会，并应对指导教师和协助完成设计的有关人员表示谢意。

7. 参考文献：在毕业设计说明书末尾要列出文中参考过的专著、论文及其他资料（一般为 10 篇以上，其中 2 篇以上为外文），所列参考文献应按文中参考或引证的先后顺序排列。

注明引用文献的方式通常有三种，即：①文中注：正文中在引用的地方用括号说明文献的出处；②脚注：正文中只在引用地方写一个脚注标号，在当页最下方以脚注方式按标号顺序说明文献出处；③文末注：正文中在引用的地方标号（一般以出现的先后次序编号，编号以方括号括起，放在右上角，如 [1]，[3～5]），然后在全文末单设“参考文献”一节，按标号顺序一一说明文献出处。不同学科可能有不同要求，但都要按国标标注。科技文献一般用文末注的方式，其注录格式为：

(1) 科技书籍和专著注录格式：

作者. 书名. 版本（版本为第一版时可省略）. 出版地：出版社，出版日期. 引用内容所在页码.

例如：

[1] 高景德，王祥珩，李发海. 交流电机及其系统的分析. 北京：清华大学出版社，1993 年 8 月. 120～125.

[2] Tugomir Surina，Clyde Herrick. Semiconductor Electronics. Copyright 1964 by Holt，Rinehart and Winston，Inc. 120～250.

(2) 科技论文的注录格式：

作者. 论文篇名. 刊物名，出版年，卷（期）号：论文在刊物中的页码.

例如：

［1］李永东．PWM供电的异步电机电压定向矢量控制．电气传动，1991，4（1）：52～56.

［2］Colby R. S. A State Analysis of LCI fed Synchronous Motor Drive System. IEEE Trans，1984，21（4）：6～8.

8. 附录：将各种篇幅较大的图纸、数据表格、计算机程序、原始数据等材料附于说明书的参考文献、注释之后。

三、装订要求

毕业设计说明书按以下顺序装订：

（1）封皮

（2）任务书

（3）开题报告（格式自定）

（4）计划进程表

（5）成绩评定表（依次：指导教师用表、评阅人用表、答辩小组用表及总评表）

（6）目录（只有1页不编页码，2页以上用罗马数字编页）

（7）中文摘要（含关键词；文中用阿拉伯数字编页，中文摘要为第1页）

（8）英文摘要（含关键词）

（9）正文

（10）谢辞

（11）参考文献

（12）注释

（13）附录

（14）封底

任务四　工作票与操作票

【教学目标】

了解工作票与操作票的性质及特点，充分认识工作票与操作票在电力安全生产中的重要性，掌握电力工作票与操作票的写作格式与要求，尝试填写工作票与操作票。

【任务描述】

“两票三制”在电力行业具有特殊的意义。所谓“两票三制”是指电力工作票、电力操作票以及交接班制、设备巡回检查制、设备定期维护及轮换制。由于今后可能在电力行业就业，电力高等职业院校许多专业的学生需要了解“两票三制”这方面的内容，能够正确填写工作票与操作票。

本任务要求了解工作票与操作票各项目的填写内容，掌握工作票与操作票填写要领，尝试填写格式规范、符合现场工作要求的工作票与操作票各1份。具体要求：

（1）熟悉现场，不懂就问，严肃认真，一丝不苟。

（2）要结合本专业的知识，要用规定的专业术语，内容必须明确具体，标点符号使用准确。

（3）逐条逐项认真填写，不能有错别字和漏字，不得随意涂改。

【任务准备】

积极和相关专业课教师（特别是学校聘请的来自电力企业的校外兼职教师）联系，取得他们的支持。提前布置学生预习相关内容，参阅工作票与操作票实例。

【任务实施】

按照所学专业和教学计划，提前两周布置任务，在专业课教师配合下，提供格式化的工作票与操作票，让学生尝试填写。

将学生填写的工作票与操作票反馈给相关专业课教师，请他们批改。

参照【相关链接】中提供的样票格式和填写内容，结合专业课教师的批改情况，评析学生填写的工作票与操作票。

对照【任务描述】提出的填写要求，反复检查修改，直至满意为止。

【参考例文 1】

变电站第一种工作票

单位＿＿＿＿＿＿＿＿　　　　　　　　编号＿＿＿＿＿＿

1. 工作负责人（监护人）＿＿＿＿　　　　　　　　班组＿＿＿＿

2. 工作班人员（不包括工作负责人）

＿＿＿＿＿＿＿＿＿＿＿＿＿＿＿＿＿＿＿＿＿＿＿＿＿＿＿＿＿＿＿＿＿＿＿

共＿＿人

3. 工作的变、配电站名称＿＿＿＿＿＿＿＿＿＿＿＿＿＿＿＿＿＿＿＿＿

4. 工作任务

工作地点及设备双重名称	工作内容

5. 计划工作时间：自＿＿＿年＿＿月＿＿日＿＿时＿＿分

至＿＿＿年＿＿月＿＿日＿＿时＿＿分

6. 安全措施（必要时可附页绘图说明）

应拉断路器（开关）、隔离开关（刀闸）	执行人

续表

应装接地线、应合接地刀闸（注明确实地点、名称及接地线编号 *）	执行人
应设遮栏、应挂标示牌及防止二次回路误碰等措施	执行人

工作地点保留带电部分或注意事项（由工作票签发人填写）	补充工作地点保留带电部分和安全措施（由工作许可人填写）

工作票签发人签名：________签发日期：________年____月____日____时____分

7. 收到工作票时间：________年____月____日____时____分

运行值班人员签名：__________　工作负责人签名：__________

8. 确认本工作票____项

工作负责人签名：__________　工作许可人签名：__________

许可开始工作时间：__________年____月____日____时____分

9. 确认工作负责人布置的工作任务和安全措施

工作班组人员签名：

____

10. 工作负责人变动情况

原工作负责人________离去，变更________为工作负责人

工作票签发人：________　________年____月____日____时____分

11. 工作人员变动情况（变动人员姓名、日期及时间）

____

工作负责人签名：________

12. 工作票延期

有效期延长到________年____月____日____时____分

工作负责人签名：________　________年____月____日____时____分

工作许可人签名：________　________年____月____日____时____分

13. 每日开工和收工时间（使用一天的工作票不必填写）

收工时间				工作负责人	工作许可人	开工时间				工作许可人	工作负责人
月	日	时	分			月	日	时	分		

14. 工作终结

全部工作于________年____月____日____时____分结束，设备及安全措施已恢复至开工前状态，工作人员已全部撤离，材料工具已清理完毕，工作已终结。

工作负责人签名：__________ 工作许可人签名：__________

15. 工作票终结

临时遮栏、标示牌已拆除，常设遮栏已恢复。未拆除或未拉开的接地线编号________等共____组、接地刀闸（小车）共____副（台），已汇报调度值班员。

工作许可人签名：________ ________年____月____日____时____分

16. 备注

(1) 指定专责监护人______________负责监护______________________（地点及具体工作）

(2) 其他事项：____

____

【参考例文 2】

电力线路第二种工作票

单位________________ 编号________

1. 工作负责人（监护人）________ 班组________

2. 工作班人员（不包括工作负责人）

____

共____人

3. 工作任务

线路或设备名称	工作地点、范围	工作内容

4. 计划工作时间

自________年____月____日____时____分

至________年____月____日____时____分

5. 注意事项（安全措施）

(1) ____

(2) ____

（3）________________

（4）________________

工作票签发人签名：________ ________年____月____日____时____分

工作负责人签名：__________ ________年____月____日____时____分

6. 确认工作负责人布置的任务和本施工项目安全措施

工作班组人员签名：

____

7. 工作开始时间________年____月____日____时____分　工作负责人签名：________

　工作完工时间________年____月____日____时____分　工作负责人签名：________

8. 工作票延期

有效期延长到________年____月____日____时____分

9. 备注

（1）________________

（2）________________

【参考例文 3】

××省××电厂
电气倒闸操作票

No：000000

1. 操作任务：________________

2. 操作开始时间：________年____月____日____时____分

　　终了时间：________年____月____日____时____分

3. 操作步骤

顺序	操作项目	√
1		
2		
3		
4		
5		
6		
7		
8		
9		
10		
11		
12		

续表

顺序	操作项目	√
13		
14		
15		
备注		

4. 操作人：________ 监护人：________

值班负责人：________ 值长：________

5. 评语：____________________

检查人：________

【相关知识】

严格执行“两票三制”是落实电力行业安全工作规程的重要手段，是防止恶性事故发生、保证安全生产的有力武器，也是反习惯性违章的重要措施。对于“两票”的具体内容、格式和填写要求等，《电业安全生产规程》和《电力设备典型消防规程》都作了详细的规定，各个发电集团和省电力公司也相应制订了执行“两票”的补充规定。所有这些规程和规定，每个电力行业员工都要认真学习和遵守。

一、工作票与操作票的概念

工作票是准许在电力生产现场工作的书面命令，也是明确安全职责，向工作人员进行安全交底，以及履行工作许可手续及工作间断、转移和终结手续，实施保证安全技术措施等的书面依据。工作票主要分类有电气工作票、线路工作票、热力（水力）机械工作票，此外还有动火工作票。

操作票是在运行中的电力设备及其附属设备上进行各种具体操作的作业单，包括电气部分操作票（也称“倒闸操作票”）和非电气部分操作票。

二、工作票与操作票的作用

电力工作票的作用：用它来执行和完成检修、测试或安装施工等工作任务；用它来正确执行和完成停送电和许可命令（包括停用、恢复重合闸）；用它检查和了解工作现场作业情况；发生事故后用它作为查清事故的依据。

电力操作票的作用：是操作人员根据值班调度或值班负责人的操作命令完成指定操作任务的具体依据，也是防止操作失误的有效手段。

三、工作票与操作票的特点

工作票与操作票的主要特点就是它的程序性。电力生产工作不仅设备复杂、工序复杂，而且对各种具体操作都有严格的程序要求，先操作哪项后操作哪项，必须严格按顺序进行。否则就会发生人身和设备事故，不仅给电力企业自身造成重大损失，还将给广大电力客户造成重大损失和影响。

四、工作票与操作票的填写要求

1. 要熟悉业务技术

填写工作票和操作票都是业务技术性很强的工作，要有相当高的业务技术水平。只有熟悉了业务技术，才能担当填写工作。

2. 内容必须明确、具体

要严格按规程、规定的填写要求，逐条逐项地把工作票、操作票填写清楚，不能丢条漏项。语言要准确、清楚，不能语意含糊。要用规定的专业术语，标点符号要准确。

3. 填写认真，不得随意涂改

填写要认真，字要规范、清楚，不能有错别字和漏字。有了错漏不能任意涂改，要重新填写。允许改动的个别字眼要按照规定所要求的方法改动并盖章。

【相关链接 1】

电力线路第一种工作票

单位　输电工区　　　　编号　总 310910001（03）

1. 工作负责人（监护人）　李××　　　　班组：　检修班

2. 工作班人员（不包括工作负责人）：　梁×× 李×× 刘×× 朱×× 孙×等　共　28　人。

3. 工作的线路或设备双重名称（多回路应注明双重称号）

220kV 高马线　　左线　　色标为“蓝”

4. 工作任务

工作地点或地段（注明分、支线路名称、线路的起止杆号）	工作内容
高马线＃42－＃45	更换导线
高马线＃52－＃57	更换绝缘子
高马线＃1－＃97	补装销子、调整线夹

5. 计划工作时间：

自2009 年10 月09 日07 时00 分

至2009 年10 月12 日18 时00 分

6. 安全措施（必要时可附页绘图说明）

6.1　应改为检修状态的线路间隔名称和应拉开的断路器（开关）、隔离开关（刀闸）、熔断器（保险）（包括分支线、用户线路和配合停电线路）：

拉开高线变：220kV 高马线 4925 开关，4925－3、4925－4 刀闸；合 4925－D3 接地刀

拉开马青变：220kV 高马线 4124 开关，4124－3、4124－4 刀闸；合 4124－D3 接地刀

6.2　保留或邻近的带电线路、设备：

＃1～＃36 同杆架设的右线 220kV 宁高线带电

6.3　其他安全措施和注意事项：

（1）验明线路确无电压后，工作地段各端挂接地线。

（2）在＃1～＃36 杆工作时必须使用个人保安线。

6.4 应挂的接地线

线路名称及杆号	高马线＃1	高马线＃97	高马线＃42	高马线＃57		
接地线编号	＃1	＃2	＃3	＃4		

工作票签发人签名：程×　2009年10月09日06时30分

工作负责人签名：李××　2009年10月09日06时30分收到工作票

7. 确认本工作票1～6项，许可工作开始

许可方式	许可人	工作负责人签名	许可工作的时间
电话下达	冯×	李××	2009年10月9日9时55分
			年 月 日 时 分
			年 月 日 时 分

8. 确认工作负责人布置的工作任务和安全措施

工作班组人员签名：

梁××　李××　刘××　王×　张×　李××　马×　张×　吕××　孙×　张×　王×　流××　陶××　张×　王×　李××　潘××　赵××　吕××　王××　郭×　胡××　司××　李××　李××　高××　朱××

9. 工作负责人变动情况

原工作负责人＿＿＿＿离去，变更＿＿＿＿为工作负责人。

工作票签发人签名：＿＿＿＿＿＿年＿＿月＿＿日＿＿时＿＿分

10. 工作人员变动情况（变动人员姓名、日期及时间）

＿＿＿＿＿＿＿＿＿＿＿＿＿＿＿＿＿＿＿＿＿＿＿＿

＿＿＿＿＿＿＿＿＿＿＿＿＿＿＿＿＿＿＿＿＿＿＿＿

11. 工作票延期

有效期延长到＿＿＿＿年＿＿月＿＿日＿＿时＿＿分。

工作负责人签名：＿＿＿＿　＿＿＿＿年＿＿月＿＿日＿＿时＿＿分

工作许可人签名：＿＿＿＿　＿＿＿＿年＿＿月＿＿日＿＿时＿＿分

12. 工作票终结

12.1 现场所挂的接地线编号 ＃1、＃2、＃3、＃4 共 4 组，已全部拆除、带回。

12.2 工作终结报告

终结报告的方式	许可人	工作负责人签名	终结报告时间
电话报告	梅×	李××	2009年10月12日17时20分
			年 月 日 时 分
			年 月 日 时 分

13. 备注：

(1) 指定专责监护人张×负责监护第一小组在高马线 ＃42－＃45 更换导线工作（人员、地点及具体工作）

(2) 其他事项：指定专责监护人张×负责监护第二小组在高马线＃52－＃57更换绝缘子工作，指定专责监护人李××负责监护第三小组在高马线＃1－＃97线路消缺。

各工作组必须逐级工作，如多级同时工作应由工作负责人再增加专责监护人。

（本样票由山东××供电公司提供）

【相关链接 2】

变电站倒闸操作票

××供电公司：　　　　　　　　　　　　　　　　　　　　　　　　　编号：

<table>
<tr><td>发令人</td><td></td><td>受令人</td><td></td><td>发令时间</td><td>年　月　日　时　分</td></tr>
<tr><td colspan="4">操作开始时间：
年　月　日　时　分</td><td colspan="2">操作结束时间：
年　月　日　时　分</td></tr>
<tr><td colspan="6">承上页 NO
操作任务：</td></tr>
<tr><td>顺序</td><td colspan="4">操作项目</td><td>√</td></tr>
<tr><td>1</td><td colspan="4">……</td><td></td></tr>
<tr><td>2</td><td colspan="4">检查庄北线电流表指示为××A</td><td></td></tr>
<tr><td>3</td><td colspan="4">检查庄北线 021 开关带电显示装置三相指示灯亮</td><td></td></tr>
<tr><td>4</td><td colspan="4">检查庄北线 021 开关工作位置指示灯“红灯”亮</td><td></td></tr>
<tr><td>5</td><td colspan="4">检查庄北线 021 开关位置指示器确在“合”位</td><td></td></tr>
<tr><td>6</td><td colspan="4">检查庄北线 021 开关遥控图示确在“合”位</td><td></td></tr>
<tr><td>7</td><td colspan="4">检查庄北线 021 开关遥控量电流显示××A</td><td></td></tr>
<tr><td>8</td><td colspan="4">拉开庄北线 021 开关</td><td></td></tr>
<tr><td>9</td><td colspan="4">检查庄北线电流表确无指示</td><td></td></tr>
<tr><td>10</td><td colspan="4">检查庄北线 021 开关带电显示装置三相指示灯灭</td><td></td></tr>
<tr><td>11</td><td colspan="4">检查庄北线 021 开关位置指示灯“绿灯”亮</td><td></td></tr>
<tr><td>12</td><td colspan="4">检查庄北线 021 开关位置指示器确在“分”位</td><td></td></tr>
<tr><td>13</td><td colspan="4">检查庄北线 021 开关遥控图示确在“分”位</td><td></td></tr>
<tr><td>14</td><td colspan="4">检查庄北线 021 开关遥控量电流显示“0”A</td><td></td></tr>
<tr><td>15</td><td colspan="4">……</td><td></td></tr>
<tr><td colspan="6">备注：
接下页 NO</td></tr>
<tr><td colspan="6">操作人：　　　　监护人：　　　　值班负责人：</td></tr>
</table>

（本样票由山东××供电公司提供）

【学习项目总结】

科技、生产应用文指的是使用于科学技术、学术研究和生产管理方面的应用文。就高职高专院校学生而言，本学习项目与学生在校期间的专业学习有着密切的联系。撰写科技、生产应用文不仅要求撰写者应该具备相应的专业和生产知识，而且要求行文具有科学性、实用性、严谨性的特点。为此，撰写时需要注意：材料要真实准确，表述要讲究逻辑，语言要确切、简洁，观点要明确，材料必须能够支持观点，同时要紧密结合专业特点，熟悉现场生产实际。

高等职业院校的学生在学习中，实验是重要的学习环节和必须掌握的基本技能，填写实验报告单是经常性的学习任务。实验报告单一般为格式化形式，包括以下几个部分：实验报告基本情况、实验名称、实验目的、实验环境和器材、实验内容与步骤、实验结果、实验结论等。填写实验报告单要注意客观性、正确性、分析性和可读性。

毕业论文是高等院校学生在专业课教师的指导下，于毕业之前完成的带有总结大学阶段学习成果性质的一份大型综合性独立作业，具有客观性、创新性、科学性等特点。高职高专院校许多专业的毕业生必须紧密结合专业实际，经过选题、搜集资料、构思提纲、撰写初稿、修改整理等阶段，最终完成毕业论文的写作，并通过毕业论文的答辩。论文的写作有一定的格式要求，各个高校对毕业论文的写作格式都有大同小异的规定，写作时应注意符合相关要求。

毕业设计说明书是对毕业设计进行解释和说明的书面材料，是高校工科毕业生必须完成的独立性的作业，其性质同毕业论文基本相同，但更侧重于设计和运用。毕业设计说明书具有专业性、实用性、创新性等特点，写作要求是：严谨细致，真实可靠；重点突出，论证合理；书写规范，清晰工整。一份完整的毕业设计说明书一般由封面文头、主体、附录、结尾四大部分组成。

“两票三制”在电力行业具有特殊的意义。所谓“两票”是指电力工作票和电力操作票。工作票是准许在电力生产现场工作的书面命令，也是明确安全职责，向工作人员进行安全交底，以及履行工作许可手续及工作间断、转移和终结手续，实施保证安全技术措施等的书面依据。操作票是在运行中的电力设备及其附属设备上进行各种具体操作的作业单，包括电气部分操作票（也称“倒闸操作票”）和非电气部分操作票。工作票与操作票的主要特点就是它的程序性。填写工作票与操作票都是业务技术性很强的工作，要熟悉业务技术，内容必须明确、具体，填写必须认真，不得随意涂改。

【复习思考】

1. 科技实验报告和实验报告单有何不同？
2. 结合所学专业的某项实验，填写一份实验报告单，并与邻桌同学互相评改。
3. 毕业论文的写作要经过哪些步骤？
4. 下面是某学生的一篇毕业论文摘要。请根据论文摘要的写作要求，试分析该摘要写作中的问题，并予以修改。

题名　　数字地籍外业数据采集研究

摘要　据报载，目前我国城市个数正在以每年35个左右的速度迅猛增加。这样，城镇土地管理工作也就愈显重要。为了合理利用城镇土地，实现城镇土地资源的优化配置，充分发挥其经济、社会效益，为现代化建设事业服务，就必须开展地籍调查，包括权属调查和地籍测量。

本文着重以外业工作流程为序，以室内设计、控制布设、测量、界址点、石部点的测量与计算为主体，对数字地籍测量进行阐述，充分体现其优越性。

愿你、我、他，我们大家都能从中得到启示！

5. 结合所学的专业，试选一道自己感兴趣的毕业论文论题，拟出详细写作提纲，字数1000字以上。

6. 毕业设计说明书在格式上包括几个主要部分？

7. 结合所学的专业，撰写一篇本专业某领域的毕业设计说明书提纲，字数2000～4000。

8. 填写工作票与操作票应注意哪些问题？

9. 就任务四中【参考例文】提供的例文，结合专业知识和现场实际，填写工作票与操作票各一份。

附录一

中华人民共和国国家标准 *GB/T 15834—2011*
标点符号用法（节选）

3　标点符号的种类

3.1　点号

点号的作用是点断，主要表示停顿和语气。分为句末点号和句内点号。

3.1.1　句末点号

用于句末的点号，表示句末停顿和句子的语气。包括句号、问号、叹号。

3.1.2　句内点号

用于句内的点号，表示句内各种不同性质的停顿。包括逗号、顿号、分号、冒号。

3.2　标号

标号的作用是标明，主要标示某些成分（主要是词语）的特定性质和作用。包括引号、括号、破折号、省略号、着重号、连接号、间隔号、书名号、专名号、分隔号。

4　标点符号的定义、形式和用法

4.1　句号

4.1.1　定义

句末点号的一种，主要表示句子的陈述语气。

4.1.2　形式

句号的形式是“。”。

4.1.3　基本用法

4.1.3.1　用于句子末尾，表示陈述语气。使用句号主要根据语段前后有较大停顿、带有陈述语气和语调，并不取决于句子的长短。

示例 1：北京是中华人民共和国的首都。

示例 2：（甲：咱们走着去吧？）乙：好。

4.1.3.2　有时也可以表示较缓和的祈使语气和感叹语气。

示例 1：请您稍等一下。

示例 2：我不由地感到，这些普通劳动者也同样是很值得尊敬的。

4.2　问号

4.2.1　定义

句末点号的一种，主要表示句子的疑问语气。

4.2.2　形式

问号的形式是“？”。

4.2.3　基本用法

4.2.3.1　用于句子末尾，表示疑问语气（包括反问、设问等疑问类型）。使用问号主要根据语段前后有较大停顿、带有疑问语气和语调，并不取决于句子的长短。

示例 1：你怎么还不回家去呢？

示例 2：难道这些普通的战士不值得歌颂吗？

示例 3：（一个外国人，不远万里来到中国，帮助中国的抗日战争。）这是什么精神？这是国际主义的精神。

4.2.3.2 选择问句中，通常只在最后一个选项的末尾用问号，各个选项之间一般用逗号隔开。当选项较短且选项之间几乎没有停顿时，选项之间可不用逗号。当选项较多或较长，或有意突出每个选项的独立性时，也可每个选项之后都用问号。

示例 1：诗中记述的这场战争究竟是真实的历史描述，还是诗人的虚构？

示例 2：这是巧合还是有意安排？

示例 3：要一个什么样的结尾：现实主义的？传统的？大团圆的？荒诞的？民族形式的？有象征意义的？

示例 4：（他看着我的作品称赞了我。）但到底是称赞我什么：是有几处画得好？还是什么都敢画？抑或只是一种对于失败者的无可奈何的安慰？我不得而知。

示例 5：这一切都是由客观的条件造成的？还是由行为的惯性造成的？

4.2.3.3 在多个问句连用或表达疑问语气加重时，可叠用问号。通常应先单用，再叠用，最多叠用三个问号。在没有异常强烈的情感表达需要时不宜叠用问号。

示例：这就是你的做法吗？你这个总经理是怎么当的？你怎么竟敢这样欺骗消费者？

4.2.3.4 问号也有标号的用法，即用于句内，表示存疑或不详。

示例 1：马致远（1250？—1321），大都人，元代戏曲家、散曲家。

示例 2：钟嵘（？—518），颍川长社人，南朝梁代文学批评家。

示例 3：出现这样的文字错误，说明作者（编者？校者？）很不认真。

4.3 叹号

4.3.1 定义

句末点号的一种，主要表示句子的感叹语气。

4.3.2 形式

叹号的形式是“！”。

4.3.3 基本用法

4.3.3.1 用于句子末尾，主要表示感叹语气，有时也可表示强烈的祈使语气、反问语气等。使用叹号主要根据语段前后有较大停顿、带有感叹语气和语调或带有强烈的祈使、反问语气和语调，并不取决于句子的长短。

示例 1：才一年不见，这孩子都长这么高啦！

示例 2：你给我住嘴！

示例 3：谁知道他今天是怎么搞的！

4.3.3.2 用于拟声词后，表示声音短促或突然。

示例 1：咔嚓！一道闪电划破了夜空。

示例 2：咚！咚咚！突然传来一阵急促的敲门声。

4.3.3.3 表示声音巨大或声音不断加大时，可叠用叹号；表达强烈语气时，也可叠用叹号，最多叠用三个叹号。在没有异常强烈的情感表达需要时不宜叠用叹号。

示例 1：轰!! 在这天崩地塌的声音中，女娲猛然醒来。

示例 2：我要揭露！我要控诉!! 我要以死抗争!!!

4.3.3.4 当句子包含疑问、感叹两种语气且都比较强烈时（如带有强烈感情的反问句和带有惊愕语气的疑问句），可在问号后再加叹号（问号、叹号各一）。

示例 1：这么点困难就能把我们吓倒吗?!

示例 2：他连这些最起码的常识都不懂，还敢说自己是高科技人材?!

4.4 逗号

4.4.1 定义

句内点号的一种，表示句子或语段内部的一般性停顿。

4.4.2 形式

逗号的形式是"，"。

4.4.3 基本用法

4.4.3.1 复句内各分句之间的停顿，除了有时用分号（见 4.6.3.1），一般都用逗号。

示例 1：不是人们的意识决定人们的社会存在，而是人们的社会存在决定人们的意识。

示例 2：学历史使人更明智，学文学使人更聪慧，学数学使人更精细，学考古使人更深沉。

示例 3：要是不相信我们的理论能反映现实，要是不相信我们的世界有内在和谐，那就不可能有科学。

4.4.3.2 用于下列各种语法位置：

a）较长的主语之后。

示例 1：苏州园林建筑各种门窗的精美设计和雕镂功夫，都令人叹为观止。

b）句首的状语之后。

示例 2：在苍茫的大海上，狂风卷集着乌云。

c）较长的宾语之前。

示例 3：有的考古工作者认为，南方古猿生存于上新世至更新世的初期和中期。

d）带句内语气词的主语（或其他成分）之后，或带句内语气词的并列成分之间。

示例 4：他呢，倒是很乐意地、全神贯注地干起来了。

示例 5：（那是个没有月亮的夜晚。）可是整个村子——白房顶啦，白树木啦，雪堆啦，全看得见。

e）较长的主语中间、谓语中间或宾语中间。

示例 6：母亲沉痛的诉说，以及亲眼见到的事实，都启发了我幼年时期追求真理的思想。

示例 7：那姑娘头戴一顶草帽，身穿一条绿色的裙子，腰间还系着一根橙色的腰带。

示例 8：必须懂得，对于文化传统，既不能不分青红皂白统统抛弃，也不能不管精华糟粕全盘继承。

f）前置的谓语之后或后置的状语、定语之前。

示例 9：真美啊，这条蜿蜒的林间小路。

示例 10：她吃力地站了起来，慢慢地。

示例 11：我只是一个人，孤孤单单的。

4.4.3.3　用于下列各种停顿处：

a）复指成分或插说成分前后。

示例 1：老张，就是原来的办公室主任，上星期已经调走了。

示例 2：车，不用说，当然是头等。

b）语气缓和的感叹语、称谓语或呼唤语之后。

示例 3：哎哟，这儿，快给我揉揉。

示例 4：大娘，您到哪儿去啊？

示例 5：喂，你是哪个单位的？

c）某些序次语（“第”字头、“其”字头及“首先”类序次语）之后。

示例 6：为什么许多人都有长不大的感觉呢？原因有三：第一，父母总认为自己比孩子成熟；第二，父母总要以自己的标准来衡量孩子；第三，父母出于爱心而总不想让孩子在成长的过程中走弯路。

示例 7：《玄秘塔碑》所以成为书法的范本，不外乎以下几方面的因素：其一，具有楷书点画、构体的典范性；其二，承上启下，成为唐楷的极致；其三，字如其人，爱人及字，柳公权高尚的书品、人品为后人所崇仰。

示例 8：下面从三个方面讲讲语言的污染问题：首先，是特殊语言环境中的语言污染问题；其次，是滥用缩略语引起的语言污染问题；再次，是空话和废话引起的语言污染问题。

4.5　顿号

4.5.1　定义

句内点号的一种，表示语段中并列词语之间或某些序次语之后的停顿。

4.5.2　形式

顿号的形式是“、”。

4.5.3　基本用法

4.5.3.1　用于并列词语之间。

示例 1：这里有自由、民主、平等、开放的风气和氛围。

示例 2：造型科学、技艺精湛、气韵生动，是盛唐石雕的特色。

4.5.3.2　用于需要停顿的重复词语之间。

示例：他几次三番、几次三番地辩解着。

4.5.3.3　用于某些序次语（不带括号的汉字数字或“天干地支”类序次语）之后。

示例 1：我准备讲两个问题：一、逻辑学是什么？二、怎样学好逻辑学？

示例 2：风格的具体内容主要有以下四点：甲、题材；乙、用字；丙、表达；丁、色彩。

4.5.3.4　相邻或相近两数字连用表示概数通常不用顿号。若相邻两数字连用为缩略形式，宜用顿号。

示例 1：飞机在 6000 米高空水平飞行时，只能看到两侧八九公里和前方一二十公里范围内的地面。

示例 2：这种凶猛的动物常常三五成群地外出觅食和活动。

示例 3：农业是国民经济的基础，也是二、三产业的基础。

4.5.3.5　标有引号的并列成分之间、标有书名号的并列成分之间通常不用顿号。若有其他成分插在并列的引号之间或并列的书名号之间（如引语或书名号之后还有括注），宜用顿号。

示例1："日""月"构成"明"字。

示例2：店里挂着"顾客就是上帝""质量就是生命"等横幅。

示例3：《红楼梦》《三国演义》《西游记》《水浒传》，是我国长篇小说的四大名著。

示例4：李白的"白发三千丈"（《秋浦歌》）、"朝如青丝暮成雪"（《将进酒》）都是脍炙人口的诗句。

示例5：办公室里订有《人民日报》（海外版）、《光明日报》和《时代周刊》等报刊。

4.6 **分号**

4.6.1 定义

句内点号的一种，表示复句内部并列关系分句之间的停顿，以及非并列关系的多重复句中第一层分句之间的停顿。

4.6.2 形式

分号的形式是"；"。

4.6.3 基本用法

4.6.3.1 表示复句内部并列关系的分句（尤其当分句内部还有逗号时）之间的停顿。

示例1：语言文字的学习，就理解方面说，是得到一种知识；就运用方面说，是养成一种习惯。

示例2：内容有分量，尽管文章短小，也是有分量的；内容没有分量，即使写得再长也没有用。

4.6.3.2 表示非并列关系的多重复句中第一层分句（主要是选择、转折等关系）之间的停顿。

示例1：人还没看见，已经先听见歌声了；或者人已经转过山头望不见了，歌声还余音袅袅。

示例2：尽管人民革命的力量在开始时总是弱小的，所以总是受压的；但是由于革命的力量代表历史发展的方向，因此本质上又是不可战胜的。

示例3：不管一个人如何伟大，也总是生活在一定的环境和条件下；因此，个人的见解总难免带有某种局限性。

示例4：昨天夜里下了一场雨，以为可以凉快些；谁知没有凉快下来，反而更热了。

4.6.3.3 用于分项列举的各项之间。

示例：特聘教授的岗位职责为：一、讲授本学科的主干基础课程；二、主持本学科的重大科研项目；三、领导本学科的学术队伍建设；四、带领本学科赶超或保持世界先进水平。

4.7 **冒号**

4.7.1 定义

句内点号的一种，表示语段中提示下文或总结上文的停顿。

4.7.2 形式

冒号的形式是"："。

4.7.3 基本用法

4.7.3.1 用于总说性或提示性词语（如"说""例如""证明"等）之后，表示提示下文。

示例1：北京紫禁城有四座城门：午门、神武门、东华门和西华门。

示例 2：她高兴地说："咱们去好好庆祝一下吧！"

示例 3：小王笑着点了点头："我就是这么想的。"

示例 4：这一事实证明：人能创造环境，环境同样也能创造人。

4.7.3.2　表示总结上文。

示例：张华上了大学，李萍进了技校，我当了工人：我们都有美好的前途。

4.7.3.3　用在需要说明的词语之后，表示注释和说明。

示例 1：（本市将举办首届大型书市。）主办单位：市文化局；承办单位：市图书进出口公司；时间：8 月 15 日—20 日；地点：市体育馆观众休息厅。

示例 2：（做阅读理解题有两个办法。）办法之一：先读题干，再读原文，带着问题有针对性地读课文。办法之二：直接读原文，读完再做题，减少先入为主的干扰。

4.7.3.4　用于书信、讲话稿中称谓语或称呼语之后。

示例 1：广平先生：

示例 2：同志们、朋友们：

4.7.3.5　一个句子内部一般不应套用冒号。在列举式或条文式表述中，如不得不套用冒号时，宜另起段落来显示各个层次。

示例：第十条　遗产按照下列顺序继承

　　第一顺序：配偶、子女、父母。

　　第二顺序：兄弟姐妹、祖父母、外祖父母。

4.8　引号

4.8.1　定义

标号的一种，标示语段中直接引用的内容或需要特别指出的成分。

4.8.2　形式

引号的形式有双引号"" ""和单引号"' '"两种。左侧的为前引号，右侧的为后引号。

4.8.3　基本用法

4.8.3.1　标示语段中直接引用的内容。

示例：李白诗中就有"白发三千丈"这样极尽夸张的语句。

4.8.3.2　标示需要着重论述或强调的内容。

示例：这里所谓的"文"，并不是指文字，而是指文采。

4.8.3.3　标示语段中具有特殊含义而需要特别指出的成分，如别称、简称、反语等。

示例 1：电视被称作"第九艺术"。

示例 2：人类学上常把古人化石统称为尼安德特人，简称"尼人"。

示例 3：有几个"慈祥"的老板把捡来的菜叶用盐浸浸就算作工友的菜肴。

4.8.3.4　当引号中还需要使用引号时，外面一层用双引号，里面一层用单引号。

示例：他问："老师，'七月流火'是什么意思？"

4.8.3.5　独立成段的引文如果只有一段，段首和段尾都用引号；不止一段时，每段开头仅用前引号，只在最后一段末尾用后引号。

示例：我曾在报纸上看到有人这样谈幸福：

"幸福是知道自己喜欢什么和不喜欢什么。……

“幸福是知道自己擅长什么和不擅长什么。……

“幸福是在正确的时间做了正确的选择。……”

4.8.3.6 在书写带月、日的事件、节日或其他特定意义的短语（含简称）时，通常只标引其中的月和日；需要突出和强调该事件或节日本身时，也可连同事件或节日一起标引。

示例1：“5·12”汶川大地震

示例2：“五四”以来的话剧，是我国戏剧中的新形式。

示例3：纪念“五四运动”90周年

4.9 括号

4.9.1 定义

标号的一种，标示语段中的注释内容、补充说明或其他特定意义的语句。

4.9.2 形式

括号的主要形式是圆括号“（）”，其他形式还有方括号“［］”、六角括号“〔〕”和方头括号“【】”等。

4.9.3 基本用法

4.9.3.1 标示下列各种情况，均用圆括号：

a）标示注释内容或补充说明。

示例1：我校拥有特级教师（含已退休的）17人。

示例2：我们不但善于破坏一个旧世界，我们还将善于建设一个新世界！（热烈鼓掌）

b）标示订正或补加的文字。

示例3：信纸上用稚嫩的字体写着：“阿夷（姨），你好！”

示例4：该建筑公司负责的建设工程全部达到优良工程（的标准）。

c）标示序次语。

示例5：语言有三个要素：（1）声音；（2）结构；（3）意义。

示例6：思想有三个条件：（一）事理；（二）心理；（三）伦理。

d）标示引语的出处。

示例7：他说得好：“未画之前，不立一格；既画之后，不留一格。”（《板桥集·题画》）

e）标示汉语拼音注音。

示例8：“的（de）”这个字在现代汉语中最常用。

4.9.3.2 标示作者国籍或所属朝代时，可用方括号或六角括号。

示例1：［英］赫胥黎《进化论与伦理学》

示例2：〔唐〕杜甫著

4.9.3.3 报刊标示电讯、报道的开头，可用方头括号。

示例：【新华社南京消息】

4.9.3.4 标示公文发文字号中的发文年份时，可用六角括号。

示例：国发〔2011〕3号文件

4.9.3.5 标示被注释的词语时，可用六角括号或方头括号。

示例1：〔奇观〕奇伟的景象。

示例2：【爱因斯坦】物理学家。生于德国，1933年因受纳粹政权迫害，移居美国。

4.9.3.6　除科技书刊中的数学、逻辑公式外，所有括号（特别是同一形式的括号）应尽量避免套用。必须套用括号时，宜采用不同的括号形式配合使用。

示例：〔茸（róng）毛〕很细很细的毛。

4.10　破折号

4.10.1　定义

标号的一种，标示语段中某些成分的注释、补充说明或语音、意义的变化。

4.10.2　形式

破折号的形式是“——”。

4.10.3　基本用法

4.10.3.1　标示注释内容或补充说明（也可用括号，见 4.9.3.1；二者的区别另见 B.1.7）。

示例 1：一个矮小而结实的日本中年人——内山老板走了过来。

示例 2：我一直坚持读书，想借此唤起弟妹对生活的希望——无论环境多么困难。

4.10.3.2　标示插入语（也可用逗号，见 4.4.3.3）

示例：这简直就是——说得不客气点——无耻的勾当！

4.10.3.3　标示总结上文或提示下文（也可用冒号，见 4.7.3.1、4.7.3.2）。

示例 1：坚强，纯洁，严于律已，客观公正——这一切都难得地集中在一个人身上。

示例 2：画家开始娓娓道来——

数年前的一个寒冬，……

4.10.3.4　标示话题的转换。

示例：“好香的干菜，——听到风声了吗？”赵七爷低声说道。

4.10.3.5　标示声音的延长。

示例：“嘎——”传过来一声水禽被惊动的鸣叫。

4.10.3.6　标示话语的中断或间隔。

示例 1：“班长他牺——”小马话没说完就大哭起来。

示例 2：“亲爱的妈妈，你不知道我多爱您。——还有你，我的孩子！”

4.10.3.7　标示引出对话。

示例：——你长大后想成为科学家吗？

——当然想了！

4.10.3.8　标示事项列举分承。

示例：根据研究对象的不同，环境物理学分为以下五个分支学科：

——环境声学；

——环境光学；

——环境热学；

——环境电磁学；

——环境空气动力学。

4.10.3.9　用于副标题之前。

示例：飞向太平洋

——我国新型号运载火箭发射目击记

4.10.3.10　用于引文、注文后，标示作者、出处或注释者。

示例1：先天下之忧而忧，后天下之乐而乐。

——范仲淹

示例2：乐浪海中有倭人，分为百余国。

——《汉书》

示例3：很多人写好信后把信笺折成方胜形，我看大可不必。（方胜，指古代妇女戴的方形首饰，用彩绸等制作，由两个斜方部分叠合而成。——编者注）

4.11 省略号

4.11.1 定义

标号的一种，标示语段中某些内容的省略及意义的断续等。

4.11.2 形式

省略号的形式是“……”。

4.11.3 基本用法

4.11.3.1 标示引文的省略。

示例：我们齐声朗诵起来：“……俱往矣，数风流人物，还看今朝。”

4.11.3.2 标示列举或重复词语的省略。

示例1：对政治的敏感，对生活的敏感，对性格的敏感，……这都是作家必须要有的素质。

示例2：他气得连声说：“好，好……算我没说。”

4.11.3.3 标示语意未尽。

示例1：在人迹罕至的深山密林里，假如突然看见一缕炊烟，……

示例2：你这样干，未免太……！

4.11.3.4 标示说话时断断续续。

示例：她磕磕巴巴地说：“可是……太太……我不知道……你一定是认错了。”

4.11.3.5 标示对话中的沉默不语。

示例：“还没结婚吧？”

“……”他飞红了脸，更加忸怩起来。

4.11.3.6 标示特定的成分虚缺。

示例：只要……就……

4.11.3.7 在标示诗行、段落的省略时，可连用两个省略号（即相当于十二连点）。

示例1：从隔壁房间传来缓缓而抑扬顿挫的吟咏声——

床前明月光，疑是地上霜。

…………

示例2：该刊根据工作质量、上稿数量、参与程度等方面的表现，评选出了高校十佳记者站。还根据发稿数量、提供新闻线索情况以及对刊物的关注度等，评选出了十佳通讯员。

…………

4.12 着重号

4.12.1 定义

标号的一种，标示语段中某些重要的或需要指明的文字。

4.12.2 形式

着重号的形式是“.”，标注在相应文字的下方。

4.12.3　基本用法

4.12.3.1　标示语段中重要的文字。

示例 1：诗人需要表现，而不是证明。

示例 2：下面对本文的理解，不正确的一项是：……

4.12.3.2　标示语段中需要指明的文字。

示例：下边加点的字，除了在词中的读法外，还有哪些读法？

着急　子弹　强调

4.13　连接号

4.13.1　定义

标号的一种，标示某些相关联成分之间的连接。

4.13.2　形式

连接号的形式有短横线“-”、一字线“—”和浪纹线“～”三种。

4.13.3　基本用法

4.13.3.1　标示下列各种情况，均用短横线：

a）化合物的名称或表格、插图的编号。

示例 1：3-戊酮为无色液体，对眼及皮肤有强烈刺激性。

示例 2：参见下页表 2-8、表 2-9。

b）连接号码，包括门牌号码、电话号码，以及用阿拉伯数字表示年月日等。

示例 3：安宁里东路 26 号院 3-2-11 室

示例 4：联系电话 010-88842603

示例 5：2011-02-15

c）在复合名词中起连接作用。

示例 6：吐鲁番-哈密盆地

d）某些产品的名称和型号。

示例 7：WZ-10 直升机具有复杂天气和夜间作战的能力。

e）汉语拼音、外来语内部的分合。

示例 8：shuōshuō-xiàoxiào（说说笑笑）

示例 9：盎格鲁-撒克逊人

示例 10：让-雅克·卢梭（“让-雅克”为双名）

示例 11：皮埃尔·孟戴斯-弗朗斯（“孟戴斯-弗朗斯”为复姓）

4.13.3.2　标示下列各种情况，一般用一字线，有时也可用浪纹线：

a）标示相关项目（如时间、地域等）的起止。

示例 1：沈括（1031—1095），宋朝人。

示例 2：2011 年 2 月 3 日—10 日

示例 3：北京—上海特别旅客快车

b）标示数值范围（由阿拉伯数字或汉字数字构成）的起止。

示例 4：25～30g

示例 5：第五～八课

4.14　间隔号

4.14.1 定义

标号的一种，标示某些相关联成分之间的分界。

4.14.2 形式

间隔号的形式是“·”。

4.14.3 基本用法

4.14.3.1 标示外国人名或少数民族人名内部的分界。

示例1：克里丝蒂娜·罗塞蒂

示例2：阿依古丽·买买提

4.14.3.2 标示书名与篇（章、卷）名之间的分界。

示例：《淮南子·本经训》

4.14.3.3 标示词牌、曲牌、诗体名等和题名之间的分界。

示例1：《沁园春·雪》

示例2：《天净沙·秋思》

示例3：《七律·冬云》

4.14.3.4 用在构成标题或栏目名称的并列词语之间。

示例：《天·地·人》

4.14.3.5 以月、日为标志的事件或节日，用汉字数字表示时，只在一、十一和十二月后用间隔号；当直接用阿拉伯数字表示时，月、日之间均用间隔号（半角字符）。

示例1：“九一八”事变 “五四”运动

示例2：“一·二八”事变 “一二·九”运动

示例3：“3·15”消费者权益日 “9·11”恐怖袭击事件

4.15 **书名号**

4.15.1 定义

标号的一种，标示语段中出现的各种作品的名称。

4.15.2 形式

书名号的形式有双书名号“《》”和单书名号“〈〉”两种。

4.15.3 基本用法

4.15.3.1 标示书名、卷名、篇名、刊物名、报纸名、文件名等。

示例1：《红楼梦》（书名）

示例2：《史记·项羽本纪》（卷名）

示例3：《论雷峰塔的倒掉》（篇名）

示例4：《每周关注》（刊物名）

示例5：《人民日报》（报纸名）

示例6：《全国农村工作会议纪要》（文件名）

4.15.3.2 标示电影、电视、音乐、诗歌、雕塑等各类用文字、声音、图像等表现的作品的名称。

示例1：《渔光曲》（电影名）

示例2：《追梦录》（电视剧名）

示例3：《勿忘我》（歌曲名）

示例4：《沁园春·雪》（诗词名）

示例5：《东方欲晓》（雕塑名）

示例6：《光与影》（电视节目名）

示例7：《社会广角镜》（栏目名）

示例8：《庄子研究文献数据库》（光盘名）

示例9：《植物生理学系列挂图》（图片名）

4.15.3.3　标示全中文或中文在名称中占主导地位的软件名。

示例：科研人员正在研制《电脑卫士》杀毒软件。

4.15.3.4　标示作品名的简称。

示例：我读了《念青唐古拉山脉纪行》一文（以下简称《念》），收获很大。

4.15.3.5　当书名号中还需要书名号时，里面一层用单书名号，外面一层用双书名号。

示例：《教育部关于提请审议〈高等教育自学考试试行办法〉的报告》

4.16　专名号

4.16.1　定义

标号的一种，标示古籍和某些文史类著作中出现的特定类专有名词。

4.16.2　形式

专名号的形式是一条直线，标注在相应文字的下方。

4.16.3　基本用法

4.16.3.1　标示古籍、古籍引文或某些文史类著作中出现的专有名词，主要包括人名、地名、国名、民族名、朝代名、年号、宗教名、官署名、组织名等。

示例1：孙坚人马被刘表率军围得水泄不通。（人名）

示例2：于是聚集冀、青、幽、并四州兵马七十多万准备决一死战。（地名）

示例3：当时乌孙及西域各国都向汉派遣了使节。（国名、朝代名）

示例4：从咸宁二年到太康十年，匈奴、鲜卑、乌桓等族人徙居塞内。（年号、民族名）

4.16.3.2　现代汉语文本中的上述专有名词，以及古籍和现代文本中的单位名、官职名、事件名、会议名、书名等不应使用专名号。必须使用标号标示时，宜使用其他相应标号（如引号、书名号等）。

4.17　分隔号

4.17.1　定义

标号的一种，标示诗行、节拍及某些相关文字的分隔。

4.17.2　形式

分隔号的形式是“/”。

4.17.3　基本用法

4.17.3.1　诗歌接排时分隔诗行（也可使用逗号和分号，见4.4.3.1/4.6.3.1）。

示例：春眠不觉晓/处处闻啼鸟/夜来风雨声/花落知多少。

4.17.3.2　标示诗文中的音节节拍。

示例：横眉/冷对/千夫指，俯首/甘为/孺子牛。

4.17.3.3　分隔供选择或可转换的两项，表示“或”。

示例：动词短语中除了作为主体成分的述语动词之外，还包括述语动词所带的宾语和/或补语。

4.17.3.4 分隔组成一对的两项，表示“和”。

示例1：13/14次特别快车

示例2：羽毛球女双决赛中国组合杜婧/于洋两局完胜韩国名将李孝贞/李敬元。

4.17.3.5 分隔层级或类别。

示例：我国的行政区划分为：省（直辖市、自治区）/省辖市（地级市）/县（县级市、区、自治州）/乡（镇）/村（居委会）。

5 标点符号的位置和书写形式

5.1 横排文稿标点符号的位置和书写形式

5.1.1 句号、逗号、顿号、分号、冒号均置于相应文字之后，占一个字位置，居左下，不出现在一行之首。

5.1.2 问号、叹号均置于相应文字之后，占一个字位置，居左，不出现在一行之首。两个问号（或叹号）叠用时，占一个字位置；三个问号（或叹号）叠用时，占两个字位置；问号和叹号连用时，占一个字位置。

5.1.3 引号、括号、书名号中的两部分标在相应项目的两端，各占一个字位置。其中前一半不出现在一行之末，后一半不出现在一行之首。

5.1.4 破折号标在相应项目之间，占两个字位置，上下居中，不能中间断开分处上行之末和下行之首。

5.1.5 省略号占两个字位置，两个省略号连用时占四个字位置并须单独占一行。省略号不能中间断开分处上行之末和下行之首。

5.1.6 连接号中的短横线比汉字“一”略短，占半个字位置；一字线比汉字“一”略长，占一个字位置；浪纹线占一个字位置。连接号上下居中，不出现在一行之首。

5.1.7 间隔号标在需要隔开的项目之间，占半个字位置，上下居中，不出现在一行之首。

5.1.8 着重号和专名号标在相应文字的下边。

5.1.9 分隔号占半个字位置，不出现在一行之首或一行之末。

5.1.10 标点符号排在一行末尾时，若为全角字符则应占半角字符的宽度（即半个字位置），以使视觉效果更美观。

5.1.11 在实际编辑出版工作中，为排版美观、方便阅读等需要，或为避免某一小节最后一个汉字转行或出现在另外一页开头等情况（浪费版面及视觉效果差），可适当压缩标点符号所占用的空间。

5.2 竖排文稿标点符号的位置和书写形式

5.2.1 句号、问号、叹号、逗号、顿号、分号和冒号均置于相应文字之下偏右。

5.2.2 破折号、省略号、连接号、间隔号和分隔号置于相应文字之下居中，上下方向排列。

5.2.3 引号改用双引号“ ﹃ ”“ ﹄ ”和单引号“ ﹁ ”“ ﹂ ”，括号改用“︵”“︶”，标在相应项目的上下。

5.2.4 竖排文稿中使用浪线式书名号“﹏”，标在相应文字的左侧。

5.2.5 着重号标在相应文字的右侧，专名号标在相应文字的左侧。

5.2.6 横排文稿中关于某些标点不能居行首或行末的要求，同样适用于竖排文稿。

附录二

中华人民共和国国家标准 *GB/T 15835—2011*
出版物上数字用法（节选）

4　数字形式的选用

4.1　选用阿拉伯数字

4.1.1　用于计量的数字

在使用数字进行计量的场合，为达到醒目、易于辨识的效果，应用阿拉伯数字。

示例 1：－125.3　34.05％　63％～68％　1∶500　97/108

当数值伴随有计量单位时，如：长度、容积、面积、体积、质量、温度、经纬度、音量、频率等等，特别是当计量单位以字母表达时，应采用阿拉伯数字。

示例 2：523.56km（523.56 千米）　346.87L（346.87 升）　5.34m^3（5.34 平方米）　567mm^3（567 立方毫米）　605g（605 克）　100～150kg（100～150 千克）　34～39℃（34～39 摄氏度）　北纬 40°（40 度）　120dB（120 分贝）

4.1.2　用于编号的数字

在使用数字进行编号的场合，为达到醒目、易于辨识的效果，应采用阿拉伯数字。

示例：电话号码：98888

邮政编码：100871

通信地址：北京市海淀区复兴路 11 号

电子邮件地址：x168@186.net

网页地址：http：//127.0.0.1

汽车号牌：京 A00001

公交车号：302 路公交车

道路编号：101 国道

公文编号：国办发〔1987〕9 号

图书编号：ISBN 978－7－80184－224－4

刊物编号：CN11－1399

章节编号：4.1.2

产品型号：PH－3000 型计算机

产品序列号：C84XB－JYVFD－P7HC4－6XKRJ－7M6XH

单位注册号：02050214

行政许可登记编号：0684D10004－828

4.1.3　已定型的含阿拉伯数字的词语

现代社会生活中出现的事物、现象、事件，其名称的书写形式中包含阿拉伯数字，已经广泛使用而稳定下来，应采用阿拉伯数字。

示例：3G 手机　MP3 播放器　G8 峰会　维生素 B_{12}　97 号汽油　“5·27”事件　“12·5”

枪击案

4.2 选用汉字数字

4.2.1 非公历纪年

干支纪年、农历月日、历史朝代纪年及其他传统上采用汉字形式的非公历纪年等等，应采用汉字数字。

示例：丙寅年十月十五日　庚辰年八月五日　腊月二十三　正月初五　八月十五中秋　秦文公四十四年　太平天国庚申十年九月二十四日　清咸丰十年九月二十日　藏历阳木龙年八月二十六日　日本庆应三年

4.2.2 概数

数字连用表示的概数、含“几”的概数，应采用汉字数字。

示例：三四个月　一二十个　四十五六岁　五六万套　五六十年前　几千　二十几　一百几十　几万分之一

4.2.3 已定型的含汉字数字的词语

汉语中长期使用已经稳定下来的包含汉字数字形式的词语，应采用汉字数字。

示例：万一　一律　一旦　三叶虫　四书五经　星期五　四氧化三铁　八国联军　七上八下　一心一意　不管三七二十一　一方面　二百五　半斤八两　五省一市　五讲四美　相差十万八千里　八九不离十　白发三千丈　不二法门　二八年华　五四运动　“一·二八”事变　“一二·九”运动

4.3 选用阿拉伯数字与汉字数字均可

如果表达计量或编号所需要用到的数字个数不多，选择汉字数字还是阿拉伯数字在书写的简洁性和辨识的清晰性两方面没有明显差异时，两种形式均可使用。

示例1：17号接（十七号楼）　3倍（三倍）　第5个工作日（第五个工作日）　100多件（一百多件）　20余次（二十余次）　约300人（约三百人）　40左右（四十左右）　50上下（五十上下）　50多人（五十多人）　第25页（第二十五页）　第8天（第八天）　第4季度（第四季度）　第45份（第四十五份）　共235位同学（共二百三十五位同学）　0.5（零点五）　76岁（七十六岁）　120周年（一百二十周年）　1/3（三分之一）　公元前8世纪（公元前八世纪）　20世纪80年代（二十世纪八十年代）　公元253年（公元二五三年）　1997年7月1日（一九九七年七月一日）　下午4点40分（下午四点四十分）　4个月（四个月）　12天（十二天）

如果要突出简洁醒目的表达效果，应使用阿拉伯数字；如果要突出庄重典雅的表达效果，应使用汉字数字。

示例2：北京时间2008年5月12日14时28分

十一届全国人大一次会议（不写为“11届全国人大1次会议”）

六方会谈（不写为“6方会谈”）

在同一场合出现的数字，应遵循“同类别同形式”原则来选择数字的书写形式。如果两数字的表达功能类别相同（比如都是表达年月日时间的数字），或者两数字在上下文中所处的层级相同（比如文章目录中同级标题的编号），应选用相同的形式。反之，如果两数字的表达功能不同，或所处层级不同，可以选用不同的形式。

示例3：2008年8月8日 二〇〇八年八月八日（不写为“二〇〇八年8月8日”）

第一章　第二章……第十二章（不写为“第一章　第二章……第 12 章”）

第二章的下一级标题可以用阿拉伯数字编号：2.1，2.2，……

应避免相邻的两个阿拉伯数字造成歧义的情况。

示例 4：高三 3 个班　高三三个班　（不写为“高 33 个班”）

高三 2 班　高三（2）班　（不写为“高 32 班”）

有法律效力的文件、公告文件或财务文件中可同时采用汉字数字和阿拉伯数字。

示例 5：2008 年 4 月保险账户结算日利率为万分之一点五七五零（0.015750%）

35.5 元（35 元 5 角　三十五元五角　叁拾伍圆伍角）

5　数字形式的使用

5.1　阿拉伯数字的使用

5.1.1　多位数

为便于阅读，四位以上的整数或小数，可采用以下两种方式分节：

——第一种方式：千分撇

整数部分每三位一组，以“，”分节。小数部分不分节。四位以内的整数可以不分节。

示例 1：624，000　92，300，000　19，351，235. 235767　1256

——第二种方式：千分空

从小数点起，向左和向右每三位数字一组，组间空四分之一个汉字，即二分之一个阿拉伯数字的位置。四位以内的整数可以不加千分空。

示例 2：55 235 367.346 23　98 235　358.238　368

注：各科学技术领域的多位数分节方式参照 GB 3101—1993 的规定执行。

5.1.2　纯小数

纯小数必须写出小数点前定位的“0”，小数点是齐阿拉伯数字底线的实心点“.”。

示例：0.46 不写为 46 或 0。46

5.1.3　数值范围

在表示数值的范围时，可采用浪纹式连接号“～”或一字线连接号“—”。前后两个数值的附加符号或计量单位相同时，在不造成歧义的情况下，前一个数值的附加符号或计量单位可省略。如果省略数值的附加符号或计量单位会造成歧义，则不应省略。

示例：－36～－8℃　400—429 页　100—150kg　12 500～20 000 元

9 亿～16 亿（不写为 9～16 亿）　13 万元～17 万元（不写为 13～17 万元）

15%～30%（不写为 15～30%）　4.3×10^6～5.7×10^6　（不写为 4.3～5.7×10^6）

5.1.4　年月日

年月日的表达顺序应按照口语中年月日的自然顺序书写。

示例 1：2008 年 8 月 8 日　1997 年 7 月 1 日

“年”“月”可按照 GB/T 7408—2005 的 5.2.1.1 中的扩展格式，用“-”替代，但年月日不完整时不能替代。

示例 2：2008-8-8　1997-7-1　8 月 8 日（不写为 8-8）　2008 年 8 月（不写为 2008-8）

四位数字表示的年份不应简写为两位数字。

示例 3：“1990 年”不写为“90 年”

月和日是一位数时，可在数字前补“0”。

示例4：2008-08-08 1997-07-01

5.1.5 时分秒

计时方式既可采用12小时制，也可采用24小时制。

示例1：11时40分（上午11时40分） 21时12分36秒（晚上9时12分36秒）

时分秒的表达顺序应按照口语中时、分、秒的自然顺序书写。

示例2：15时40分 14时12分36秒

“时”“分”也可按照GB/T 7408—2005的5.3.1.1和5.3.1.2中的扩展格式，用“:”替代。

示例3：15:40 14:12:36

5.1.6 含有月日的专名

含有月日的专名采用阿拉伯数字表示时，应采用间隔号“·”将月、日分开，并在数字前后加引号。

示例：“3·15”消费者权益日

5.1.7 书写格式

5.1.7.1 字体

出版物中的阿拉伯数字，一般应使用正体二分字身，即占半个汉字位置。

示例：234 57.236

5.1.7.2 换行

一个用阿拉伯数字书写的数值应在同一行中，避免被断开。

5.1.7.3 竖排文本中的数字方向

竖排文字中的阿拉伯数字按顺时针方向转90度。旋转后要保证同一个词语单位的文字方向相同。

示例：（略）

5.2 汉字数字的使用

5.2.1 概数

两个数字连用表示概数时，两数之间不用顿号“、”隔开。

示例：二三米 一两个小时 三五天 一二十个 四十五六岁

5.2.2 年份

年份简写后的数字可以理解为概数时，一般不简写。

示例：“一九七八年”不写为“七八年”

5.2.3 含有月日的专名

含有月日的专名采用汉字数字表示时，如果涉及一月、十一月、十二月应用间隔号“·”将表示月和日的数字隔开，涉及其他月份时，不用间隔号。

示例：“一·二八”事变 “一二·九”运动 五一国际劳动节

5.2.4 大写汉字数字

——大写汉字数字的书写形式

零、壹、贰、叁、肆、伍、陆、柒、捌、玖、拾、佰、仟、万、亿

——大写汉字数字的适用场合

法律文书和财务票据上，应采用大写汉字数字形式记数。

示例：3，504 元（叁仟伍佰零肆元）　39148 元（叁万玖仟壹佰肆拾捌圆）

5.2.5　“零”和“〇”

阿拉伯数字“0”有“零”和“〇”两种汉字书写形式。一个数字用作计量时，其中“0”的汉字书写形式为“零”，用作编号时，“0”的汉字书写形式为“〇”。

示例：“3052（个）”的汉字数字形式为“三千零五十二”（不写为“三千〇五十二”）“95.06”的汉字数字形式为“九十五点零六”（不写为“九十五点〇六”）“公元 2012（年）”的汉字数字形式为“二〇一二”（不写为“二零一二”）

5.3　阿拉伯数字与汉字数字同时使用

如果一个数值很大，数值中的“万”“亿”单位可以采用汉字数字，其余部分采用阿拉伯数字。

示例 1：我国 1982 年人口普查人数为 10 亿零 817 万 5 288 人

除上面情况之外的一般数值，不能同时采用阿拉伯数字与汉字数字。

示例 2：108 可以写作“一百零八”，但不应写作“1 百零 8”“一百〇 8”

4000 可以写作“四千”，但不应写作“4 千”

（编者注：此标准由国家质量监督检验检疫总局、国家标准化管理委员会于 2011 年 7 月 29 日联合发布，2011 年 11 月 1 日起正式实施。）

附录三

中华人民共和国国家标准 *GB/T 14706—1993*
校对符号及其用法（节选）

4　校对符号及用法示例

编号	符号形态	符号作用	符号在文中和页边用法示例	说　明
一、字符的改动				
1	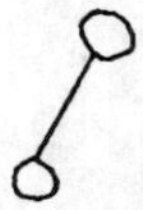	改正	增高出版物质量。 提 改革开KB 放	改正的字符较多，圈起来有困难时，可用线在页边画清改正的范围 必须更换的损、坏、污字也用改正符号画出
2		删除	提高出版物物质量。	
3		增补	要搞好校工作 对	增补的字符较多，圈起来有困难时，可用线在页边画清增补的范围
4	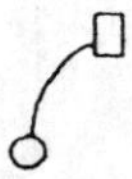	改正上下角	16 = 42 2 H_2SO4 4 尼古拉 · 费欣 0.25 + 0.25 = 0.5 举例：2 × 3 = 6 X：Y = 1:2	
二、字符方向位置的移动				
5		转正	字符颠要转正。	
6		对调	认真经验总结。 认真验结经总。	用于相邻的字词 用于隔开的字词
7		接排	要重视校对工作， 提高出版物质量。	
8		另起段	完成了任务。明年……	
9	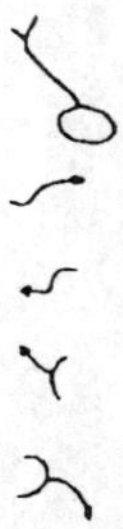	转移	校对工作，提高出 版物质量要重视。 "。以上引文均见中文新版《 列宁全集》。 编者　年　月 …… 各位编委：	用于行间附近转移 用于相邻行首末衔接字符的推移 用于相邻页首末衔接行段的推移

续表

编号	符号形态	符号作用	符号在文中和页边用法示例	说　明
10		上下移	序号 名称 数量 01 显微镜 2	字符下移到箭头所指的短线处
11	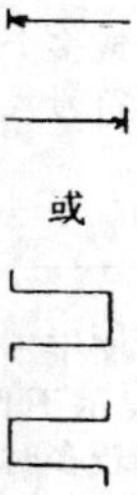	左右移	要重视校对工作，提高出版物质量。 34 欢呼 56 歌 5 唱	字符左移到箭头所指的短线处 字符左移到缺口上下垂直线处 符号画得太小时，要在页边重标
12		排齐	校对工作非常重要。 必须提高印刷质量，缩短印制周期。 国家标准	
13	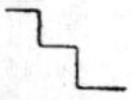	排阶梯形	RH_2	
14		正图		

三、字符间空距的改动

编号	符号形态	符号作用	符号在文中和页边用法示例	说　明
15		加大空距	一、校对程序 校对胶印读物、影印书刊的注意事项：	表示在一定范围内适当加大空距 横式文字画在字头和行头之间
16		减小空距	二、校对程　序 校对胶印读物、影印书刊的注意事项：	表示不空或在一定范围内适当减小空距 横式文字画在字头和行头之间
17		空 1 字距 空 1/2 字距 空 1/3 字距 空 1/4 字距	第一章校对职责和方法 1. 责任校对	多个空距相同的，可用引线连出，只标示一个符号
18		分开	Coodmorning!	用于外文

续表

编号	符号形态	符号作用	符号在文中和页边用法示例	说明
四、其他				
19	△	保留		除在原删除的字符下画△外，并在原删除符号上画两竖线
20	○=	代替	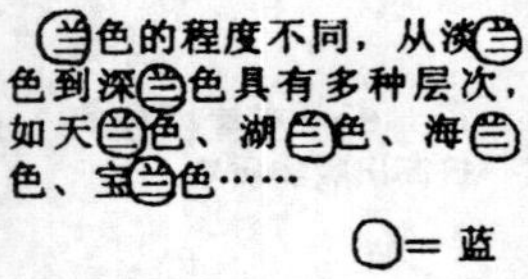	同页内有两个或多个相同的字符需要改正的，可用符号代替，并在页边注明
21	∘∘∘	说明	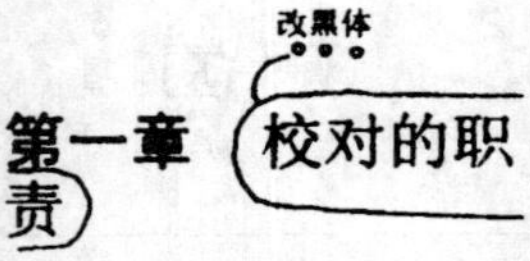	说明或指令性文字不要圈起来，在其字下画圈，表示不作为改正的文字。如说明文字较多时，可在首末各三字下画圈

国家技术监督局 1993－11－16 批准　1994－07－01 实施

参 考 文 献

[1] 何建民，刘珍杰. 应用写作. 2版. 北京：中国电力出版社，2011.
[2] 何建民，刘珍杰. 应用写作练习册. 北京：中国电力出版社，2011.
[3] 刘安华. 办公室常用应用文写作与范例全书（2010最新实用版）. 北京：中国华侨出版社，2009.
[4] 苗瑞. 电力应用文写作教程. 北京：中国电力出版社，2009.
[5] 何建民，洪薇. 电业应用文写作120例. 北京：中国电力出版社，2008.
[6] 徐鸿裕. 现代应用文写作. 成都：电子科技大学出版社，2008.
[7] 何建民. 新编电业应用文书写作. 北京：中国电力出版社，2007.
[8] 欧阳周，王希俊，汪振华，陶琪. 实用文秘写作教程. 长沙：中南大学出版社，2006.
[9] 刘艳，王粤钦. 新编应用写作. 2版. 大连理工大学出版社，2001.
[10] 潘燕，彭玉玲. 实用大学语文. 2版. 大连理工大学出版社，2008.
[11] 张德实. 应用写作. 2版. 北京：高等教育出版社，2002.
[12] 李峻，孙春祥. 科技实用写作. 北京：高等教育出版社，2004.
[13] 杜福磊. 对我国语文与写作教育现状的审视与反思. 应用写作，2011，10：4～8.
[14] 李小林. 目中有人 引发共鸣——谈谈如何写作迎新词. 应用写作，2011，3：38～40.
[15] 郑泽宏. 感动七千毕业学子的典礼致辞奥秘何在. 应用写作，2010，9：54～57.
[16] 韩雪松. 公文写作应准确、恰当、讲究逻辑性——评改一篇报告. 应用写作，2008，11：49～50.
[17] 刘德斌. 文章不厌百回改——对一份报告的再评改. 应用写作，2009，2：47～48.
[18] 赵华. 精巧的解析 深情的寄语——赏析一篇富有技巧的领导讲话稿. 应用写作，2010，3：51～53.
[19] 郭毅. 从一份例文看慰问信的写作. 应用写作，2003，8：40～41.
[20] 贾秀清. 怎样写好会议通知. 档案学通讯，1986，5：34.
[21] 周文建. 怎样写规章制度. 新闻与写作，2001，5：37～38.

后 记

本书的编写分工如下：绪论及学习项目一，何建民（福建电力职业技术学院）；学习项目二（其中“计划”由何建民编写），向阳（长沙电力职业技术学院）；学习项目三，蔡菲菲（江西电力职业技术学院）；学习项目四，曹瑛（武汉电力职业技术学院）；学习项目五，朱星梅（太原电力职业技术学院）；学习项目六，张亚军（保定电力职业技术学院）；学习项目七，何应文（郑州电力高等专科学校）。此外，黄晶（山东电力高等专科学校）、漆宜农（长沙电力职业技术学院）、谢文欣（江西电力职业技术学院）、黄春（武汉电力职业技术学院）、石亚红（太原电力职业技术学院）、李毅鹏（保定电力职业技术学院）分别参与了学习项目一至六的写作。全书由何建民负责统稿。

在编写过程中，编者参考了大量文献，引用了众多例文，除书中注明、书末列出的之外，还有一些文献因涉及量少而没有列出。在此，谨向上述所有文献的编著者及相关刊物、网站、出版社表示衷心的感谢！

由于“行动导向教材”具有较高的创新性和写作难度，对参编教师是一次全新的挑战，因此本书不可避免地会存在一些谬误。敬请使用本书的老师、同学及其他读者多多提出宝贵意见，使本书能不断臻于完善。

编 者

二〇一二年六月